2024年度版

マンション管理士・管理業務主任者

総合テキスト 上

民法／区分所有法等

TACマンション管理士・管理業務主任者講座 編

TAC出版
TAC PUBLISHING Group

はじめに

「**マンション管理士**」は、マンションにかかわる専門的知識をもって、管理組合の運営や建物の構造上の技術的問題等、マンションの管理に関して、管理組合の管理者等またはマンションの区分所有者等の**相談に応じ**、**助言・指導・援助を行う**ことを業務とします。

これに対し、「**管理業務主任者**」は、管理の前提となる管理受託契約の重要事項の説明から、受託した管理業務の処理状況のチェックやその報告まで、**マンション管理のマネジメント業務**を担うものです。マンション管理業者は、事務所ごとに30組合につき１名以上の専任の管理業務主任者を設置するという義務づけがされています。

つまり、「マンション管理士」は管理組合側において、「管理業務主任者」は管理業者側において、それぞれ管理の適正化を図るという立場上の違いがあり、本試験実施機関も別々になりますが、マンション管理運営というしくみの中では、共通して使う知識がたくさんあります。実際、**両資格の本試験出題内容**は、**ほとんど重なっています**。

そこで、ＴＡＣ刊の本シリーズは、両資格の本試験出題内容とされる共通分野を中心として、合格に必要な知識を要領よくまとめています。

本シリーズを“**知識のベース**”として、ぜひ**合格**を勝ち取られ、多くの方々がマンション管理運営においてご活躍されることを願ってやみません。

2024年1月

ＴＡＣマンション管理士・管理業務主任者講座

本書は、2023年12月現在施行されている法令等（2024年4月1日までの施行が明らかなものを含む）に基づいて執筆されています。**法改正等については**、『**法律改正点レジュメ**』をWeb登録で無料でご提供いたします（2024年9月上旬頃発送予定)。

【登録方法】 お手元に本書をご用意の上、インターネットの「情報会員登録ページ」からご登録ください（**要・パスワード**)。

TAC 情報会員　検索

【登録用パスワード】 025- 2024- 0943- 25

【登録期限】 2024年11月1日まで

❶ マンション管理士になるには

令和５年度の第23回マンション管理士試験は、受験申込者数が13,169人（昨年は14,342人）、受験者数が11,158人（受験率84.7％）であり、受験者数は、前年より減少しました。出題傾向としては、全体的に解答の判別が出しにくい問題もあり、民法や区分所有法では新論点や判例の出題、マンション標準管理規約では実務色の強い出題、マンション管理適正化法・基本方針では近年の改正論点の出題が目立ちました。問題形式では、組合せ問題が２問、個数問題が８問となりました。いかに基本知識を落とさず、１点でも多く得点につなげられたかが合否のカギを握るものと思われます。合格点は前年より下がり36点以上、合格者が1,125人、合格率が10.1％となりました。

マンション管理士になるには、国土交通大臣等の実施するマンション管理士試験に合格し、マンション管理士として登録することが必要です。

１．マンション管理士試験の内容

<table>
<tr><th></th><th>試験項目</th><th colspan="2">試験内容</th><th>本書での呼称</th></tr>
<tr><td rowspan="3">(1)</td><td rowspan="3">マンションの管理に関する法令および実務に関すること</td><td colspan="2">民法（取引・契約等マンション管理に関するもの）、区分所有法、被災マンション法、マンション建替え等円滑化法</td><td>民法・区分所有法等</td></tr>
<tr><td rowspan="2">マンションの管理に関するその他の法律など</td><td>不動産登記法、借地借家法、民事執行法</td><td>管理委託契約書・規約・会計・その他関連知識</td></tr>
<tr><td>都市計画法、建築基準法、消防法、水道法、防犯指針</td><td>マンションの維持・保全等</td></tr>
<tr><td rowspan="2">(2)</td><td rowspan="2">管理組合の運営の円滑化に関すること</td><td colspan="2">民法</td><td>民法・区分所有法等</td></tr>
<tr><td colspan="2">標準管理規約単棟型・団地型、管理組合の会計（仕訳・残高証明書）</td><td>管理委託契約書・規約・会計・その他関連知識</td></tr>
<tr><td>(3)</td><td>マンションの建物および附属施設の構造および設備に関すること</td><td colspan="2">維持保全</td><td>マンションの維持・保全等</td></tr>
<tr><td>(4)</td><td>マンションの管理の適正化の推進に関する法律に関すること</td><td colspan="2">管理適正化法、基本方針（別紙二を含む）</td><td>マンション管理適正化法</td></tr>
</table>

２．試験実施時期 ➡ 令和５年度は11月26日㈰

３．受験料 ➡ 9,400円（令和５年度）

❷ 管理業務主任者になるには

令和５年度の第23回管理業務主任者試験は、受験申込者数が17,855人（昨年は19,589人）、受験者数が14,652人（受験率82.1％）であり、受験者数は、前年より1,565人減少しました。問題全体を通し、民法やマンション標準管理規約（単棟型）は比較的解きやすかった反面（一部を除く）、区分所有法や維持保全等は難解だった印象を受けました。表現が素直で、長文問題もそれ程多くないため、全体的に解答を出しやすかった印象を受けましたが、「組合せ問題（空欄補充等を含む）」が７問で、「個数問題」が15問であった影響もあり、合格点は、前年と比較すると、多少下がるのではないかと思われます。今年の特徴として、建築基準法・維持保全等の問題配列に変更があり、問14～25に変わりました。

管理業務主任者となるには、管理業務主任者試験に合格し、管理業務主任者として登録し、管理業務主任者証の交付を受けることが必要です。

1．管理業務主任者試験の内容

	試験項目	試験内容	本書での呼称
(1)	**管理事務の委託契約に関すること**	**民法（「契約」および契約の特別な類型としての「委託契約」を締結する観点から必要なもの）**	**民法・区分所有法等**
		標準管理委託契約書（別表・コメント含む）	管理委託契約書・規約・会計・その他関連知識
(2)	管理組合の会計の収入および支出の調定ならびに出納に関すること	標準管理規約単棟型（コメント含む）、管理組合の会計（貸借対照表・仕訳）	管理委託契約書・規約・会計・その他関連知識
(3)	建物および附属施設の維持および修繕に関する企画または実施の調整に関すること	建築基準法、維持保全、消防法、長期修繕計画作成ガイドライン（コメント含む）、修繕積立金ガイドライン	マンションの維持・保全等
(4)	マンションの管理の適正化の推進に関する法律に関すること	マンション管理適正化法	マンション管理適正化法
(5)	**(1)から(4)に掲げるもののほか、管理事務の実施に関すること**	**民法、区分所有法（「判例」含む）**	**民法・区分所有法等**
		標準管理規約単棟型（コメント含む）、管理費の滞納、民事執行法、民事訴訟法、品確法、個人情報保護法、賃貸住宅管理業法、宅建業法	管理委託契約書・規約・会計・その他関連知識
		分譲マンションに関する統計・データ等	マンションの維持・保全等

2．試験実施時期 ➡ 令和５年度は12月３日㈰

3．受験料 ➡ 8,900円（令和５年度）

✻ 本書の構成 ✻

本テキストは各節ごとにIntroductionを設け、その節で何を学習するのかを把握したうえで、本文に入っていく構成になっています。また、重要語句は**ゴシック体（太字）**で、特に重要な語句は**色ゴシック体**で表記していますので、メリハリのきいた学習が可能です。

❖ Introduction ❖

これから学習する内容が明示されています。ここで何を学ぶのか、何に重点をおいて学習したらよいのかを自分ではっきりと確認して取り組んでください。

重要度 ㋮ B ㊟ 特A

各節の見出しに、**両資格の重要度**が示してありますので、学習する際の目安にしてください。マンション管理士を㋮、管理業務主任者を㊟と表記しています。

特A ➡ 最重要論点。毎年のように出題の対象となりますので、絶対にマスターしてください。

A ➡ 重要論点。ここはしっかりおさえておいてください。

B ➡ 比較的重要論点。合格ラインをクリアするためには理解しておくべき論点です。

C ➡ 重要度はそれほど高くありませんが、時間が許せば目を通しておきたい論点です。

なお、学習を進めるうえで、特に重要な論点となる箇所は、　　　　のようにグレーの“アミ”がかかっています。

先生からの
コメント

本文の内容についての補足説明です。より細かな知識に触れています。特に重要な箇所は、赤いアミがかかっています。

ケーススタディ　00

わかりづらい箇所は「事例」を使って具体的に解説してありますので、無理なく理解することができます。

Step Up

出題頻度はやや低いですが、知識の幅を広げたい方はぜひ一読してみてください。

整　理

各節の重要ポイントをまとめてあります。知識の再確認に使用してください。

Contents

第1編　民　法

第1章　民　法

第1節　契　約 …… 4

❶ 契約の成立・効果……4
❷ 契約の種類……4
❸ 契約の分類……5
❹ 契約の無効・取消し……6

第2節　制限行為能力者 …… 9

❶ 制限行為能力者制度……9
❷ 未成年者……9
❸ 成年被後見人……11
❹ 被保佐人……12
❺ 被補助人……14
❻ 制限行為能力者の取消しとその効力……15
❼ 取引の相手方の保護および法律関係安定のための制度……16

第3節　意思表示 …… 21

❶ 契約の有効性と意思表示の欠陥……21
❷ 心裡留保（意思の不存在）……22
❸ 通謀虚偽表示（意思の不存在）……23
❹ 錯誤（意思の不存在・問題ある意思表示）……23
❺ 強迫（問題ある意思表示）……24
❻ 詐欺（問題ある意思表示）……24
❼ 取消しと追認……25

第4節　代理制度 …… 27

1　代　理 …… 27

❶ 代理の仕組み……27
❷ 代理の種類……28
❸ 代理権の発生と範囲……28
❹ 代理人の行為能力……29

❺ 代理権の消滅……29
❻ 自己契約・双方代理の禁止……30
❼ 代理行為……31
❽ 復代理……32
❾ 代理権の濫用……33
2 無権代理 ………………………………… 34
❶ 無権代理と表見代理……34
❷（狭義の）無権代理……34
❸ 表見代理の成立……36
❹ 表見代理と無権代理……37
第5節 時　効 ………………………………… 38
❶ 時効制度……38
❷ 取得時効……38
❸ 消滅時効……39
❹ 時効の完成猶予・更新……40
❺ 時効完成の効力……42
第6節 所有権と共有等 ………………………………… 43
❶ 所有権の性質……43
❷ 相隣関係……43
❸ 共　有……45
❹ 所有者不明土地・建物管理制度……50
❺ 管理不全土地・建物管理制度……51
第7節 占有権 ………………………………… 54
❶ 占有権の性質と占有訴権……54
❷ 引渡（占有の移転）の種類……54
❸ 即時取得……55
❹ 占有訴権……55
第8節 担保物権の性質 ………………………………… 56
❶ 担保物権の種類……56
❷ 担保物権の性質……57
❸ 担保物権の対抗要件……58

第９節　担保物権の内容……59
1 抵当権……59
❶ 抵当権の設定……59
❷ 抵当権の効力……60
❸ 抵当権の実行……62
❹ 抵当目的物の自由な処分……64
❺ 第三取得者の保護……65
❻ 賃貸借の保護……66
2 先取特権等……68
❶ 先取特権……68
❷ 先取特権の第三取得者への追及力……70
❸ 質　権……71
❹ 留置権……73
第10節　売買契約……75
1 債務不履行……75
❶ 契約成立の効果……75
❷ 債務不履行……76
❸ 損害賠償の範囲と予定……79
❹ 金銭債務の特則……80
2 契約の解除……83
❶ 解除権の発生……83
❷ 解除の方法……83
❸ 解除の効果……84
❹ 解除権の消滅……85
3 手　付……86
❶ 手付の性質……86
❷ 解約手付による解除……87
4 契約不適合責任……88
❶ 契約不適合責任の性質……88
❷ 契約不適合責任の内容……88
❸ 契約不適合に関する特約……91

5 債務者の危険負担等……92
❶ 債務者の危険負担等……92
第11節　債権の譲渡・消滅等……94
❶ 債権の譲渡……94
❷ 債務引受……97
❸ 債権の消滅……98
第12節　債権者の保護……106
❶ 債権者代位権……106
❷ 詐害行為取消権……107
第13節　人的担保……109
1 連帯債務……109
❶ 連帯債務……109
❷ 連帯債務の効力……110
2 不可分債権・不可分債務……114
❶ 不可分債権……114
❷ 不可分債務……116
3 保証と連帯保証……118
❶ 保証人……118
❷ 保証債務の性質……120
❸ 連帯保証……122
❹ 共同保証……122
❺ 保証人の求償権……123
第14節　不法行為等……125
❶ 一般の不法行為……125
❷ 特殊の不法行為……126
❸ その他の不法行為……128
❹ 不法行為による損害賠償請求権の消滅時効……129
第15節　委　任……131
❶ 委　任……131
❷ 受任者の義務と権利……131
❸ 委任契約の終了事由……134

❹ 委任契約解除の効果……135
第16節　寄　託 ………… 137
寄　託……137
第17節　請　負 ………… 140
❶ 請負契約……140
❷ 契約不適合による請負人の担保責任……141
第18節　相　続 ………… 144
❶ 相　続……144
❷ 法定相続人と法定相続分……144
❸ 欠格と廃除……146
❹ 相続の承認と放棄……147
❺ 遺留分……148
❻ 遺　言……149
❼ 相続財産の帰属……151
第19節　贈　与 ………… 155
贈与契約の性質……155
第20節　物権変動の対抗要件 ………… 157
❶ 物権変動の対抗要件……157
❷ 第三者の範囲……158
❸ 登記が必要な物権変動……160
第21節　賃貸借契約 ………… 165
❶ 賃貸借契約……165
❷ 存続期間と更新等……168
❸ 賃借権の譲渡・転貸……169
❹ 敷金等……171
第22節　使用貸借契約 ………… 174
❶ 貸主の義務……174
❷ 借主の義務……174
❸ 第三者の使用収益……175
❹ 終　了……175

第2編　区分所有法等

第1章　建物の区分所有等に関する法律（区分所有法）

第1節　区分所有建物……180

❶ 建物の区分所有……180
❷ 専有部分……181
❸ 共用部分……182
❹ 先取特権……190
❺ 建物の設置または保存の瑕疵に関する推定……191
❻ 区分所有権売渡請求権……192
❼ 敷地・敷地利用権……193

第2節　管理者・管理組合法人……199

❶ 管理者……199
❷ 管理組合……204
❸ 管理組合法人……205

第3節　集会および規約……213

❶ 集　会……213
❷ 規　約……222

第4節　義務違反者に対する措置……230

❶ 区分所有者の権利義務等……230
❷ 義務違反者に対する措置の内容……231
❸ 措置の方法……234
❹ 弁明の機会……235

第5節　区分所有建物の復旧・建替え……237

❶ 復　旧……237
❷ 建替え……241

第6節　団　地……249

❶ 団地建物所有者の団体……249
❷ 団地管理と区分所有に関する規定との関係……253
❸ 団地共用部分の諸規定……255
❹ 団地規約の設定の特例……256

❺ 団地内建物の建替え承認決議……259
❻ 団地内の建物の一括建替え決議……261
第７節　罰　則 …… 263
罰則の種類とその適用……263

第２章　被災区分所有建物の再建等に関する特別措置法
（被災マンション法）
第１節　被災マンション法 …… 266
1　総　則 …… 266
❶ 法の目的……266
2　区分所有建物の全部が滅失した場合における措置 …… 267
❶ 敷地共有者等集会等……267
❷ 敷地共有者等集会に関する区分所有法の規定の準用等……268
❸ 再建決議等……269
❹ 敷地売却決議等……272
❺ 敷地共有持分等に係る土地等の分割請求に関する特例……272
3　区分所有建物の一部が滅失した場合における措置 …… 274
❶ 区分所有者集会の特例……274
❷ 区分所有者集会の招集通知に関する特例……274
❸ 建物敷地売却決議等……275
❹ 建物取壊し敷地売却決議等……276
❺ 取壊し決議等……277
❻ 建物の一部が滅失した場合の復旧等に関する特例……278
4　罰　則 …… 279
❶ 罰　則……279

第３章　マンションの建替え等の円滑化に関する法律（マンション建替え等円滑化法）

第１節　総　則 …… 282

❶目　的……282
❷定　義……282
❸国および地方公共団体の責務……283
❹基本方針……283
❺施行者……283

第２節　マンション建替事業 …… 284

❶個人施行者の認可までの手続……284
❷マンション建替組合の認可までの手続……286
❸事業認可の公告～権利変換計画の認可・公告……295
❹権利変換計画の認可の公告～工事完了……299
❺除却の必要性に係る認定等……304

第３節　マンション敷地売却事業 …… 306

❶敷地売却決議……306
❷マンション敷地売却組合……308
❸分配金取得手続……310
❹売却マンション・敷地の登記……311

第４節　敷地分割事業 …… 312

❶敷地分割事業……312
❷敷地分割組合……314
❸敷地権利変換手続等……317
❹審査委員……321
❺技術的援助の請求……322
❻代位による分筆又は合筆の登記の申請……323

Index …… 324

中　巻

第１編　管理委託契約書・規約・その他関連知識
第１章　不動産登記法
第２章　借地借家法
第３章　賃貸住宅の管理業務等の適正化に関する法律
第４章　住宅の品質確保の促進等に関する法律
第５章　宅地建物取引業法
第６章　特定住宅瑕疵担保責任の履行の確保等に関する法律
第７章　消費者契約法
第８章　個人情報の保護に関する法律
第９章　アフターサービス
第10章　標準管理委託契約書
第11章　標準管理規約

第２編　管理組合の会計・財務等
第１章　管理組合の会計知識
第２章　管理組合の財務等

下　巻

第１編　マンションの維持・保全等
第１章　都市計画法
第２章　建築基準法（一般規定）
第３章　維持・保全等

第２編　マンション管理適正化法
第１章　マンションの管理の適正化の推進に関する法律
第２章　マンションの管理の適正化の推進を図るための基本的な方針（基本方針）

第３編　分譲マンションの統計・データ等
第１章　分譲マンションの統計・データ等（国土交通省公表）

第1編

民法

第1章

民法

第1節　契　約

重要度　マ C　主 B

Introduction

まずは、契約の成立・効果、種類、分類について、言葉の意味を中心におさえておこう。

❶ 契約の成立・効果

契約とは、簡単にいうと「約束」のことである。売買契約を例にとってみよう。

Ａは区分所有する中古マンションを1,000万円でＢに売る売買契約を締結した。

これはＡを売主、Ｂを買主とする売買契約である。売買契約は、「買ってください」という「申込み」と「買いましょう」という「承諾」（逆に、「売ってください」という「申込み」と「売りましょう」という「承諾」）の２つが一致すること（合意）によって成立する。つまり、契約は、原則として、「申込み」と「承諾」という当事者の**意思表示の合致によって成立**する（522条１項）。また、**契約書の作成**は、**契約の成立とは関係がない**（同２項）。

ＡとＢがこの契約を締結することによって、ＡはＢに、区分所有するマンションを引き渡さなければならず、他方、ＢはＡに、代金を支払わなければならなくなる。このようにして、契約というものが成立すると、契約をした当事者（双方の者）間にいろいろな権利や義務が発生することになる。

なお、契約の成立のためには、契約書の作成は不要であるが、後のトラブルを防止するために契約書を作成する場合が多い。契約書には印紙を貼り付ける等、費用がかかる場合があり、このような**費用**は、当事者間で取り決めがない場合は**双方が半分ずつ負担**する（558条）。契約によって、双方ともに利益を受けるのが通常だからである。

❷ 契約の種類

民法で名称を定めている契約を「典型契約」という。その中でも、主なものは次のとおりである。なお、典型契約に該当しない契約も、法令の制限内において、その内容を自由に決定できる（521条２項）。

契約の種類	内 容	分類・補足
売 買 契 約	財産権を相手方に移転することを約束し、相手方がそれに代金を支払う契約	諾成、双務、有償契約
交 換 契 約	財産権を相互に交換する契約	諾成、双務、有償契約
贈 与 契 約	財産権を無償で与える契約	諾成、片務、無償契約
賃貸借契約	物を使用収益させることを約束し、相手方がそれに賃料を支払う契約	諾成、双務、有償契約
使用貸借契約	無償で使用収益をした後に返すということを約束し、貸主から借りる物を受け取る契約	諾成、片務、無償契約
消費貸借契約（書面でする契約を除く）	種類、品質および数量の同じ物を返すことを約束して、相手方より金銭その他の物を受け取る契約。借主は、借りた物をいったん使ってしまい、それと同じ物を返す	要物、片務、原則無償 特約で有償
委 任	法律行為をすることを相手方に委託し、相手方が承諾する契約	諾成、片務、原則無償 特約があれば有償で後払い ➡ この場合は双務
寄 託	保管することを約束して、物を受け取る契約	諾成、片務、原則無償契約 特約で有償 ➡ この場合は双務
請 負	仕事を完成することを約束して、相手方がその仕事の結果に対して報酬を与える契約	諾成、双務、有償契約
和 解	法律関係について存する紛争をその当事者が互いに譲歩して解消することを目的とする契約	諾成、双務、有償契約
雇 用	被用者が労務に服することを約し、使用者がこれに報酬を支払うことによって成立する契約	諾成、双務、有償契約
組 合	数人の者が出資して共同事業を遂行することを約することによって成立する契約	諾成、双務、有償契約

❸ 契約の分類

1．諾成契約・要物契約

	諾 成 契 約	要 物 契 約
内 容	当事者の合意だけで成立する契約	合意の他に物の引渡し等の行為がないと成立しない契約
【例】	売買契約・賃貸借契約等（ほとんどの契約は諾成契約）	質権設定契約等

2．双務契約・片務契約

	双 務 契 約	片 務 契 約
内 容	契約の当事者双方がそれぞれ義務を負う契約	契約の当事者の一方だけが義務を負う契約
【例】	売買契約・賃貸借契約・請負契約等	贈与契約・使用貸借契約等

3．有償契約・無償契約

	有 償 契 約	無 償 契 約
内 容	契約の内容に対価等の支払いのあるもの	契約の内容に対価等の支払いのないもの
【例】	売買契約・賃貸借契約・請負契約等	贈与契約・使用貸借契約等

❹ 契約の無効・取消し

1．無効[①]・取消し[②]の意味

先生からのコメント

①法律上、**「無効」**とは、その法律上の行為から、**当事者の望んだ効果が生じない**ことを意味する。無効はだれでも主張できる。

②**「取消し」**とは、法律上、**行為者に法律上の行為の効力を否定することを認める**ものである。これは、**取り消すまで一応有効**とされ、**取り消してはじめて**、**最初にさかのぼって無効**とされる。主張できる者は限られており、放置しておくと確定的に有効になる。また、追認によって確定的に有効とすることもできる。

2．公序良俗違反の契約

契約の内容が、**公の秩序**または**善良なる風俗に反する契約**は**無効**である（90条）。これは、社会的な妥当性がないからである。要するに、常識に反する契約の効力は認めないということである。

また、この契約は絶対的な無効であり、善意[※1]の第三者[※2]にも対抗[※3]できる。

※1 **善意**：ある事実や事情を知らないこと。物にキズがあることを知らないで買った買主を「善意の買主」という。
※2 **第三者**：当事者以外の者。ただし当事者の包括承継人（相続人等）は該当しない。
※3 **対抗**：自分の権利であること、自分のものであることを主張すること。

Step Up 申込み・承諾の効力等

1．申込みの効力

(1) 申込みの効力の発生

「申込み」は、その通知が相手方に**到達**することによって効力が生じ（「到達主義」97条1項)、申込みの効力が生じている間に「承諾」があると契約が成立する。承諾があることによって契約を成立させることのできる申込みの効果のことを、**承諾適格**という。

(2) 申込みの拘束力

① 承諾期間を定めた場合（申込みの相手方が隔地者・対話者）

(ア) たとえばAに対して、Bが、「あなたのマンションを売ってくれませんか。返事は今月末までにください。」という申込みをしたような場合である。この場合、Bの申込みがAに到達したときから今月末までが承諾期間となる。そして、この**承諾期間内**は、Bは**撤回をする権利を留保**した場合を**除き**、申込みを**撤回できない**（523条1項)。

(イ) **期間内に承諾の通知**を受けないと、申込みの効力が**失われる**（523条2項)。

② 承諾期間を定めなかった場合（申込みの相手方が隔地者）

申込者が、承諾の通知を受けるために通常要すると考えられる**相当の期間**を経過するまでは、**撤回をする権利を留保**した場合を**除き**、申込みを**撤回できない**（525条1項)。

③ 承諾期間を定めなかった場合（申込みの相手方が対話者）

(ア) **対話が継続**している間の申込みは、いつでも**撤回できる**（525条2項)。

(イ) **対話が継続**している間に申込者が承諾の通知を受けなかったときは、申込みの**効力が失われる**。ただし、申込者が対話の終了後もその**申込みが効力を失わない旨を表示**したときは、申込みの**効力は失われない**（525条3項)。

2．承諾の効力等

(1) 承諾の効力の発生

承諾は、申込みに対応してなされ、契約を成立させるためになされる意思表示である。**承諾としての効力を持つため**には、**申込みの効力が生じている間**（申込みに**承諾適格がある間**）に行うことが必要である。そして、契約の成立は、**承諾が申込者に「到達」した時に成立**するが、承諾の意思表示が到達する前に申込みの撤回の意思表示が到達した場合には、申込みは効力を失い、契約は成立しない。

(2) 遅延した承諾の効力（524条）

承諾期間を定めた場合、その期間内に到達しない承諾は効力を生じないが、申込者は、**遅延した承諾**を**新たな申込みとみなす**ことができる。そして、さらにこれに対する承諾があれば、契約は成立する。

(3) 承諾の通知を必要としない場合における契約の成立時期（527条）

申込者の意思表示または取引上の慣習により承諾の通知を必要としない場合、承諾の意思表示と認めるべき事実があった時に、契約は成立する。

第2節 制限行為能力者（4条～21条）

重要度 マ B 主 B

Introduction

「制限行為能力者の保護」と、制限行為能力者と取引をした「相手方の保護」を、どのように調整しているか、という点について注意しながら学習しよう。

❶ 制限行為能力者制度

民法では、「法律行為」（契約など）に関して一人歩きのできない者を**「制限行為能力者」**とし、その者が単独で行った法律行為について、画一的に**「取消しができる行為」**としてその者たちの財産保護を図っている。

ただ、人間なら自分の考えどおりに行動したいものである。そこで、特に認知症や知的障害などのある成年者について、判断能力の程度に応じて、本人の自己決定を尊重する必要もあるので、本人の保護とその自己決定の尊重との調和を図るために、**成年後見制度**（成年被後見人、被保佐人、被補助人）が成立した。

制限行為能力者には保護者がつけられるが、それぞれの保護者の果たす役割も類型によって異なる。

❷ 未成年者

1．未成年者とは

満18歳未満の者である（民法4条）。なお、婚姻は、18歳にならなければ、することはできない（731条）。

2．未成年者の保護者

親権者または**未成年後見人**である。これらの者を**法定代理人**という。

3．法律行為の効果

未成年者が法定代理人の**同意を得ず単独で法律行為**をした場合、原則として**取り消すことができる**（5条2項・1項）。ただし、次の3つの行為については単独で行っても取り消すことはできない。

① **単に権利を得または義務を免れる行為**（5条1項ただし書） 【例】単なる贈与を受けたり、借金をタダにしてもらう行為
② **法定代理人が処分を許した財産**（目的が定められていなくても財産さえ一定していれば足りる）の処分行為（5条3項） 【例】おこづかい、旅費、学費を処分する行為
③ **許可された営業に関する行為**（6条1項） 【例】法定代理人から管理業を営むことを許可された未成年者が、業として行う管理行為

未成年者は、法定代理人の同意を得て、または法定代理人が未成年者を代理して行うことにより有効な法律行為ができる。

また、未成年者の保護者が親権者である場合は、原則として父母両方の同意が必要である（818条3項）。

4．保護者の権限

同意権、代理権、取消権、追認権[①]

先生からのコメント

①**「追認」**とは、取り消すことのできる行為について、取消権を放棄して、完全に有効にすることである。追認は、「取消しの原因」ごとに、原則として、それが解消された後にすることができる。たとえば未成年者なら成年後に、法定代理人なら常にできる。

5．取り消すことができる者

未成年者**本人**、**法定代理人**、行為能力者になった本人。

❸ 成年被後見人

１．成年被後見人②

先生からのコメント

②成年後見制度に関する３種類の制限行為能力者の中で、一番判断能力の程度が低い者が対象である。

(1) **成年被後見人とは**

精神上の障害によって事理を弁識する能力を欠く常況にあるもので、一定の者（**本人**・配偶者・**四親等内の親族**・未成年後見人・未成年後見監督人・保佐人・保佐監督人・補助人・補助監督人・**検察官**）の請求によって家庭裁判所より**後見開始の審判を受けた者**をいう（７条、８条）。

(2) **後見開始の審判の取消し**

家庭裁判所より「後見開始の審判の取消し」を受けることにより、行為能力者になる（10条）。

２．成年被後見人の保護者

成年後見人である。未成年者の保護者と同様、**法定代理人**である。

３．法律行為の効果

(1) 成年被後見人が有効な法律行為を行うには、**成年後見人が代理**して行わなければならない（859条１項）。

ただし、**成年後見人**が、**成年被後見人に代わって**、その**居住の用に供する建物またはその敷地**について、**売却**、**賃貸**、賃貸借の解除または**抵当権の設定**その他これらに準ずる処分をするには、**家庭裁判所の許可**を得なければならない（859条の３。なお、この制約は、保佐人・補助人についても、代理権が付与されているときには準用される）。

(2) 成年被後見人が**単独で行った行為**は、取り消すことができる（9条）。
ただし、日用品の購入その他**日常生活に関する行為**については、**取り消すことができない**（9条ただし書）。
後見人の**同意を得て行った行為**も、**取り消すことができる**。

4. 保護者の権限[③]

代理権、取消権、追認権

先生からの
コメント

③成年後見人には、同意権はない。

5. 取り消すことができる者

成年被後見人**本人**、**成年後見人**、行為能力者になった本人。

❹ 被保佐人

1. 被保佐人

(1) 被保佐人とは

精神上の障害により事理を弁識する能力が著しく不十分な者で、一定の者（**本人**・配偶者・四親等内の親族・後見人・後見監督人・補助人・補助監督人・検察官）の請求によって家庭裁判所より**保佐開始の審判を受けた者**をいう（11条、12条）。

(2) 保佐開始の審判の取消し

家庭裁判所より「保佐開始の審判の取消し」を受けることにより、行為能力者となる（14条）。

2. 被保佐人の保護者

保佐人という。

3．法律行為の効果

(1) **重要な財産上の行為のみ**（ただし、日用品の購入その他**日常生活に関する行為**については**除く**）**保佐人の同意**④を必要とする（13条1項・2項)。それ以外の行為は単独で有効な法律行為を行うことができる。

重要な財産上の行為
①　利息・賃料などを生ずる財産の返還を受け、またはさらに元本として貸与すること
②　借財・保証をすること
③　直接間接に**不動産**（土地・建物）または**重要な財産**（自動車や電話加入権）を**得たり、手放したり**することを目的とする行為
④　民事訴訟において原告となって訴訟を遂行する一定の行為
⑤　他人に物を贈与すること、和解契約・仲裁契約をすること
⑥　相続を**承認**（資産・負債をそっくり引き継ぐこと）し、もしくは相続を**放棄**すること、または**遺産の分割**をすること
⑦　他人から贈与・遺贈を受けることを拒絶し、または負担の伴う贈与もしくは遺贈を受けること
⑧　**新築・改築・増築または大修繕を目的とする契約**をすること
⑨　土地（山林を除く）について**5年を超える**、建物について**3年を超える賃貸借をすること**（いいかえれば土地について5年以内、建物について3年以内の賃貸借は同意は不要である）
⑩　上記①～⑨の行為を制限行為能力者（未成年者・成年被後見人・被保佐人・審判を受けた被補助人）の法定代理人としてすること
⑪　その他、家庭裁判所が一定の者の請求により特に保佐人の同意を必要とする旨の審判をした行為（日常生活に関する行為を除く）

先生からのコメント

④保佐人の同意を必要とする行為について、保佐人が、その行為が被保佐人の利益を害するおそれがないのにもかかわらず同意をしないときは、家庭裁判所は、被保佐人の請求に基づいて、保佐人の同意に代わる許可を与えることができる（13条3項)。

(2) 保佐人の同意を必要とする行為で、その**同意**（またはこれに代わる許可）**を得ないでしたもの**は、取り消すことができる（13条4項)。

4．保護者の権限⑤

（重要な財産上の行為について）同意権、取消権、追認権

先生からのコメント

⑤代理権は一般的には認められていないが、家庭裁判所は、本人・配偶者・四親等内の親族・後見人・後見監督人・補助人・補助監督人・検察官・保佐人・保佐監督人の請求による審判（本人以外の者の請求のときは本人の同意が必要）により、特定の法律行為について、保佐人に代理権を付与できる（876条の4第1項・2項）。

5．取り消すことができる者

被保佐人**本人**、**保佐人**、行為能力者になった本人。

❺ 被補助人

1．被補助人

（1）**被補助人とは**

精神上の障害により事理を弁識する能力が不十分な者で、一定の者（本人・配偶者・四親等内の親族・後見人・後見監督人・保佐人・保佐監督人・検察官）の請求（本人以外の者の請求のときは本人の同意が必要）によって家庭裁判所より**補助開始の審判を受けた者**（15条）。通常は大丈夫だが不安が残るという程度の判断能力の人が対象⑥。

先生からのコメント

⑥家裁の審判が必要と判断した「特定の法律行為」についてのみ補助される（17条、876条の9）。その行為は、❹「**3．法律行為の効果**」(1)の「重要な財産上の行為」の範囲内から選択される。たとえば「不動産の処分」は含まれているが日常生活に関する行為は除かれることになる。

（2）**補助開始の審判の取消し**

家庭裁判所より「補助開始の審判の取消し」を受けることにより、行為能力者となる（18条）。

２．被補助人の保護者

補助人という。

３．法律行為の効果

「特定の法律行為」に関して補助人に**同意権**（補助人は、同時に**取消権・追認権**を取得。120条１項、122条）ないし**代理権**の**一方または双方**が与えられたときに、その行為についてのみ補助人の同意（被補助人の不利益になるおそれがないのに同意しないときは裁判所の許可）ないし補助人の代理が必要である。

同意を得なければならないにもかかわらず、**同意**（または許可）**を得なかった**ときは、取り消すことができる（17条４項、120条１項）。

４．保護者の権限

本人の希望により、次のいずれかのタイプがある。

①　審判※により与えられた「特定の法律行為」についての代理権

※　家庭裁判所は、本人・配偶者・四親等内の親族・後見人・後見監督人・保佐人・保佐監督人・検察官・補助人・補助監督人の請求による審判（本人以外の者の請求のときは本人の同意が必要）により、代理権を付与できる。

②　審判により与えられた「特定の法律行為」についての同意権・取消権（追認権）

③　上記①②の双方

５．取り消すことができる者

被補助人**本人**、**補助人**、行為能力者となった本人。

❻ 制限行為能力者の取消しとその効力

１．遡及効（そきゅうこう）

契約が取り消されると、**契約をしたときに**さかのぼって無効とみなされる（121条）。つまり、その行為は取消しによって全く契約がなされなかったことになる。

2．原状回復の義務（121条の2）

(1) 原則

無効な行為に基づく債務の履行として**給付を受けた者**は、相手方を**原状に復させる義務を負う**⑦。

(2) 例外

① 無効な無償行為に基づく債務の履行として給付を受けた者は、**給付を受けた当時その行為が無効**であること（給付を受けた後に、初めから無効であったものとみなされた行為にあっては、給付を受けた当時その行為が取消しできるものであること）**を知らなかった**ときは、その行為によって「**現に利益を受けている限度**」において、返還の義務を負う。

② 行為の時に**意思能力を有しなかった者**は、その行為によって「**現に利益を受けている限度**」において、返還の義務を負う。行為の時に**制限行為能力者であった者**についても、**同様**である。

先生からの
コメント

⑦ここでいう「121条の2に基づく原状回復義務」と第14節の「不当利得返還義務」とは別のものである。「不当利得」によれば、悪意の受益者でない限りは、利益の存する限度でしか返還をしなくてもよい。

3．第三者との関係

制限行為能力者の取消しは、**善意の第三者にも対抗できる**。

⑦ 取引の相手方の保護および法律関係安定のための制度

1．相手方の催告権

相手方は、**1ヵ月以上の期間**を定めて、「取り消すのか、追認するのか」を制限行為能力者側に**催告**※1ができる（20条）。

ここでは、誰に対して催告をするのか、期間内に返事がなかった場合の効果について注意を要する。

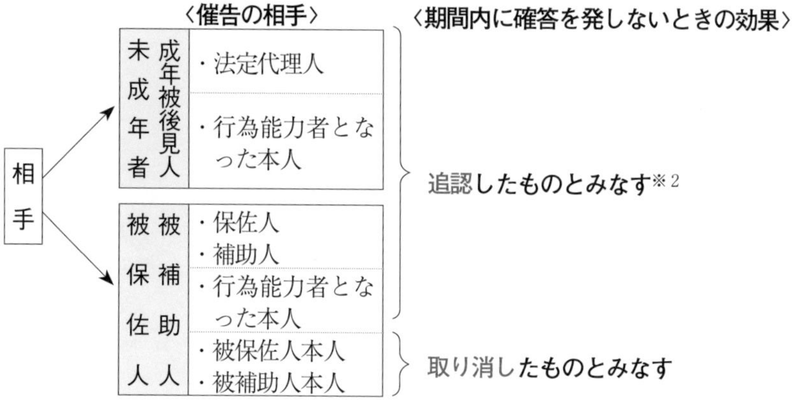

※1　**催告**：催促すること。
※2　**みなす**：法がそのように決めてしまうこと（たとえ反対の証拠の提出があったとしてもその判断を覆すことができない）。

2．詐術等を行った場合（21条）

制限行為能力者が、自分を行為能力者であると信じさせるため詐術を用いた場合は、その行為を**取り消すことができない**。単に制限行為能力者であることを黙秘しているだけでは詐術にあたらないが、**黙秘**していたことが**他の言動と相まって**、**相手方を誤信させ**、または**誤信を強めた**ものと認められる場合には、**詐術**にあたり、制限行為能力者はその行為を**取り消すことができない**（判例）。

3．取消権の時効消滅（126条）

追認できる時から（たとえば行為能力者になってから）**５年**、または**行為の時から20年**（いずれか早いほう）が経過すると、もはや**取り消すことができなくなる**。取消権が消滅すれば、契約は完全に有効となり、法律関係を安定化させることができる。

4．法定追認（125条）

「追認」という意思表示をしなくても、**追認をすることができる時以後**に、追認権を有する者が、異議をとどめることなく、**追認をしたと思わせるような行為をする**ことによって、追認とみなされる。これを**法定追認**という。これも法律関係の安定を目的とする。法定追認となる事由は、次のとおりである。

① 債務※1の一部または全部の**履行**※2
② 相手方に履行を**請求**した場合
③ 担保を提供したり担保の提供を受けた場合
④ 取得した権利の一部または全部の**譲渡**をした場合
⑤ 更改をした場合
⑥ 強制執行をした場合

※1 **債務**：履行しなければならない義務。
※2 **履行**：実際に行うこと、実行すること。

Step Up 能力とは

契約を完全に有効に行うためには一定の能力が必要である。この能力には、次の3つがある。

1．権利能力……権利や義務の主体となりうる資格である。

人は出生により権利能力を取得し（3条1項）、死亡によって失う。

これに対し、胎児は原則として権利能力を有しないが、次の権利については認められている。

① 相続・遺贈を受ける権利（886条、965条）
② 不法行為に基づく損害賠償請求権（721条）

2．意思能力……法律行為（たとえば契約など）を行うために必要な判断能力である。

意思表示をした時に意思能力のない者（たとえば、泥酔者・精神病者等）の行った法律行為は、意思能力がなかったことが立証されることにより無効となる（3条の2）。

3．行為能力……単独で完全に有効な法律行為を行うことができる能力である。

弱者救済のため、民法で一定の者の行為能力を制限し、保護するための規定を定めている。

一般に能力とは行為能力のことであり、本文で学習したように、行為能力の制限されている者を「制限行為能力者」という。

整理

❶ 制限行為能力者の4つの類型

	単独で有効にできる行為	取り消すことができる行為	保護者	
			代理権者	同意権者
成年被後見人	日常生活に関する行為	自ら行った（法定代理人の同意の有無にかかわらず）すべての行為	法定代理人（成年後見人）	
未成年者	① 単に権利を得または義務を免れる行為 ② 法定代理人が処分を許した財産の処分行為 ③ 営業の許可がある時は営業に関する行為	法定代理人の同意を得ないで行った行為（左の行為は除く）	法定代理人（親権者→通常父母両方、未成年後見人）	法定代理人
被保佐人	右の行為以外の行為	重要な行為のうちで、民法が定めるものにつき、保佐人の同意を得なかった行為（重要なものは、5年を超える土地（山林を除く）の賃貸借、3年を超える建物の賃貸借、不動産の取得・処分、相続の承認・放棄、遺産分割）	保佐人（特定の行為について審判があるとき）	保佐人
被補助人	右の行為以外の行為	審判で定められた特定の行為	補助人（特定の行為について審判があるとき）	補助人（特定の行為について審判があるとき）

❷ 制限行為能力者の権利

制限行為能力者	取消権	追認権
成年被後見人	○	
未成年者	○	△※2
被保佐人	○	△※2
被補助人※1	○	△※2

※1　審判で定められた特定の法律行為のみ補助される。
※2　保護者の同意を得れば追認できる。

❸ 制限行為能力者の保護者の権限

保　　護　　者	取消権	追認権	同意権	代理権
成年被後見人の成年後見人	○	○	＼	○
未成年者の法定代理人	○	○	○	○
被保佐人の保佐人 ＊ 重要な財産上の行為のみ	○	○	○	△※
被補助人の補助人	△※	△※	△※	△※

※　審判で定められた特定の法律行為。

第3節 意思表示（93条～96条）

重要度 マ B 主 特A

Introduction

法律上の行為（特に契約）は、意思表示を中心的な要素として含む。

契約は当事者間の合意であるから、意思表示は契約にとって重要な位置を占める。そこで、契約が有効とされるためには、完全な意思表示が必要である。この完全な意思表示とは、自由な意思に基づいた真意と一致する意思表示である。

❶ 契約の有効性と意思表示の欠陥

民法では、意思表示の欠陥を、次のように2つに分けて、契約の効果がどうなるかを規定している。

(1) 真意と意思表示が食い違っている場合

その意思表示の効力は、心裡留保は有効、通謀虚偽表示は無効、表示錯誤は取消しできる[①]としている。

(2) 完全に自由な意思に基づいてなされたものでない意思表示

取消しができる[①]としている。

先生からのコメント

①第三者等を保護するために、無効・取消しの主張が制限されることがある。

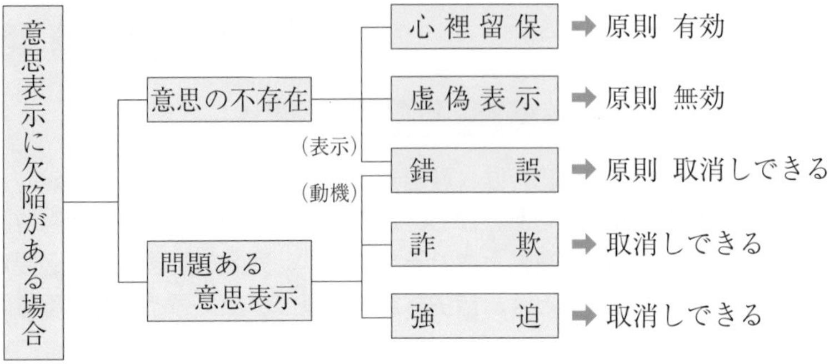

❷ 心裡留保（意思の不存在）

当事者の一方が、わざと真意と異なる意思表示を行った場合を**心裡留保**という。たとえば、冗談で「売るよ」と言った場合である。

(1) 心裡留保による契約は、相手方の保護のため、**原則**として**有効**である。

(2) **相手方が真意でないことを知っていた場合（悪意**※1**）**と**注意すれば知ることができた場合（善意・有過失**※2**）**は、**無効**となる（93条1項）。

(3) 無効となるときでも、**善意の第三者に対して無効を主張**できない（93条2項）。

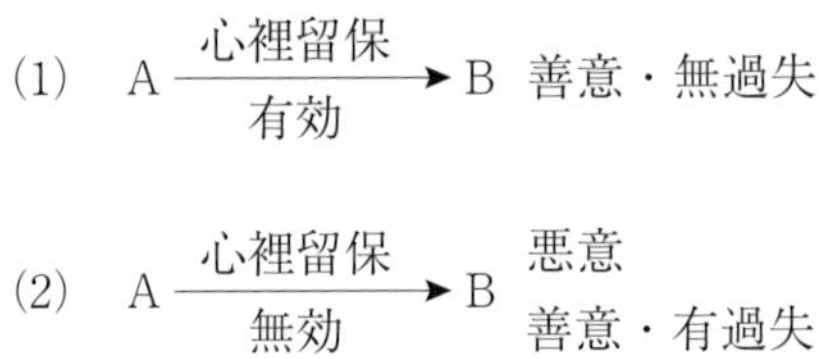

※1　**悪意**：ある事実や事情を知っていること。

※2　**善意・有過失**：知らなかったことについて落ち度があること。物の表面にキズがあり、注意すれば気づくことはできたが、気づかず知らないで買ったような場合。

❸ 通謀虚偽表示（意思の不存在）

当事者が通謀して、真意と異なる意思表示をした場合を**通謀虚偽表示**という。

(1) **当事者間**では**無効**となる（94条1項)。

(2) 第三者保護の点から**善意の第三者**(C)[②]**に対して無効を主張**できない(94条2項)。

(1)
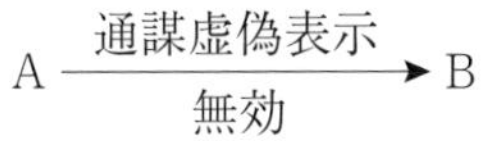

(2)
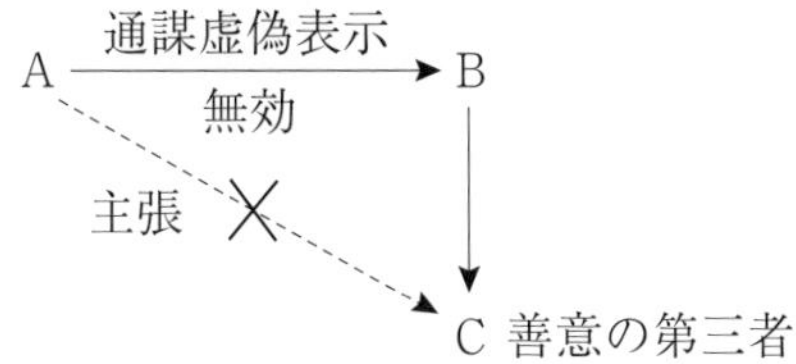

先生からのコメント

②第三者は、善意であればよく、過失の有無は問わないし、登記※を備えている必要もない（判例)。

※　登記：不動産の所在や権利関係（所有者は誰か、誰が使っているか、担保は付いているか等）を登記所（法務局）にある登記簿という帳簿に記録し、取引の安全を図るためのもの。

❹ 錯誤（意思の不存在・問題ある意思表示）

意思表示をした者の意図と表示に食い違いがあり、それを知らずに意思表示をした場合、これを錯誤（勘違い）による意思表示という。

(1) 意思表示は、次の錯誤に基づくものであって、その錯誤が法律行為の**目的**および取引上の**社会通念**に照らして**重要**なものであるときは、**取消し**できる(95条1項)。

① 意思表示に対応する意思を欠く「**表示錯誤**」

② 表意者が法律行為の**基礎とした事情**についてのその認識が真実に反する「**動機の錯誤**」

(2)「**動機の錯誤**」による取消しは、その事情が法律行為の基礎とされていることが**表示されていたときに限り**できる(95条2項)。なお、この動機の表示に関しては、明示または黙示の表示でもよいとされている（判例)。

(3) **表意者**※**に重大な過失**（重大な不注意）がある場合、次の①②を除き、**取消しを主張できない**（95条3項）。

① 相手方が表意者に錯誤があることを知り（**悪意**）、または**重大な過失**によって知らなかったとき

② 相手方が表意者と同一の錯誤に陥っていたとき

(4) 錯誤による取消しは、**善意・無過失の第三者に**対抗できない（95条4項）。

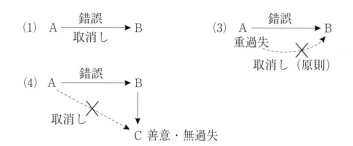

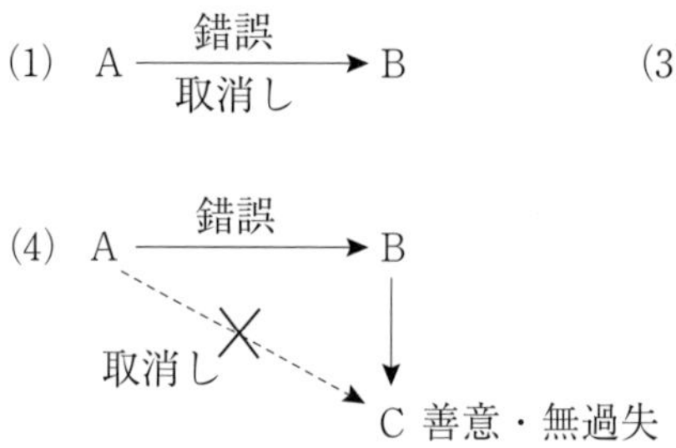

※ 表意者：意思表示をした者。

❺ 強迫（きょうはく）（問題ある意思表示）

脅されてなした意思表示（強迫による意思表示）は、**取り消すことができる**（96条1項）。

強迫の場合は、取消し前に現れた者であれば、**誰に対しても取消しをもって**対抗でき、表意者の保護が徹底されている。

❻ 詐欺（さぎ）（問題ある意思表示）

だまされた結果、思い違い（錯誤の場合と異なり、重要な思い違いでなくてもよい）をしてなした意思表示（詐欺による意思表示）は、**取り消すことができる**（96条1項）。

1．相手方からの詐欺

相手方に対しては取消しを主張することができるが、取消し前に現れた、**善意・無過失の第三者には取消しをもって**対抗できない（96条3項）。

２．第三者からの詐欺

第三者が詐欺を行った場合、**相手方が善意・無過失**であれば**取り消すことはできない**が、**悪意や有過失であれば**取り消すことができる（96条２項）。

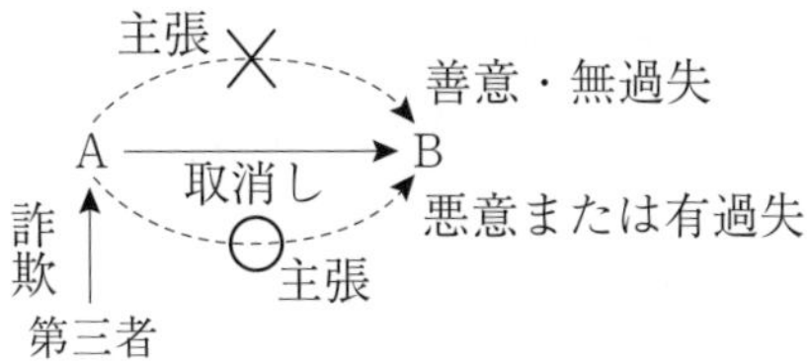

❼ 取消しと追認

１．追　認

「取り消すことができる行為」は、**追認**することができる（122条）。

詐欺や強迫による意思表示も制限行為能力者と同様に、**「取消しの原因となっていた状況が消滅し、かつ、取消権を有することを知った後**※**」**であれば**追認できる**。

※　**取消しの原因である状況が消滅しかつ、取消権を有することを知った後**：詐欺の場合はだまされたことに気付き、かつ、取消権の存在を知った後、強迫の場合は強迫の状態が終わり、かつ、取消権の存在を知った後をいう（124条１項）。

２．取消権の消滅時効

制限行為能力者制度と同様、取消権は、**追認できるときから５年**、または**行為のあったときから20年**(いずれか早いほう)経過すると、もはや**取り消すことができなくなる**（126条）。

Step Up　転得者がいる場合

虚偽表示に基づいて権利を取得した第三者（C）から、さらに権利を取得した者（D）を転得者という。

転得者に関する問題としては、次の２つのケースが考えられる。

① **Cが悪意でDが善意の場合**

Cが悪意である場合、AはCに対して虚偽表示の無効を対抗しうることはもちろんである。しかし、転得者Dが善意であれば、AはDに対して虚偽表示の無効を対抗しえない（判例）。

② **Cが善意でDが悪意の場合**

Cが善意である場合、AがCに対して虚偽表示の無効を対抗しえないのはいうまでもない。では悪意のDをどのように考えるかである。このような場合、善意者Cのところで虚偽表示の有効が確定したと考え、悪意者Dといえども保護されると考えられている。

整理 意思の不存在・問題ある意思表示のまとめ

	原則	無効・取消し	
		主張できる（主なもの）	主張できない(主なもの)
心裡留保	有効	悪意または善意・有過失の場合の相手方・悪意の第三者に主張	善意・無過失の相手方
			善意の第三者
虚偽表示	無効	右以外の場合	善意の第三者
錯誤	取消しできる	右以外の場合	表意者に重過失ある場合(原則)
			善意・無過失の第三者
詐欺	取消しできる	右以外の場合	善意・無過失の第三者・(第三者詐欺における) 善意・無過失の相手方
強迫	取消しできる	誰にでも	

第4節 代理制度

1 代　理（99条～108条）

重要度 マ C 主 A

Introduction

代理制度は、簡単にいえば、他人が代わりにやってあげるが、本人がやったのと同じに扱われるというものである。ここでは、本人・代理人・相手方の三面関係をしっかりと整理していこう。

① 代理の仕組み（99条）

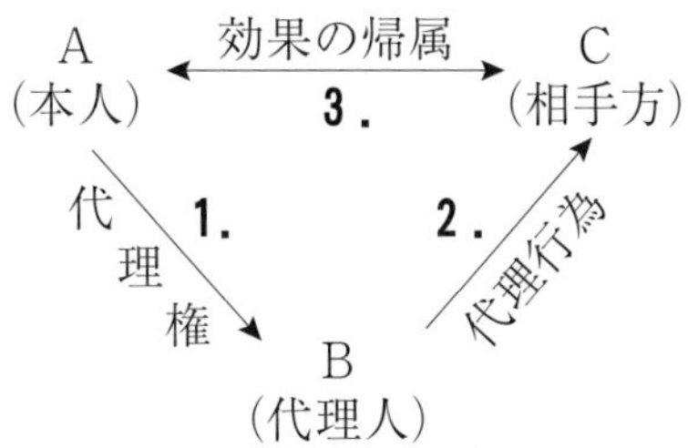

1．代理権

AがBに**代理権**を与える。これは、書面によらず口頭でもよい（ただし、委任契約に基づく場合は、委任状を交付するのが一般的である）。なお、代理権を付与した後でも、本人が自ら行為をすることもできる。

2．代理行為

BはAに代わって本人のためにすることを示して（**顕名**（けんめい）という）契約等を行う。これを「**代理行為**」という。

3．効果の帰属

Bが行った行為は、**すべてAが行ったものとみなされる**。したがって、BC間の合意によって、AC間に売買契約が成立（Aに効果が帰属）する。

❷ 代理の種類

代理には、**「任意代理」**と**「法定代理」**がある①。「任意代理」というのは、本人の意思に基づいて代理権が与えられる場合であり、「法定代理」というのは、制限行為能力者の法定代理人のように、法律上代理権が与えられる場合である。

先生からのコメント

①任意代理と法定代理とでは規定に異なる点があるので注意すること。

❸ 代理権の発生と範囲

1．代理権の発生

(1) **法定代理** ➡ 法律の規定による。

(2) **任意代理** ➡ 本人が代理権を与える旨の意思表示をすることによって発生する。

2．代理権の範囲

(1) **法定代理** ➡ 法律の規定による。

(2) **任意代理** ➡ 代理権授与の際に定められた範囲となる。

範囲が定められていない場合（権限の定めのない代理人という）、次の管理行為しか行うことができない（103条）。

① **保存行為** ➡ 現状を維持する行為

【例】マンションの修繕等

② **物または権利の性質を変えない範囲での利用行為** ➡ 収益をもたらす行為

【例】マンションの賃貸

③ **物または権利の性質を変えない範囲での改良行為** ➡ 価値を高める行為

【例】マンションの造作等

④ 代理人の行為能力

代理人は、誰でもなることができるのであろうか。

1．法定代理

法定代理人の場合は、民法に欠格要件が規定されている。なお、**制限行為能力者が他の制限行為能力者の法定代理人**としてした行為については、法律の規定で代理人とされたので、本人保護の必要性から、**取消しできる**（102条ただし書）。

2．任意代理

制限行為能力者が任意代理人としてした行為は、行為能力の制限によっては**取消しできない**（102条本文）。なぜなら、制限行為能力者にあえて代理権を与えた本人に対し、取消権による保護の必要性はないからである。

⑤ 代理権の消滅

本人、代理人に一定の事由が生じると代理権は消滅する（111条1項）。消滅事由は、法定代理と任意代理とでは異なる（同2項）。

	本　人	代　理　人
法定代理	**死亡**	**死亡、破産手続開始の決定**※**、後見開始の審判**
任意代理	**死亡、破産手続開始の決定**	**死亡、破産手続開始の決定**[②]**、後見開始の審判**[②]

※　破産手続開始の決定：債務者がその債務を完済することができない場合に、債務者の総財産をすべての債権者に公平に弁済することを目的とする裁判上の手続。その手続は破産法という法律によって規定され、裁判所によって破産手続開始の決定を受けると「破産者」となる。

先生からのコメント

②任意代理の場合、成年被後見人等や破産手続開始の決定を受けた者を代理人に立てることはできるが、行為能力者だった代理人が、後見開始の審判を受けたり、破産手続開始の決定を受けたりした場合には代理権が消滅する。

❻ 自己契約・双方代理の禁止

1．自己契約

代理人が相手方になること。たとえば、Aからマンションの売却を依頼された代理人Bが自分を買主としてAB間に売買契約を締結させたケースなどである。

2．双方代理

双方の代理人となること。たとえば、Aからマンションの売却を依頼された代理人Bが、Cからもマンションの購入の代理権を授与され、AC間に売買契約を締結させたケースなどである。

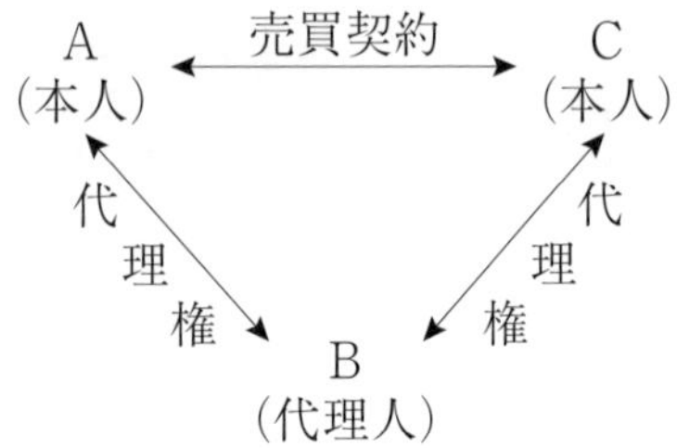

3．自己契約・双方代理の原則禁止

(1) 自己契約や双方代理は、本人に不利益を与えるおそれがあるので**原則として禁止**されており、これに反して行った場合は**無権代理行為**とみなされるが、次の場合には**例外的に行う**ことができる（108条1項)。

① 本人が**あらかじめ許諾**している行為（判例：事後追認でもよい)

② 本人に不利益を生じさせるおそれのない単なる**債務の履行**

(2) **代理人と本人との利益が相反する行為**

前記（1）のほか、代理人と本人との利益が相反する行為については、原則として**無権代理行為**とみなされるが、本人が**あらかじめ許諾**している行為については、**例外的に行う**ことができる（108条2項)。

❼ 代理行為

代理制度とは、**実際に行動するのが代理人**でありながら、その代理人の行為の**結果はすべて本人に及ぶ**ものである。

1．顕　名

代理人が代理行為を行うときは、相手方に**「本人のためにする」**ことを示して（これを顕名という）行う必要がある。これにより､その効果が「本人」に帰属することになる。

2．代理行為の瑕疵

(1) **代理人が相手方に対してした意思表示**

この意思表示の効力が、意思の不存在・錯誤・詐欺・強迫または悪意、善意・有過失によって影響を受けるべき場合には、その事実の有無は、**代理人を基準**に決めるものとする（101条1項)。

(2) **相手方が代理人に対してした意思表示**

この意思表示の効力が、意思表示を受けた者が悪意、善意・有過失によって影響を受けるべき場合には、その事実の有無は、**代理人を基準**③に決めるものとする（101条2項)。

(3) **特定の法律行為を委託された代理人がその行為をした場合**

本人が悪意や**有過失**であれば、**代理人の善意**や**無過失を主張できない**（同3項)。

先生からのコメント

③代理人が詐欺・強迫された場合の取消権は、本人が取得する。代理行為の効果は直接本人に帰属するからである。

ケーススタディ 1

本人Aは、相手方C所有のマンションの購入を代理人Bに依頼した。BとCは売買契約を締結し、登記もCからAに移転した。このマンションは、Dが自己の債権者の差押えを免れるため、Cと通謀してCに仮装譲渡していたものであった。この場合、Bが善意であれば、Aが悪意のときでも、Aはこのマンションを取得できるのであろうか。

⬇

本人Aは悪意であるから、代理人Bが善意であることを主張することはできず、悪意の第三者として、Dに対抗できない。したがって、Aは、このマンションを取得できない。

8 復代理

復代理人というのは**代理人が選任する本人の代理人**のことである。たとえば未成年者の親権者（法定代理人）が病気のため、復代理人を選任し、復代理人が未成年者のために代理行為を行うと、その効果は本人である未成年者に帰属する（106条）。

1．復代理人の選任と責任

復代理人を自由に選任できるかどうか、また、代理人が復代理人のした行為についてどの程度責任を負うかについては、法定代理と任意代理とで異なる。

(1) **法定代理**

① 選任 ➡ いつでも自由に選任できる。

② 責任 ➡ 全責任を負う。この場合、やむを得ない事由があるときは、本人に対してその選任および監督についてのみ責任を負えばよい（105条）。

(2) **任意代理**

① 選任 ➡ 原則として**選任できない**。信頼できると思った人をわざわざ代理人としたからである。ただし、次のいずれかの場合は選任できる（104条）。

(ア) **本人の許諾**があった場合

(イ) **やむを得ない事由**がある場合

② 責任 ➡ 代理権授与契約の債務不履行として、債務不履行の一般原則により責任を負うことになる。

2．復代理人の立場

復代理人はあくまでも**本人の代理人**であって、**代理人の代理人ではない**。したがって、復代理人のした行為の効果は、**直接本人に帰属する**（106条1項)。復代理人の代理権の範囲は、**代理人の代理権の範囲を越えるものではない**。また、**代理人の代理権が消滅**すると、**復代理人の代理権も消滅**する。

なお、**復代理人を選任**しても、**代理人は代理権を失わない**。

9 代理権の濫用④

代理人が自己または第三者の利益を図る目的で代理権の範囲内の行為をした場合において、**相手方がその目的を知り**、または**知ることができた**ときは、本人を保護する必要性から、その行為は、**代理権を有しない者がした行為**とみなされ、**本人には効果が及ばない**ようにしている（107条)。

先生からのコメント

④土地の売却に関する代理権を授与されたBが、本人Aの名義で、B自身が売買代金を使い込む目的により、相手方Cと売買契約を締結するようなケースである。ただし、Cが当該契約を締結した時点で、B自身が使い込むことを知っていた場合や知ることができた場合には、当該契約の効果はAに及ばないことになる。

2 無権代理（109条～117条）

重要度 マ B 主 B

Introduction

代理権がないのに行われた行為を無権代理という。この場合、本人と相手方のどちらを保護したらよいのかが、ここでの問題である。

❶ 無権代理と表見（ひょうけん）代理

代理権のない者（無権代理人）が、誰かの代理人と称して代理行為を行った場合、どうなるのであろうか。この場合、その無権代理行為の効果は、**原則として「本人」に帰属しない**。

ところが、一定の場合、相手方を保護するために、無権代理人の行った行為の効果が「本人」に帰属する場合がある。これを**表見代理**という。

（広義の）無権代理 ─┬─ （狭義の）無権代理
　　　　　　　　　　└─ 表見代理

❷ （狭義（きょうぎ）の）無権代理（113条～118条）

無権代理人の行った行為は、表見代理が成立する場合を除いて、その行為の効果は、原則として本人に及ばない。

1．本人の追認権

本人にとって、無権代理人の行った行為が有利に働くような場合もある。このような場合、本人は追認して無権代理人の行った行為の効果を受けることができる（113条1項）。

(1) **追認の効果**

本人は、無権代理行為を追認することができ、追認をするとその効果は、原則として**無権代理行為をしたときに**さかのぼり（116条)、**確定的に有効**となる。ただし、これにより第三者の権利を害することはできない（同ただし書)。

(2) **追認の相手**

① **追認**は、相手方または無権代理人の**どちらに対して行ってもよい**。

② 無権代理人に対して追認したときは、相手方がこれを知るまで、本人は相手方に対して追認の効果を主張できない（113条2項)。

③ 追認は善意の相手方が取消権を行使すると、もはやできなくなるという関係にある。

2．相手方の保護規定

無権代理人と取引をした相手方は、不安定な立場におかれる。無効なのか有効なのかはっきりしないからだ。そこで、無権代理人であることを知っていたかどうかによって、相手方には次のような権利が与えられる。

(1) **催告権（114条)**

① 相手方は本人に対して、**相当の期間を定めて**「追認するか、追認を拒絶するか」の**催告ができる**。

② この期間内に本人からの確答がない場合、本人は、**追認を拒絶**したものとみなされる。

③ この催告権は、相手方が**悪意であっても行使できる**。

(2) **取消権（115条)**

① 相手方が**善意**であれば、この契約を**取り消すことができる**。

② この**取消し**は、本人が**追認をすると、もはや行使できない**。つまり、本人の追認と善意の相手方の取消しは早い者勝ちということになる。

(3) 無権代理人への責任追及権（117条）

① 無権代理人の立場にある者は、**自己の代理権を証明**したとき、または**本人の追認を得たときを除き**、相手方の選択に従い、相手方に対して**履行または損害賠償の責任を負う**。

② 次の要件のいずれかに該当する場合には、上記①は適用されず、**責任を負わない**。

（ア）無権代理人が代理権を有しないことを**相手方が**知っていたとき

（イ）無権代理人が代理権を有しないことを**相手方が**過失**によって知らなかった**とき。ただし、**他人の代理人として契約をした者**が**自己に代理権がないこと**を知っていたときは、**責任を負う**。

（ウ）無権代理人が**制限行為能力者**であったとき

❸ 表見代理の成立

1．表見代理が成立する場合

次のものに該当し、かつ、**相手方が「善意・無過失」**（権限があると信じる正当な理由がある）であれば、**表見代理が成立**する。

代理権授与の表示による表見代理（109条1項）※	本人が相手方に対し、他人に代理権を与えたかのような表示をしたが、実際には与えていなかった場合
権限外の行為の表見代理（110条）※	代理人が、与えられた代理権の範囲を越えて代理行為をした場合
代理権消滅後の表見代理（112条1項）※	代理権がなくなったにもかかわらず、代理人だった者が代理行為を行った場合

※ 109条と110条、110条と112条は重ねて適用できる（109条2項、112条2項）。

2．表見代理の効果

相手方は、表見代理の成立を主張して、**本人に履行を求める**ことができる。

何らかの落ち度がある本人よりも、代理人であると正当に信頼してしまった相手方を保護する必要があるからである。本人の落ち度とは、表示をしたことや、勝手なことをする人を代理人に選んだことである。

❹ 表見代理と無権代理

表見代理が成立する場合でも、同時に無権代理であることにかわりはないので、❷（狭義の）無権代理に関する規定も適用対象となる。

したがって、表見代理が成立する場合であっても、相手方は善意･無過失であるので、相手方は取消権や無権代理人に対する責任追及権を**選択**的に行使できる（判例）。

Step Up 「無権代理」についての判例

(1) **無権代理人Ｂが本人Ａを単独で相続**し、本人と代理人の資格が同一人に帰した場合

↓

判例によれば、本人自ら法律行為をしたと同様な法律上の地位を生じ、本人を相続したＢは、本人としての地位に基づいて、無権代理行為による**契約の効力を否定することはできない**。つまり、当然にＢに効果が帰属する。

(2) **本人Ａが無権代理人Ｂを単独で相続**した場合

↓

判例によれば、本人としての地位と無権代理人の地位が併存することになり、相続人たる本人Ａは、被相続人の無権代理行為の追認を拒絶しても、何ら信義に反しないから、**追認を拒絶することができる**。なお、本人は無権代理人の相続人として、無権代理人の責任を負うことがある。

整理 無権代理の相手方の保護規定

権　利	内　容	相手方の状態
催告権	相当の期間を定めて催告 ＊　期間内に確答ないときは**追認拒絶**とみなす	善意・悪意問わず
取消権	本人が**追認するまで**の間に行う	**善　意**
責任追及権	**履行**の請求または**損害賠償**の請求 ＊　無権代理人が**制限行為能力者**等のときは不可	①　無権代理人が善意の場合 **善意・無過失** ②　無権代理人が悪意の場合 **善　意**

第5節 時　効（144条～169条）

重要度 マ A 主 特A

❖ Introduction ❖

時の経過によって、権利を取得したり、逆に権利が消滅したりすることがある。これを「時効」という。

❶ 時効制度

時効制度とは、一定の事実状態が一定期間継続した場合に、その事実状態が真実であるか否かを問わず、その継続した事実状態のほうを尊重しようとする制度である。

時効の種類

① **取得時効** ➡ 今までもっていなかった権利をもつ（無➡有）

② **消滅時効** ➡ 今までもっていた権利や負っていた義務がなくなる（有➡無）

❷ 取得時効

どんな権利が、どれだけの期間で、時効取得できるのであろうか。

1．取得時効にかかる権利

所有権、地上権、地役権（継続的に行使され、かつ、外形上認識できるものに限る）、永小作権、賃借権等

2．時効期間

占有開始の状態が

(1) **善意・無過失**[①] ➡ 10年（162条2項）

(2) **悪意または善意・有過失** ➡ 20年（162条1項）

先生からのコメント

①あくまでも占有開始の時の状態であり、善意・無過失で占有を開始した者が、その後事実を知った（悪意）としても、10年で時効取得できる（判例）。

3．所有権の取得時効

所有の意思をもって、**平穏かつ公然と他人の物を占有**することが要件である（162条）。借家人は、何年経っても所有権を時効取得できない。

❸ 消滅時効

1．消滅時効にかかる権利

所有権以外②の財産権（地上権・地役権・永小作権等）、債権③（賃借権等）

先生からのコメント

②所有権は消滅時効にはかからない。
③**債権**とは、特定の人が特定の人に対し、一定の行為を請求する権利。

2．時効期間（166条）

債　　権	①債権者が権利行使できることを**知った時（主観的起算点）**から**5年**（同1項1号） ②権利行使できる時（**客観的起算点**）から**10年**（同1項2号） （**人の生命**または**身体**の侵害による**損害賠償請求権**は**20年**）
債権または所有権以外の財産権	権利行使できる時から**20年**（同2項）

3．消滅時効の客観的起算点

消滅時効は、法律上権利行使できる時から進行する（166条1項）。

債　権　の　分　類	消滅時効の起算点
確定期限（到来することが確実なもの）ある債権 【例】令和6年12月25日に管理費を支払う	**期限到来時** （令和6年12月25日）
不確定期限（到来することは確実だが時期は未定）ある債権【例】Aが死んだら管理費を支払う	**期限到来時** （死んだ時）
期限の定めのない債権 【例】マンション売買で、特にその引渡しを定めなかった場合の引渡し請求権	**債権の成立・発生時** （マンションの売買契約を締結した時）

4．確定債権の時効期間

確定判決または確定判決と同一の効力を有するものによって**確定した権利**の消滅時効は、10年より短い時効期間のものであっても、次の時効完成までの期間は**10年**となる（169条1項）。したがって、判決確定時から10年で時効消滅する。

❹ 時効の完成猶予・更新

時効の完成猶予とは、一定の期間時効が完成しない（それまでの時効期間はゼロにならない）ことをいう。これに対し、**時効の更新**とは、時効期間がふりだしに戻ることをいう。

1．時効の完成猶予（147条～161条）

<table>
<tr><td rowspan="4">(1) 請求等（手続中）
右の事由終了（確定判決・確定判決と同一の効力を有するものにより権利が確定することなく事由が終了した場合、終了時から6ヵ月経過）までの間、時効完成しない</td><td>①　裁判上の請求（147条1項1号）</td></tr>
<tr><td>②　支払督促（147条1項2号）※1</td></tr>
<tr><td>③　和解の申立て・民事調停の申立て（147条1項3号）</td></tr>
<tr><td>④　破産手続参加等（147条1項4号）※2</td></tr>
<tr><td colspan="2">(2) 催告（150条）※3 ➡ 催告時から6ヵ月経過までの間、時効完成しない
この猶予期間にされた再度の催告は、時効の完成猶予の効力を受けない</td></tr>
<tr><td colspan="2">(3) 強制執行等（148条1項）➡ 終了するまでの間、時効完成しない
申立ての取下げ・法律の規定に従わず取消しによりその事由が終了した場合、6ヵ月経過までの間、時効完成しない</td></tr>
<tr><td colspan="2">(4) 仮差押え・仮処分（149条）➡ 終了時から6ヵ月経過するまでの間、時効完成しない</td></tr>
<tr><td colspan="2">(5) 協議を行う旨の合意
権利にかかる協議を行う旨の合意が書面・電磁的記録でされたときは、次のいずれか早い時（151条）までの間、時効完成しない
①　その合意があった時から1年を経過した時
②　その合意において当事者が協議を行う期間（1年未満に限る）を定めたときは、その期間を経過した時
③　当事者の一方から相手方に対して協議の続行を拒絶する旨の通知が書面でされたときは、その通知の時から6ヵ月を経過した時</td></tr>
<tr><td colspan="2">(6) 未成年者等
時効期間の満了前6ヵ月以内の間に、未成年者・成年被後見人に法定代理人がいない場合、その未成年者等が行為能力者となった時または法定代理人が就職した時から6ヵ月経過までは、時効完成しない</td></tr>
</table>

※1　支払督促：債権者が仮執行の宣言の申立てができる時から30日以内にその申立てをしないときは、その効力を失う（民事訴訟法392条）。
※2　破産手続参加等：債権者が**破産債権の届出**をした場合、債権の**消滅時効の完成猶予**が生じる（判例）。
※3　催告：裁判上の手続によらないで、債権者が債務者に対して債務の履行を請求すること。

2．時効の更新

(1) **請求等**	確定判決・確定判決と同一の効力を有するものによって**権利が確定したとき**は、これらの**事由が終了した時**から新たに進行スタート（147条2項）
(2) **承　認**※	権利**承認の時**から新たに進行スタート（152条1項）
(3) 強制執行等	これらの**事由が終了した時**から新たに進行スタート（148条2項） 申立ての取下げ・法律の規定に従わず取消しによりその事由が終了した場合、更新しない。

※　承認：時効の利益を受ける者（債務者等）が、時効によって権利を失う者に対して、その権利があることを知っていると表示することである。

3．時効の完成猶予や更新の効力が及ぶ者の範囲（153条）

時効の完成猶予・更新	効力が及ぶ対象者
上記**1.**と**2.**の各（1）（3）による時効の完成猶予・更新	当事者・その承継人の間においてのみ（1～3項）
上記**1.**（2）（4）（5）による時効の完成猶予	
上記**2.**（2）による時効の更新	

❺ 時効完成の効力

1．時効の援用

時効が完成しても、当然にその権利が取得できたり、債務が消滅したりするわけではない。時効完成によって利益を受ける者（消滅時効にあっては、保証人・物上保証人・第三取得者その他権利の消滅について正当な利益を有する者を含む）が、その**利益を受けるべきことを主張**[④]（援用という）**しなければ、時効完成の効力は生じない**（145条）。

先生からのコメント

④時効完成により利益を受ける者から「時効が完成している」ことを主張する必要があり、裁判所から「時効が完成してますよ」とは教えてくれない。

2．援用の効果

時効を援用すると、その**効果は起算日に**さかのぼる[⑤]（144条）。

先生からのコメント

⑤たとえば、管理費の消滅時効の場合は、支払ってもらえるときからその義務がなかったことになる。

3．時効の利益の放棄

(1) **時効完成後**、時効の利益を受けることを希望しない者は、**時効の利益の放棄**もできる。

(2) 時効の利益の放棄は、**時効完成前に行うことはできない**（146条）。

(3) 時効の完成を知らないで債務を承認した場合も、その相手方の信頼を守ってあげるために、信義則上、時効の援用ができなくなる（判例）。

(4) 時効の利益の**放棄**をしても、その時点から**再び時効は進行を開始**する。

第6節 所有権と共有等(206条〜264条の14)

重要度 ㋮ A ㊟ 特A

❖ Introduction ❖

共有とは、共同所有のことであるから、１人の意見ですべてのことが行えるわけではない。共有者相互の利益の調整を図る、という観点で学習していこう。

❶ 所有権の性質

所有権は、物に対する全面的な支配権であり、所有者は法令の制限内において所有物を自由に使用・収益・処分できる（206条)。また、土地所有権は、法令の制限内においてその土地の上下に及ぶ（207条)。

❷ 相隣関係(そうりん)

所有者が無制限に自分の土地を利用すれば、隣接地所有者との関係でいろいろな問題が生ずる。そこで、隣接地相互の権利関係を規定し、利用を調整することが必要になる。なお、これらの規定は地上権者についても準用される（267条)。

１．公道に至るための他の土地の通行権

他の土地に囲まれて公道に通じない土地（**袋地**）の所有者には、公道に至るために、その土地を囲んでいる**他の土地を通行する権利**がある（210条)。そして、袋地の所有者は、その土地を囲んでいる他の土地の所有者に対して、袋地の所有権取得の登記なくして、通行権を主張できる（判例)。

ただし、通行の場所および方法については、**通行権を有する者のために必要**であり、かつ、他の土地のために**損害が最も少なく**なるようにしなければならず（211条1項)、その通行する他の土地の損害に対して、**償金を支払う必要**がある（212条)。

また、袋地が**分割により生じた**ときは、他の分割された土地だけを通行でき、これについてはたとえ損害が生じても**償金を支払う必要はない**（213条1項)。

2. 隣地の使用（209条）

(1) 土地の所有者は、次の目的のため**必要な範囲内で**、**隣地を使用**できる。ただし、住家については、その**居住者の承諾**がなければ、立ち入ることはできない（同1項）。

① 境界またはその付近における障壁、建物その他の工作物の築造、収去または修繕

② 境界標の調査または境界に関する測量

③ 後記**3.**（5）による枝の切取り

(2) 上記（1）の場合、使用の日時、場所および方法は、隣地の所有者および隣地を現に使用している者（以下「隣地使用者」という）のために**損害が最も少ない**ものを選ばなければならない（同2項）。

(3) 上記（1）により隣地を使用する者は、あらかじめ、その目的・日時・場所・方法を隣地の所有者および隣地使用者に**通知**しなければならない。ただし、あらかじめ通知することが困難なときは、使用を開始した後、遅滞なく、通知すればよい（同3項）。

(4) 上記（1）の場合、隣地の所有者または隣地使用者が損害を受けたときは、その**償金を請求**できる（同4項）。

3. その他の相隣関係

(1) **継続的給付を受けるための設備の設置権等（213条の2）**

① 土地の**所有者**は、他の土地に設備を設置し、または他人が所有する設備を使用しなければ電気・ガス・水道水の供給その他これらに類する**継続的給付を受けることができない**ときは、継続的給付を受けるため**必要な範囲内**で、他の土地に**設備を設置**、または他人が所有する**設備を使用**できる（同1項）。

② この場合、設備の設置または使用の場所および方法は、他の土地または他人が所有する設備のために**損害が最も少ない**ものを選ばなければならない（同2項）。

(2) 隣地から水が自然に流れて来るのを妨げてはいけない（214条）。

(3) 境界には共同の費用で境界標を設置することができ（223条）、境界標設置等の費用は双方が1/2ずつ負担するが、測量費用は面積に応じて分ける（224条）。

(4) 建物は、境界線から**50cm以上**へだてて建てなければならない（234条1項）。さらに、境界線から**1m未満**の距離のところに他人の宅地を見通すことのできる窓

や縁側（ベランダを含む）を設ける時は、**目隠しを付ける**必要がある（235条1項)。別な慣習があれば、それに従う（236条)。

(5) 竹木の枝の切除および根の切取り（233条）

① 土地の**所有者**は、隣地の竹木の枝が境界線を越えるときは、原則として、その竹木の所有者に、その**枝を切除させる**ことができる（同1項)。

② 上記①の場合、竹木が数人の共有に属するときは、各共有者は、その**枝を切り取る**ことができる（同2項)。

③ 上記①の場合で、次のときは、土地の**所有者**は、その**枝を切り取る**ことができる（同3項)。

（ア）竹木の所有者に枝を切除するよう催告したにもかかわらず、竹木の所有者が相当の期間内に切除しないとき（1号）

（イ）竹木の所有者を知ることができず、またはその所在を知ることができないとき（2号）

（ウ）急迫の事情があるとき（3号）

④ 隣地の竹木の根が境界線を越えるときは、その**根を切り取る**ことができる（同4項)。

❸ 共　有

数人の者が**共同**して1つの物を**所有**することを**共有**という。

本来1つの物には、1個の所有権しか存在しない。たとえば、マンションの専有部分は通常1人で所有するが、1つの専有部分を数人で共同して所有できる[①]。

このような所有の形態を民法では**共有**という。

先生からのコメント

①マンションの共用部分（廊下・階段・集会室等）および敷地等は、住人（区分所有者）全員の共有になる。マンション等の共有関係については、第2編第1章を参照のこと。特別法である建物の区分所有等に関する法律（以下「区分所有法」という）に規定されていることは、一般法である民法に優先することになる。

1. 持 分

(1) A・B・Cの3人が、それぞれ500万円ずつを出して、ワンルームマンションを1,500万円で買ったとする。このマンションの専有部分は、A・B・Cの共有であり、その所有権の割合は、1/3ずつである。この割合を「持分」という。一般的に持分は、当事者間で定められたり、法律の規定（相続等）で定められたりするが、**持分が不明**の場合は、次のとおりとなる（250条）。

原 則	当事者の意思（契約）、法律の規定による
例 外	持分が不明の場合 ➡ **相等しいもの**と推定※

※ **推定**：当事者間に取り決めのない場合や反対の証拠がない場合に、ある事柄について法が一応の判断を下すこと（もし、反対の証拠の提出があればその判断を覆すことができる）。

(2) **共有物の使用（249条）**

① 各共有者は、持分の割合に応じて、共有物**「全部」の使用**ができる（1項）。したがって、共有者の1人が、他の共有者との協議に基づかずにマンションの住戸等の共有物を占有している場合でも、他の共有者は、当然にはその明渡しを請求できない（判例）。

② 共有物を使用する共有者は、別段の合意がある場合を除き、他の共有者に対し、**自己の持分を超える使用の対価**を**償還する義務**を負う（同2項）。

③ 共有者は、**善良な管理者の注意**をもって、共有物の使用をしなければならない（同3項）。

(3) 各共有者が**自己の持分を処分することは自由**②である（206条）。

先生からのコメント

②区分所有法では、共用部分の共有持分や敷地利用権※は、原則として、専有部分と分離して処分できない。

※ **敷地利用権**：区分所有建物を所有するために、その敷地を利用するための権利。所有権や借地権等がある。

2. 共有物の保存・管理・変更

共有物においては、単独所有における場合と違って、「各共有者が単独で行ってもよい行為」と「相談して行わなければならない行為」等がある。

(1) 各共有者が**単独**で行うことができる行為（252条5項）

保存行為（現状を維持する行為）

【例】修繕、不法占拠者への明渡し請求[③]等

先生からのコメント

③不法占拠者に対する損害賠償の請求については、持分の割合に限られる。

(2) **持分の価格の過半数**で決定できる行為

① 共有物の管理に関する事項（共有物の**管理者の選任・解任を含み**、共有物に**変更を加えるものを除く**）は、各共有者の**持分の価格に従い**、その**過半数で決する**。共有物を使用する共有者があるときも、同様である（252条1項）。

② **賃借権等の設定（252条4項）**

共有者は、共有物に、次の賃借権その他の使用・収益を目的とする権利（以下「**賃借権等**」という）であって、当該各**期間を超えないもの**（短期の賃貸借等）**を設定**できる。

(ア) 樹木の栽植または伐採を目的とする山林の賃借権等	10年
(イ) 上記（ア）の賃借権等以外の土地の賃借権等	5年
(ウ) 建物の賃借権等	3年
(エ) 動産の賃借権等	6ヵ月

※ なお、借地借家法の適用のある賃借権の設定は、この短期期間内での終了が確保できないため、原則として、共有者全員の同意がないと無効となる。ただし、一時使用目的（借地借家法25条、40条）や存続期間が3年以内の定期建物賃貸借（38条1項）については、契約において更新がない旨等を明記し、短期の期間内に賃貸借が終了することを明確にした場合であれば、持分の価格の過半数の決定で設定が可能となる。

(3) 共有者**全員の同意**[④]が必要な行為（252条の2第1項、251条1項）

共有物の管理者は、共有物の管理に関する行為をすることができる。ただし、**共有者の全員の同意**を得なければ、共有物に**変更**（その形状または効用の著しい変更を伴わないものを除く）を加えることが**できない**。

【例】共有物全部の売却、増築、改築等

先生からのコメント

④マンションの区分所有者が、集会で一定事項を決める場合、特別な規定によるので、区分所有法を参照のこと。

ケーススタディ 2

A・B・Cがマンションの専有部分を共有している（各人の持分は等しいものとする）。

Aは、BおよびCの同意を得ないで、当該専有部分をDに譲渡できるだろうか。

↓

Aは、**自己の持分**である1/3の所有権をDに**譲渡**することは**単独でできる**が、BとCの賛成がない限り、当該**専有部分そのものの譲渡はできない**。

3．共有物に関する費用・債権

各共有者は、その**持分に応じて**共有物の管理費用を**支払い**、共有物に関する**負担**をしなければならない（253条1項）。もし、共有者が**1年以内**にこの義務を行わないときは、他の共有者は、相当な償金を支払ってその者の**持分を取得**できる（同2項）。

また、他の共有者に対して債権を有する共有者は、その者の**特定承継人**（共有持分を譲り受けた者等）**に対してもその権利を行使**できる（254条）。

4．持分の帰属

共有者の1人が、その持分を**放棄**したとき、または**相続人なくして死亡**したときは、その持分は**他の共有者に帰属**する（255条）。

5．共有物の分割請求

各共有者は、いつでも**共有物の分割（再区分等）を請求**できる（256条1項本文）。

(1) **裁判による共有物の分割**

① 協議が調わないときまたは協議をすることができないときは、裁判所へ分割の請求ができる（258条1項)。

② 裁判所は、次の方法により、共有物の分割を命ずることができる（258条2項)。

(ア) 共有物の**現物分割方法**（1号）

(イ) 共有者に債務を負担させて、他の共有者の**持分の全部または一部を取得させる方法**（2号）

③ 上記①の方法により共有物を分割できないとき、または分割によってその価格を著しく減少させるおそれがあるときは、裁判所は、その**競売を命ずる**ことができる（258条3項)。

④ 裁判所は、共有物の分割の裁判において、当事者に対して、**金銭の支払、物の引渡し、登記義務の履行**その他の**給付を命ずる**ことができる（258条4項)。

⑤ 共有物の全部またはその持分が相続財産に属する場合に、**共同相続人間で当該共有物の全部またはその持分について遺産の分割をすべきとき**は、当該共有物またはその持分について、上記①〜④による**分割ができない**（258条の2第1項)。

⑥ 共有物の持分が相続財産に属する場合に、**相続開始の時から10年を経過**したときは、上記⑤にかかわらず、相続財産に属する共有物の持分について、上記①〜④による**分割ができる**。ただし、当該共有物の持分について遺産の分割の請求があった場合、相続人が当該共有物の持分について、この分割をすることに**異議の申出**をしたときは、**分割ができない**（258条の2第2項)。

⑦ 相続人が⑥の申出をする場合には、当該**申出**は、当該相続人が①の請求を受けた裁判所から当該請求があった旨の**通知を受けた日から2ヵ月以内**に当該裁判所にしなければならない（258条の2第3項)。

(2) **分割の効果**

分割された場合、各共有者は他の共有者が分割によって得た物につき、それぞれ持分に応じて売主と同じ担保責任を負う（261条)。

(3) **不分割特約**

共有者は全員で、**5年以内の期間を定めて**分割しない旨の特約ができる（256条1項ただし書）。この特約は**更新**できるが、**更新後の期間**もやはり**5年以内**とされる（同2項）。

6．所在等不明共有者の持分の取得・譲渡

不動産が数人の共有に属する場合、共有者が他の共有者を知ることができず、またはその所在を知ることができないときは、**裁判所**は、**共有者の請求**により、その共有者に、次のことができる。

① 当該他の共有者（以下「**所在等不明共有者**」という）**の持分を取得させる**旨の裁判をすることができ、この場合、請求をした共有者が2人以上あるときは、請求をした各共有者に、所在等不明共有者の持分を、請求をした**各共有者の持分の割合であん分**してそれぞれ**取得**させる（262条の2第1項）。

② 当該他の共有者（以下この条において「**所在等不明共有者**」という）**以外の共有者の全員が特定の者に対してその有する持分の全部を譲渡することを停止条件として所在等不明共有者の持分を当該特定の者に譲渡する権限を付与する**旨の裁判をすることができる（262条の3第1項）。

③ 所在等不明共有者の持分が相続財産に属する場合（共同相続人間で遺産の分割をすべき場合に限る）において、**相続開始の時から10年を経過していない**ときは、裁判所は、上記①②の**裁判**をすることが**できない**。

④ 所有者不明土地・建物管理制度

1．所有者不明土地・建物管理命令（264条の2第1項・4項、264条の8第1項・4項）

裁判所は、所有者を知ることができず、またはその所在を知ることができない土地・建物（土地・建物が数人の共有に属する場合、共有者を知ることができず、またはその所在を知ることができない土地・建物の共有持分）について、必要があるときは、**利害関係人の請求**により、その請求に係る土地・建物または共有持分を対象として、**所有者不明土地・建物管理人**（**裁判所**から**選任**された者）**による管理を命ずる**処分（以下「所

有者不明土地・建物管理命令」という）ができる。

2．所有者不明土地・建物管理人の権限（264条の3第2項、264条の8第5項）

所有者不明土地・建物管理人が次の行為の**範囲を超える**場合、**裁判所の許可**を得なければならないが、この許可がないことをもって**善意の第三者に対抗できない**。

① 保存行為

② 所有者不明土地・建物等（所有者不明土地・建物管理命令の対象土地・建物または共有持分および所有者不明土地・建物管理命令の効力が及ぶ動産ならびにその管理・処分その他の事由により所有者不明土地・建物管理人が得た財産）の性質を変えない範囲内で、その利用・改良を目的とする行為

3．所有者不明土地・建物管理人の義務（264条の5第1項、264条の8第5項）

所有者不明土地・建物管理人は、所有者不明土地・建物等の所有者（その共有持分を有する者を含む）のために、**善良な管理者の注意**をもって、その権限を行使しなければならない。

4．所有者不明土地・建物管理人の解任・辞任（264条の6、264条の8第5項）

(1) 所有者不明土地・建物管理人がその任務に違反して所有者不明土地・建物等に著しい損害を与えたことその他重要な事由があるときは、**裁判所**は、**利害関係人の請求**により、所有者不明土地・建物管理人を**解任**できる（264条の6第1項）。

(2) **所有者不明土地・建物管理人**は、**正当な事由**があるときは、**裁判所の許可**を得て、**辞任**できる（同2項）。

❺ 管理不全土地・建物管理制度

1．管理不全土地・建物管理命令（264条の9第1項・3項、264条の14第1項・3項）

裁判所は、所有者による土地・建物の管理が不適当であることによって他人の権利ま

たは法律上保護される利益が侵害され、または侵害されるおそれがある場合、必要があるときは、**利害関係人の請求**により、当該土地・建物を対象として、**管理不全土地・建物管理人**（**裁判所**から**選任**された者）**による管理を命ずる**処分（以下「管理不全土地・建物管理命令」という）ができる。

2．管理不全土地・建物管理人の権限（264条の10第2項、264条の14第4項）

管理不全土地・建物管理人が次の行為の**範囲を超える**場合、**裁判所の許可**を得なければならないが、この許可がないことをもって**善意でかつ無過失の第三者に対抗できない**。

(1) 保存行為
(2) 管理不全土地・建物等の性質を変えない範囲内で、その利用・改良を目的とする行為

3．管理不全土地・建物管理人の義務（264条の11第1項、264条の14第4項）

管理不全土地・建物管理人は、管理不全土地・建物等の所有者のために、**善良な管理者の注意**をもって、その権限を行使しなければならない。

4．管理不全土地・建物管理人の解任・辞任（264条の12、264条の14第4項）

(1) 管理不全土地・建物管理人がその任務に違反して管理不全土地・建物等に著しい損害を与えたことその他重要な事由があるときは、**裁判所**は、**利害関係人の請求**により、管理不全土地管理人を**解任**できる（264条の12第1項）。
(2) **管理不全土地・建物管理人**は、**正当な事由**があるときは、**裁判所の許可**を得て、**辞任**できる（同2項）。

整 理

❶ 共有物の保存・管理・処分のまとめ

<table>
<tr><th colspan="2">種　類</th><th>定　義</th><th>行為内容</th></tr>
<tr><td colspan="2">保存行為（252条5項）</td><td>共有者の現状を維持する行為</td><td>各共有者が単独でできる行為</td></tr>
<tr><td rowspan="2">管理行為
（広義）</td><td>（狭義の）管理
（252条1項）</td><td>共有物の管理者の選任・解任を含み、共有物に変更を加えるものを除く</td><td rowspan="2">各共有者の持分の価格に従い、その過半数で決する行為</td></tr>
<tr><td>軽微変更
（251条1項・252条1項）</td><td>その形状※1または効用※2の著しい変更を伴わない変更
【例】砂利道のアスファルト舗装、建物外壁・屋上防水等の修繕工事</td></tr>
<tr><td colspan="2">重大（軽微以外）
変更行為
（252条の2第1項）</td><td>その形状または効用の著しい変更を伴わないものを除く</td><td>共有者全員の同意が必要な行為</td></tr>
</table>

※1　**形状**：外観・構造等のこと。
※2　**効用**：機能・用途のこと。

❷ 共有物の分割請求のまとめ

原　則	**いつでも共有物の分割を請求**できる。 ＊　各共有者の協議が調わないときは、裁判所に分割を請求できる。
例　外	共有者全員が、**5年以内**の期間を定めて分割をしないという特約ができる。 ＊　この特約は**更新**できるが、その期間も5年以内とされる。

第7節 占有権（180条～202条）

重要度 マ B 主 C

❖ Introduction ❖

単に「手に持っている」あるいは、その家に「住んでいる」というだけの事実状態としての支配（これを占有という）も、占有権として法律上保護されている。ここでは、占有を奪われた場合の救済手段を中心にみておこう。

❶ 占有権の性質と占有訴権

占有権は、自己のためにする意思をもって、マンション等を現実に支配することによって取得される権利である（180条）。また、**代理人によって取得**（「代理占有」【例】賃借人と家主との関係）もできる（181条）。

❷ 引渡（占有の移転）の種類

(1) **現実の引渡（182条1項）**

占有権の譲渡は、占有物の引渡しによってする。

(2) **簡易の引渡（182条2項）**

譲受人またはその代理人が現に占有物を所持する場合には、占有権の譲渡は、当事者の意思表示のみによってできる。

(3) **占有改定（183条）**

代理人が自己の占有物を以後本人のために占有する意思を表示したときは、本人は、これによって占有権を取得する。この取得では、後述❸即時取得は成立しない（判例）。

(4) **指図による引渡（184条）**

代理人によって占有をする場合に、本人がその代理人に対して以後第三者のためにその物を占有することを命じ、その第三者がこれを承諾したときは、その第三者は、占有権を取得する。

❸ 即時取得

取引行為によって、**平穏**、かつ、**公然**と動産の占有を始めた者は、**善意**であり、かつ、**過失がない**ときは、**即時**にその動産について行使する**権利を取得**する（192条）。この即時取得は、無権利者からの譲受人を保護する制度であるから、所有者は、即時取得者に対する**所有権に基づく返還請求権の行使が制限**される（192条～194条）。所有権に基づく返還請求権は、**盗難の時から2年間**に制限され、一定の場合には、代価の弁償が必要となる（193条、194条）。拾得は取引行為ではないので、拾得した者に対して、所有権に基づく返還請求ができる。なお、**占有者が占有物について行使する権利**は、**適法に有するものと推定**される（188条）。

❹ 占有訴権

民法では所有権等の本権を有するか否かを問わず、占有権を有している者が占有を奪われたり、妨害されたりした場合、占有権保護のために、占有訴権が認められている。この占有訴権は、占有に対する侵害の態様に応じて、次の3つに分かれる。

1．占有訴権の種類と内容（198条～201条）

	内容	請求	行使期間	備考
占有保全の訴え	占有を他人に妨害されるおそれのある場合	妨害の予防または損害賠償の担保の請求	妨害の危険が生じている間	左記の妨害が工事によるものであるときは、 ・工事着手後1年以内 または ・工事終了まで
占有保持の訴え	占有を他人が妨害する場合	妨害の停止および損害賠償の請求	・妨害されている間 ・妨害が消滅後1年以内	
占有回収の訴え	占有を他人に**奪われた**場合	返還請求および損害賠償の請求	占有を奪われた時から**1年以内**	**善意の特定承継人**に対しては**訴えを提起できない。**

2．本権（所有権等）の訴えとの関係（202条）

「占有権に基づく訴え」と「本権に基づく訴え（所有権に基づく返還請求等）」は、別個のものとされている。

第8節 担保物権の性質（296条、304条、305条、350条、372条）

重要度 マ C 主 C

Introduction

お金を貸す人（債権者）は、借りる人（債務者）が、本当に借金を返してくれるのか、不安である。そこで、借金を返済しない場合には、債務者所有の土地をお金に換えて、回収することをあらかじめ約束しておいたりする。このような権利を担保物権という。ここでは、担保物権の４種類と、４つの性質をおさえておこう。

❶ 担保物権の種類

担保物権は、債権を担保するための物権であり、債権の履行の確保のため、債権者が優先的に権利を行使することが法律上認められている。民法では４種類規定されているが、これらは大きく、「約定(やくじょう)担保物権」と「法定(ほうてい)担保物権」に分けられる。

1．約定担保物権

当事者の**契約によって成立**するもので、**質権**と**抵当権**がある。

(1) **質　権** ➡ 債権者※1がその債権の担保として債務者※2または第三者から受け取った物を**占有**し、その物につき他の債権者に先だって自己の債権の弁済を受ける権利。

(2) **抵当権** ➡ 債務者または第三者が**占有を移さない**で、債務の担保に供した不動産につき債権者（抵当権者）が他の債権者よりも先に自己の債権の弁済を受ける権利。

※1　**債権者**：契約した内容の履行を請求する権利をもつ者。

※2　**債務者**：契約した内容を履行する義務を負う者。

【例】債務者――(物の引渡し)――➤債権者
売主A＝＝＝売買契約＝＝＝買主B
債権者◀――(代金の支払い)――債務者

売買契約において、物の引渡しについては売主が債務者、代金の支払いについては買主が債務者となる。

2．法定担保物権

一定の債権について、**法律上当然に成立**するもので、**留置権**と**先取特権**がある。

(1) **留　置　権**　➡　他人の物の占有者がその物に関して生じた債権を有するときに、その債権の弁済を受けるまでその物を返さない（留置）でいられる権利。

(2) **先取特権**　➡　一定の債権者がその債務者の財産につき他の債権者よりも先に自己の債権の弁済を受けることができる権利。

❷ 担保物権の性質

担保物権は、共通して次の4つの性質を有する（ただし、留置権のみ後出**4．**の物上代位性を有しない）。

1．付従性

担保物権は、債務が存在している間に限り成立する。**債務がなくなれば、担保物権もなくなる**①。

先生からのコメント

①債務がなくなった以上、抵当権は（たとえ登記簿に残っていても）なくなる。

2．不可分性

担保物権は、**債務の全額が弁済されるまで**、その担保の目的となる**物の全部について存続**する。

3．随伴性

担保物権は、**被担保債権**※**とともに移転**する。

※　**被担保債権**：たとえばAがBから1,000万円の金を借りA所有の土地に抵当権を設定したとする。この抵当権は何を担保しているのかというとBのAに対する債権である。このように抵当権、質権等によって担保されている債権のことをいう。

4．物上代位性（留置権を除く※）

管理費を滞納している区分所有者が、他の者に専有部分を賃貸している場合には、この賃料債権等についても**担保物権の効力が及ぶ**。ただし、物上代位によって担保権を行使するには、**払渡し前の差押え**が必要[②]である。

※ 留置権は、目的物を留置することがその主たる内容であり、目的物の交換価値を把握するものではないので、この性質を有しない。

先生からのコメント

②たとえば、抵当マンションが火災によって消滅した場合は、その火災保険金に対して、払渡し前に差押えをすることにより、抵当権を行使できる。

なお、物上代位の対象となるものとしては、火災保険金請求権（判例）のほか、売買代金請求権・不法行為にもとづく損害賠償請求権・賃料請求権（判例）などがある。

❸ 担保物権の対抗要件

不動産について担保物権を設定する場合、留置権・一般先取特権※を除いては、**登記がないと第三者に対抗できない**（177条）。

※ 一般先取特権は、不動産について、その登記がなくても一般債権者に対抗できる。債権の性質からみて実際上登記は期待できないし、その債権額も比較的少ないのであるから、登記がなくても他の債権者を害するおそれはないからである。

ケーススタディ 3

AはBに1,000万円を貸し付け、その担保としてB所有のマンションについて抵当権の設定を受けた。

Bはその後、このマンションをCに売却し、現在Cが所有している。

このケースで、もしBがAに弁済できなかったらどうなるであろうか。

↓

抵当権は、依然、存続しているが、現在、このマンションはCが所有している。

しかし、Aが抵当権設定の際に、このマンションの登記簿に「抵当権設定」と登記をしておけば、たとえ所有者が変わっても、抵当権を実行できる。

第9節 担保物権の内容

1 抵当権（369条～395条）

重要度 マ A 主 B

Introduction

担保物権のうち、本試験対策として最も重要なのは、抵当権である。抵当権が、あくまでも「処分権」を支配する権利であること、抵当権付不動産を買ったり借りたりした人をどのように保護していくべきか、ということに注意してみていこう。

① 抵当権の設定

抵当権[※1]は、**債務者**または**第三者**が、その目的物の**占有**（つまり使用収益権）**を手元に残したまま、債務の担保に供する**ことのできる担保物権である。債権者は債務が弁済されない場合、担保に供されたその目的物を競売[※2]して（処分権を支配する、とはこのことである）、その代価から優先弁済を受けることになる（優先弁済的効力、369条1項）。

また、抵当権は、現に成立している債権の他、将来発生する債権を目的として設定できる。

※1　**抵当権**：AがBに1,000万円貸してその担保としてB所有の土地について抵当権の設定を受けた。これによって、もしBがAに1,000万円返済できなければこの土地は競売にかけられ、その代価からAが弁済を受けられるというシステムである。

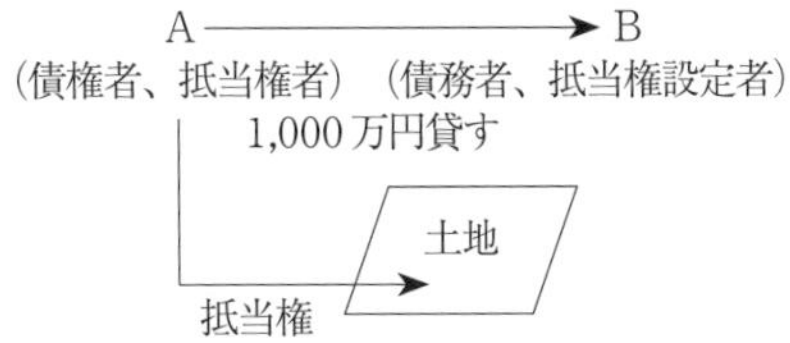

※2　**競売**：売主が多数の者に対して買受けの申出を行わせて、最高価格の申出をした者に承諾を与える売買の方法。せり。競売手続を国家（裁判所）が管理するのが一般的であり、これを公売という。

1．抵当権の目的物

民法上、抵当権の目的物となりうるものは、マンション等の**不動産（所有権）**や**地上権**[※1]・**永小作権**[※2]（369条）である[①②]。

※1 **地上権**：他人の所有する土地において、工作物または竹木を所有するためその土地を使用する権利である。
※2 **永小作権**：小作料を支払って、他人の所有する土地において耕作または牧畜を行う権利である。

先生からのコメント

①抵当権は占有を移転しないので、これら3つの権利のように、登記等によってその権利が公示できるものでなければならない。
②たとえば、賃借権付の敷地利用権に抵当権を設定できない。

2．抵当権設定契約

抵当権設定契約は、抵当権者と抵当権設定者との間の合意によって成立する。抵当権設定者は、物上保証人※のように、債務者以外の者でもよい。登記は第三者に対する対抗要件※であり、当事者間では登記がなくても契約の成立により抵当権設定の効力が生じる。

※ **物上保証人**：自己所有の財産を他人の債務の担保に供する人のこと。
※ **対抗要件**：自分の権利であることを主張する場合の根拠となるもの。

❷ 抵当権の効力

1．抵当権の効力が及ぶ目的物の範囲

(1) 建物と土地

建物と土地はそれぞれ独立した不動産であるから、**建物のみに設定した抵当権の効力は土地に及ばず、土地のみに設定した抵当権の効力は建物には及ばない**。

(2) 付加一体物（付合物と同義と解され、不動産の構成部分となり独立性を失っている物）

抵当不動産とそれに**付加して一体となった物**については、**抵当権設定の前後を問わず**、抵当権の効力が及ぶ（370条）。たとえば、マンションに抵当権が設定された場合、抵当権の効力は、マンションに付加して一体となった造作にも及ぶ。

① 土地 ➡ 立木・庭石
② 建物 ➡ 増築建物・附属建物・雨戸※・表入口用ガラス戸※

※　建具類は取りはずしが容易でも、建物の一部を構成するので、独立の動産とはいえない。

(3) **従物**※1**・従たる権利**※2

① **抵当権設定当時に存在した従物**については､効力が及ぶものとされているが（判例)、特約で及ばないとすることもできる。

② 従たる権利（賃借権等）についても、**抵当権設定当時に存在していれば**、原則として効力が及ぶ（判例)。

※1　**従物：**⟺ 主物。主物の処分に伴い、抵当権の目的物となる。
※2　**従たる権利：**借地上の建物について抵当権を設定した場合、借地権にも抵当権の効力が及ぶものとする。

(4) **果実（天然果実**※1**・法定果実**※2**）**

① 抵当権は、その担保する債権について不履行があったときは、その後に生じた抵当不動産の果実に及ぶ（371条)。

② **法定果実**は、物上代位の規定により**払渡し前の差押え**をもってその効力を及ぼすことができる（372条、304条、判例)。

※1　**天然果実：**物の用法に従って収取される、生み出された物をいう（88条1項)。
【例】農産物、鉱物、ニワトリの卵
※2　**法定果実：**物の使用の対価として受けるべき金銭等をいう（88条2項)。
【例】アパートの家賃、地代等

2．被担保債権の範囲

抵当権によって担保される被担保債権の範囲は、元本※1の他、利息※2・定期金※3・損害金※4等につき**満期となった最後の2年分**に限られる（375条)③。

ただし、満期（弁済期の到来）後に特別の登記をした場合はこの限りではない。登記以後の第三者は、登記額の限度で延滞利息金が存在していることを知ることができるからである。

※1　元本が担保されることはいうまでもない。
※2　利息については、最後の2年分だけ。
※3　地代債権のような利息以外の定期金のこと。
※4　弁済期が経過すると、債務者は遅延損害金を支払わなければならない。その場合、延滞されている利息金と通算して2年分の損害金が抵当権により担保される。

先生からのコメント

③この規定は、後順位の抵当権者や他の債権者を保護するために設けられているので、これらの者がいない場合は2年分に制限されない（判例）。

❸ 抵当権の実行

1．抵当権の実行

不動産を目的とする抵当権等の実行は、民事執行法（180条）の規定により、債権者が選択した次のいずれかの方法により行われる。

① 競売による不動産担保権の実行である「担保不動産競売」

② 不動産から生じる賃料等の収益を被担保債権の弁済にあてる「担保不動産収益執行」

2．優先弁済を受けられる順位

（1）**原則** ➡ **登記の順**による。

（2）**例外** ➡ **不動産保存の先取特権、不動産工事の先取特権**は、先に登記した抵当権に優先して弁済を受けることができる（339条）。

3．法定地上権（ほうていちじょうけん）

（1）次の要件を満たすと、建物の所有者は法律上**当然に地上権を取得**する（388条）。

① 抵当権**設定当時**、土地の上に**建物が存在**し、それぞれ**同一の所有者**であること。

② 土地と建物の一方または双方に抵当権が存在すること。

③ 抵当権の実行によって、土地と建物の**所有者が別々**になったこと。

ケーススタディ　4

【法定地上権が成立するケース】

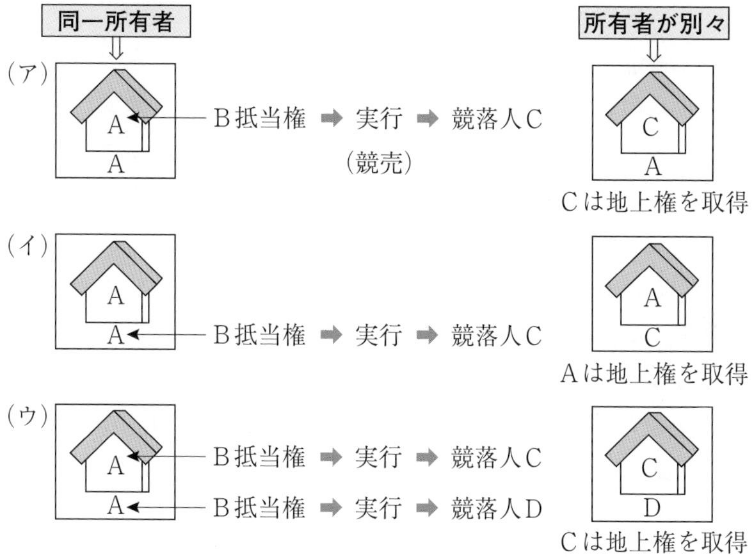

⑵　抵当権設定当時、土地とその上にある建物が同一の所有者に属している限り、次のような場合にも**法定地上権の成立を認めている**（判例）。

①　建物について保存登記が未だなされていない場合

②　土地について抵当権が設定された当時に存在した建物が火災等で滅失し、抵当権実行前に同様の建物が再築された場合

③　抵当権設定後、土地と建物の所有者が異なるに至った場合

4. 一括競売（いっかつけいばい）

ケーススタディ 5

AはBに1,000万円を貸し付け、B所有の土地（**更地**）について抵当権の設定を受けた。

その後、Bはこの土地に建物を新築した。結局、BはAに弁済できなかった。そこで、Aは抵当権を実行しようと考えている。この場合、建物も一緒に競売に出すことができるだろうか。

↓

この場合、法定地上権の成立要件を満たさないので、土地について抵当権が実行されても、Bは地上権を取得できない。したがって、抵当権者は更地として競売に出せるはずであるが、実際上、地上の建物と一緒でないと競売が難しく、競落価格も低下する。これでは、抵当権者の不利益が大きい。

(1) そこで民法は、本来、土地に設定された抵当権の効力は建物には及ばないが、このケースのように、抵当権設定後に抵当地に建物が築造されたとき（抵当権設定者B以外の第三者による築造も含む）は、Aは**土地と建物を一括して競売にかける**ことができるとしている。

　ただし、Aが優先弁済を受けられるのは**土地の代価からのみ**である（389条1項）。

(2) 建物の所有者が抵当地を占有することについて、**抵当権者に対抗できる権利**（土地賃借権、地上権等）**を有する場合**は、**適用されない**（389条2項）。

❹ 抵当目的物の自由な処分

抵当権設定者や物上保証人は、**抵当権者の承諾を得ることなく、抵当目的物を譲渡できる**。なぜなら、抵当権者は、抵当目的物の売却代金に物上代位ができるし（372条、304条）、抵当権の登記をしておけば、抵当目的物の譲渡を受けた者に対しても、抵当権を対抗できるからである（177条）。

❺ 第三取得者の保護

ケーススタディ 6

AはBに1,000万円を貸し付けたが、その際、B所有のマンションについて抵当権の設定を受け、その登記も備えた。Bはこのマンションを C（第三取得者※）に売却した。Cが、抵当権を消滅させ、抵当権の実行を防ぐ手段はないのだろうか。

↓

不動産競売で抵当権が実行されると、第三取得者（買主）であるCは所有権を失ってしまうため、売主であるBに対して担保責任を追及することができる。しかし、Cが手に入れたこのマンションの所有権を失うことには変わりない。

そこで民法では、次の**1．2．**のような第三取得者のための保護規定をおいている。

※　**第三取得者**：抵当権付きの土地、建物を取得した者等をいう。Bが返済できないときはCは買った土地を競売にかけられてしまう。

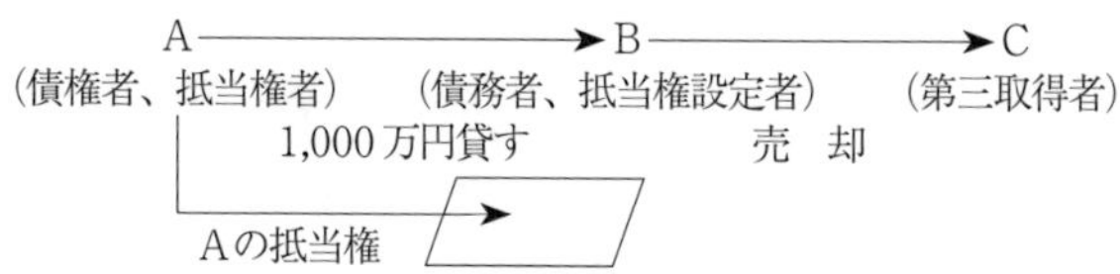

1．代価弁済

抵当権者は第三取得者にマンションの代金（代価）を請求することができ、この請求に応じて第三取得者が代価を弁済することによって、第三取得者のために抵当権は消滅する（378条）。

2．抵当権消滅請求

抵当不動産について所有権を取得した**第三取得者**は、自ら代価または一定の金額を支払うから**抵当権を消滅させるよう抵当権者に要求**し、登記したすべての債権者の承諾を得た額を支払うことにより、**抵当権を消滅させる**ことができる（379条、386条）。

(1) **抵当権消滅請求の時期(382条)**

第三取得者は、抵当権の実行としての**競売による差押えの効力発生前**に、抵当権消滅請求をする必要がある。

(2) **買主の代金支払義務の特例**

買主は、その買い受けた不動産について契約の内容に適合しない抵当権の登記がある場合でも、代金支払義務は免れない。ただし、**抵当権消滅請求の手続が終わるまで**は、**代金の支払いを拒む**ことができる。また、売主は買主に対し、遅滞なく「抵当権消滅請求をする旨」を請求できる(577条1項)。

6 賃貸借の保護

抵当権が設定された土地や建物を賃貸借の対象とするときに、その賃貸借についての保護はどのようになっているのだろうか。

まず、**「抵当権設定登記前」**に、土地や建物について賃借権が設定され、その賃借権に対抗要件が備えられていれば、賃借人は、抵当権者や競売による買受人に**対抗できる**(605条、177条)。

これに対し、**「抵当権設定登記後」**の賃貸借は、**その期間の長短を問わず**、対抗要件を備えていたとしても、原則として抵当権者や買受人に**対抗できない**(605条、177条)。そこで、次のような規定が置かれている。

1. 抵当権者の同意の登記がある場合の賃貸借の対抗力(387条)

(1) 抵当権設定後の賃借人は、抵当権者等に対抗できないのが原則であるが、**登記された賃貸借**であり、賃貸借の登記前に登記した**すべての抵当権者が同意**し、かつ、その**同意の登記**があるときは、その同意した抵当権者や競売による買受人に**対抗できる**(同1項)。

(2) 抵当権者が、この同意をするには、その抵当権を目的とする権利を有する者や抵当権者の同意により不利益を受けるべき者の**承諾を得る**必要がある(同2項)。

２．建物明渡し猶予制度（395条）

(1) 抵当権者に対抗することができない賃貸借により、抵当権の目的である建物の使用または収益をする者で、次の建物使用者に該当する者は、その建物の競売の場合に、買受人の**買受時より６ヵ月**を経過するまでは、その建物を買受人に**引き渡す必要はない**（同１項）。

① 競売手続の開始前から使用または収益をする者（抵当建物使用者）

② 強制管理または担保不動産収益執行の管理人が、競売手続の開始後に行った賃貸借により使用または収益をする者

(2) 明渡猶予期間中の**１ヵ月分以上**の使用の対価について、買受人が抵当建物使用者に対して、相当の期間を定めて**支払いを催告**したにもかかわらず、その相当の期間内に履行がないときは、**明渡猶予を受けることができない**（同２項）。

整理　抵当権の効力が及ぶ範囲のまとめ

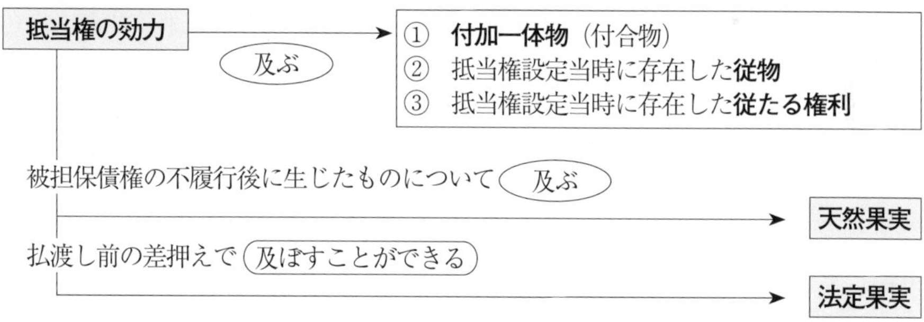

2 先取特権等（295条〜360条）

重要度 マ B 主 B

❖ Introduction ❖

約定担保物権には、抵当権以外に質権がある。また、法定担保物権には、先取特権と留置権がある。これらについても、イメージできるようにしておこう。

① 先取特権

先取特権とは、法律の定めた特殊な債権（管理費等）を有する者が債務者の一定の財産（家財道具等）から優先弁済を受ける担保物権である（優先弁済的効力、303条）。

先取特権には、次の一般の先取特権、動産の先取特権、**不動産の先取特権**がある。

1．一般の先取特権〈4種類〉（306条〜310条）

債務者の全財産から優先弁済を受けることができるものであり、これには4つあり、優先順位の高いものから、「**共益費用**※1（マンションの管理費等）」、「雇用関係※2」、「葬式費用※3」、「日用品供給※4」となっている。

※1 **共益費用**：債務者の財産の保存・清算・配当に関する費用。

※2 **雇用関係の先取特権**：給料その他債務者と使用人との間の雇用関係に基づいて生じた債権について存在する。

※3 **葬式費用**：この債権者（葬儀屋など）は、債務者（死者）の身分に応じた葬式費用に限り、総資産の上に先取特権が認められる。貧困者にも分相応の葬式を営むことができるようにとの公益上の理由からである。

※4 **日用品供給**：債務者・その扶養すべき同居の親族等に必要な飲食品などを供給した者は、その代金について、最後の6ヵ月分のものに限り、この先取特権が認められる。貧困者にも生活必需品の獲得を容易にしようとする社会政策的考慮に基づくものである。

【例】債務者Aに対し、B・Cが債権を有する場合、原則は、対等の立場でそれぞれ債権額の割合に応じ分配を受けるのだが、たとえば、Bの債権が貸金債権であり、CがAの雇人で比較的少額の場合、Aの借金のためCが片隅に追いやられるのは気の毒である。また給料の支払いがないことにより、その人や家族の生存をおびやかすことにもなりかねない。このような人に優先的地位を与える。

2．動産の先取特権〈8種類〉（311条～324条）

債務者の所有する特定の動産から優先弁済を受けることができるものであり、**不動産賃貸**等がある。

【例】賃借人が家賃を滞納している場合、不動産賃貸の先取特権に基づいて、家主は、賃借人が家屋に備えつけてある家具類・賃借人が家屋内に持ち込んだ時計・宝石等の動産を競売し、その代金について他の債権者に優先して滞納した家賃の弁済を受けることができる。

3．不動産の先取特権〈3種類〉

(1) 不動産の先取特権の種類

不動産の先取特権は、債務者の所有する特定の不動産から優先弁済を受けることができるものであって、**不動産保存の先取特権、不動産工事の先取特権、不動産売買の先取特権**がある[①]。

【例】マンション建築の注文者が、請負人に代金を支払わないとき、請負人はマンションを競売し、その代金の中から他の債権者に優先して請負代金の弁済を受けることができる。

先生からのコメント

①不動産保存の先取特権と不動産工事の先取特権は、適法に登記されていれば、先に登記された抵当権に対しても優先する（339条）。ただし、不動産売買の先取特権と抵当権の優劣は、原則どおり登記の前後による。

(2) 不動産の先取特権の優先順位と登記の時期

① **不動産保存の先取特権**（修繕費等）

不動産の保存費用、権利の保存費用等についてその不動産から優先弁済を受けられる権利である（326条）。

保存行為完了の後、ただちに債権額を登記することにより効力を有する（337条）。

② **不動産工事の先取特権**（増改築費等）

不動産の工事に要した費用※について、優先弁済を受けられる権利である（327条）。工事開始前にその費用の予算額を登記することにより効力を有する（338条）。

※ 大工・工事設計者・測量者・請負人など、不動産工事関連者の費用。

③ **不動産売買の先取特権**

不動産の「代金やその利息※1」について優先弁済を受けられる権利※2である（328条）。

売買契約による所有権移転登記と同時に、代金・その利息の弁済がない旨の登記をすることにより効力を有する（340条）。

※1 不動産の売主の債権のこと。
※2 この権利は、公平の原則に基づくものである。この先取特権が実益を示すのは、売主先履行の特約などで、目的物が買主に引き渡されているケースである。なぜなら、売主が目的物をまだ引き渡さない間は、同時履行の抗弁権などにより代金債権が確保されているからである。

❷ 先取特権の第三取得者への追及力

一般先取特権・動産先取特権の目的である動産が第三者に譲渡され、引き渡されると先取特権は行使できなくなる※。先取特権の追及力を制限して第三者を保護するためである。

※ 先取特権は、占有を要件としないから、第三者はその動産に先取特権のついていることを知らないで譲り受ける場合がある。そこで第三者を保護し、動産の取引の安全を図ろうというものである。

Step Up 先取特権の順位

先取特権が競合した場合、物権の一般原則では先に成立したものが後に成立したものに優先する。しかし、この権利はそれぞれ特殊な理由に基づき、一定債権を特に保護するために認められるものであるので、その優劣は成立時の前後ではなく、保護の必要性の強弱で定めることになる。

1．一般の先取特権相互間

共益費用 ➡ 雇用関係 ➡ 葬式費用 ➡ 日用品供給 の順序（329条1項）

2．一般の先取特権と特別の先取特権（動産・不動産の先取特権）

特別➡一般	の順序（329条2項）

共益費用の先取特権者は、その費用によって利益を受けたすべての債権者に対し優先権が認められているので、特別の先取特権者にも優先する。

3．動産の先取特権相互間

第1グループ	➡	第2グループ	➡	第3グループ	
不動産賃貸（家賃等）		動産保存（修繕費等）		動産売買（代金等）	の順序（330条1項）

不動産賃貸は、原則として、中でも優先されるグループに入る。上記のように3つのグループに分け順位を定めているが、その第1グループに入る。

【例】 マンションの賃貸人Aから賃借している甲が、Bから購入した家具をCに修繕してもらい、マンションの一室に備えつけた場合、この家具の上に成立するA（家賃）、B（代金）、C（修繕費用）の先取特権の順位はどのようになるのだろうか？

結果は、A ➡ C ➡ Bとなる。

4．不動産の先取特権相互間

保存➡工事➡売買	の順序（331条1項）

❸ 質　権

質権は、債権者がその債権の担保として、債務者または第三者から受け取った物を債務が弁済されるまで留置して（留置的効力）、債務の弁済を間接的に強制するとともに、弁済されない場合はその物から優先弁済を受ける担保物権である（優先弁済的効力、342条）。

1．質権の目的物

質権は動産、不動産、権利といった財産価値および譲渡性のある物すべてについて設定できる（343条）。

2．質権設定契約

質権は質権設定契約によって設定される。通常、債権者が質権者に、債務者が質権設定者になるが、質権設定者は必ずしも債務者でなくてよい。たとえば、BがAから金銭を借り受け、C所有の物を質としてAに預けることもできる。なお、このようなCのことを物上保証人という。

(1) 契約の効力発生

質権設定契約は**要物契約**である。このような契約は当事者の合意だけではなく、物の引渡しをなすことによってその効力が生ずる（344条）。

(2) 流質契約の禁止

あらかじめ、弁済期前に流質契約（弁済できない場合にその質物の所有権を債権者に取得させること）を行うことは禁止されている（349条）。

3．質権者の権利・義務

(1) 質権者は、**善管注意義務**※をもって質物を保管しなければならない（350条、298条）。

※ 善管注意義務：職業、社会的・経済的地位などに応じて、一般的に要求される程度の注意義務。これより程度の低い注意義務に「自己のためにすると同一の注意」という注意義務もある。

(2) 質物が不動産以外の場合は、質権者は、質権設定者の承諾がなければ質物を使用・収益できない。これに対し、不動産質の場合は、その**不動産の用法に従って使用・収益**できる（356条）。

4．時効の進行

質物を占有しているだけでは、**消滅時効は進行を続ける**（350条、300条）。つまり、時効の完成猶予・更新をするためには、債務者に対して請求等をしなければならない。

5．不動産質の特則

(1) 質権者は、特約がなければ不動産の**管理費用**（固定資産税、管理費等）**を負担**しなければならない（357条）。

(2) 特約がなければ**利息を請求することができない**（358条）。

(3) 存続期間については制限があり、**10年以内**とされる。もし10年より長い期間を定めても10年に短縮され（360条1項）更新もできるが、更新後の期間も10年以内とされる（同2項）。

(4) 対抗要件は**登記**である（177条）。

④ 留置権

留置権は、他人の物の占有者が、その物に関して生じた債権の弁済を受けるまで、その物を留置しておける権利である（留置的効力、295条1項）。この権利は公平の観点から認められる。

「その物に関して生じた債権」には、修繕費や物の瑕疵から生じた損害の賠償請求権などが含まれる。留置権の目的物は債務者の所有物でなくてもよいが、占有が不法行為によって始まった場合には留置権を行使できない（同2項）。また、占有が後から不法に始まった場合、たとえば、賃借人の債務不履行により賃貸借契約が解除された後に賃借人が建物の占有を継続して必要費を支出した場合、留置権を行使して返還を拒否できない（判例）。

1．留置権の性質

(1) 全部の弁済が終わるまで、留置物全部を留置できる（不可分性、296条）。

(2) 留置権は他の担保物権と異なり、債務の履行がなされない場合、その留置物を売却して優先弁済を受けることはできない。ただし、その留置物から生じる果実を収取して、これを他の債権者よりも先に債権の弁済に充当できる（297条）。

(3) 留置権を行使していても**消滅時効は進行する**（300条)。単に留置しているだけでは時効は進行してしまう。時効の完成猶予・更新をするためには、債務者に対し請求等をしなければならない。

2. 留置権者の義務

(1) 留置権者は、**善管注意義務**をもって目的物を保管しなければならない（298条1項)。

(2) 留置権者は、その保存に必要な使用をする場合を除き、債務者の承諾がなければ留置物を使用・収益できない（298条2項)。

3. 留置権の消滅

(1) 留置権者がその義務に違反した場合、債務者は留置権の消滅を請求できる（298条3項)。

(2) 留置権者が留置物の占有を失った場合（302条)。

(3) 債務者が、相当の担保を提供して、留置権の消滅を請求した場合（301条)。

第10節 売買契約

1 債務不履行（412条～420条）

重要度 マ A 主 A

Introduction

現実の債務不履行は深刻なトラブルにつながる。マンション管理士・管理業務主任者本試験でも出題されており、今後も要注意である。基本知識をマスターしたうえで、応用・複合問題にも対処できるようにしておこう。

① 契約成立の効果

契約が成立すると、当事者の間には権利や義務が発生する。約束をしたのだから当事者は契約に拘束され、自分の義務を果たさなければならない。また、勝手に解約することもできなくなる。

1．同時履行の抗弁権（533条）

売買契約のような双務契約は、契約が成立すると当事者双方に義務が生じる。それぞれの義務は**平等**であり、当事者双方は**同時履行の抗弁権**①という権利を有する。これは、当事者間で履行の時期が定められていない場合は、お互いの義務は同時に行うべきであり、相手方がその債務の履行（債務の履行に代わる損害賠償の債務の履行を含む）を提供するまでは、自己の債務の履行を拒むことができるという抗弁権である。ただし、相手方の債務が弁済期にないときは、この抗弁権を主張できない。

先生からのコメント

①次のような義務が判例で認められている。

(1) 不動産の売買契約における「売主の所有権移転登記協力義務」と「買主の売買代金支払義務」

(2) 未成年等を理由として契約が取り消されたときの「契約当事者双方の返還義務」

2．契約の拘束力

義務を負う者がその契約内容に適合した債務を履行しないと、**債務不履行**となる。さらに、債権者は一定の場合を除き、その履行（強制履行）を裁判所に請求することができる。

また、当事者間で契約の解除について取り決めを行っている場合を除き、法律で定められた事実に該当しなければ、契約の解除を行うことはできない。

❷ 債務不履行

債務者が、その**債務の本旨に従った履行をしない**ときまたは**債務の履行が不能**であるときは、債権者は、これによって生じた**損害賠償を請求できる**（**「債務不履行による損害賠償請求」**415条本文）。ただし、その債務の不履行が契約その他の債務の発生原因および取引上の社会通念に照らして**債務者の責めに帰することができない事由**によるものであるときは、**損害賠償を請求できない**（同ただし書）。つまり、債務者が帰責事由がないことを立証できれば、損害賠償を負う必要はない。

債権者は損害賠償の請求ができる場合、①履行不能であるとき、②債務者がその債務履行を拒絶する意思を明確に表示したとき、③債務が契約によって生じたものである場合でその契約が解除されまたは債務不履行による契約解除権が発生したときは、**債務の履行に代わる損害賠償**（填補賠償）**の請求**ができる。

債務不履行は、①**履行遅滞**（りこうちたい）、②**履行不能**（りこうふのう）、③**不完全履行**（ふかんぜんりこう）の３つに分けることができる。

1．履行遅滞（412条）

(1) **履行遅滞となる要件**

① **履行が可能**であること

② **履行期を過ぎ**ていること

債務の種類	遅滞となる時期
確定期限付債務（１項）	期限の到来時
不確定期限付債務（２項）	①期限の到来後に債務者が**履行の請求を受けた時**または ②**期限が到来したことを債務者が知った時** **のいずれか早い時**
期限の定めのない債務（３項）	債務者が履行の請求を受けた時②

先生からのコメント

②期限を定めない消費貸借においては、貸主は返還の催告をするには相当の期間を定めなければならず、その期間内に返還されないときに履行遅滞となる（591条1項）。

法律の規定によって生じる債務は期限の定めのない債務となるが、**不法行為**による損害賠償義務は、被害者が加害者に請求をしなくても**発生と同時**に遅滞となる。

③　不履行が違法であること

同時履行の抗弁権等があれば、債務不履行とならない。いいかえると、「自らも義務を果たそうとしていないような相手方からは、債務不履行だと責められるスジアイはない」ということである。

(2) **効　果**

①　債権者は債務者に対して、**相当の期間を定めて催告**をし、その期間内に履行がないときは、原則として債権者から**契約の解除**ができる（541条）。

ただし、その期間を経過した時における債務不履行がその契約および取引上の社会通念に照らして**軽微**であるときは、**契約解除はできない**。

②　例外として、定期行為（たとえば、クリスマスケーキのように12月26日に作り上げても意味がないような行為）の場合は、催告なしに解除できる（542条1項4号）。

③　履行遅滞により**解除をする**場合でも、**解除をしない**場合でも、債権者は債務者の責めに帰すべき事由により損害を被ったのであれば、債務者に対して**損害賠償の請求ができる**。

2．履行不能（412条の2）

(1) **履行不能となる要件**

①　債務の履行が契約その他の債務の発生原因や取引上の社会通念に照らして**履行が不可能**と判断されたこと（412条の2第1項）

②　履行不能が違法であること

(2) 効 果

① 次の場合、債権者は債務者に対して、催告なしに**直ちに契約の解除**ができる(542条1項)。不可能な履行を求めても無意味だからである。

（ア）債務の**全部の履行が不能**であるとき

（イ）債務者がその債務の**全部の履行を拒絶**する意思を明確に表示したとき

（ウ）「債務の一部の履行が不能である場合」や「債務者がその債務の一部の履行を拒絶する意思を明確に表示した場合」において、**残存する部分のみでは契約の目的が不達成**のとき

（エ）契約の性質や当事者の意思表示により、特定の日時または一定の期間内に履行をしなければ契約の目的が不達成の場合、債務者が履行をしないでその時期を経過したとき

（オ）上記（ア）～（エ）のほか、債務者がその債務の履行をせず、債権者が催告をしても、契約の目的達成に足りる**履行がされる見込みがない**ことが明らかであるとき

② 次の場合には、債権者は債務者に対して、催告なしに**直ちに契約の一部の解除**ができる。

（ア）債務の**一部の履行が不能**であるとき

（イ）債務者がその債務の**一部の履行を拒絶**する意思を明確に表示したとき

③ 債務者の責めに帰すべき事由がある場合は、あわせて**損害賠償の請求ができる**[③④]（415条、545条4項）。

先生からのコメント

③契約に基づく債務の履行がその**契約の成立の時に不能**であった（**原始的不能**）場合でも、債務不履行の規定（415条）により、その履行不能によって生じた**損害賠償を請求できる**（412条の2第2項）。

④**代償請求権（422条の2）**

債務者が、履行不能となったのと同一の原因により債務の**目的物の代償である権利または利益を取得**したときは、**債権者**は、その受けた損害額の限度において、債務者に対し、その**権利の移転またはその利益の償還を請求できる**。

3．不完全履行

(1) **不完全履行となる要件**

① 履行が不完全であったこと（履行遅滞、履行不能のどちらにも属しない不完全な履行）

② 不完全履行が違法であること

(2) **効　果**

① **追完が可能な場合**

完全な履行が可能な場合は、完全な履行を請求できる。債務者の責めに帰すべき事由がある場合は、あわせて損害賠償の請求もできる（415条）。

② **追完が不可能な場合**

直ちに契約の解除ができる。債務者の責めに帰すべき事由がある場合は、あわせて損害賠償の請求もできる（415条、545条4項）。

❸ 損害賠償の範囲と予定

1．損害賠償の範囲（416条、417条）

損害賠償は、特約がない限り、金銭でその額を定めるものとされている。

当事者間で下記「**4．損害賠償額の予定**」の取り決めがない場合は、損害賠償の額は「**実損額**」とされる。この範囲は、不履行から**通常生ずべきと考えられる損害**（相当因果関係に立つ損害、416条1項）であるとされている。

そして、相当性については、通常の事情のほか、債務者が債務不履行のときに予見すべきであったと考えられる特別な事情を基礎として判断される（416条2項、判例）。

2．中間利息の控除（417条の2）

将来において「取得すべき利益（逸失利益）」や「負担すべき費用」についての損害賠償の額を前払いしてもらう場合、前払いしてもらう者は、その「利益を取得」または「費用を負担」すべき時までの利息相当額を得ることができる。

「中間利息の控除」とは、将来において「取得すべき利益」や「負担すべき費用」についての損害賠償の額を前払いしてもらう場合に、将来にわたって発生するはずの利息分を差し引くことをいう。そして、**将来において「取得すべき利益**」または「**負担すべ**

き**費用**」について**の損害賠償の額**を定める場合、その「**利益を取得**」または「**費用を負担**」**すべき時までの利息相当額を控除**するときは、その**損害賠償の請求権が生じた時点における法定利率**により、これをする。

3．過失相殺⑤（418条）

債務の不履行またはこれによる損害の発生もしくは拡大に関して**債権者に過失**があったときは、**裁判所**は、**これを考慮**して、**損害賠償の責任およびその額を定める**。

先生からのコメント

⑤過失相殺は、債務者からの主張がなくても、**裁判所が職権で行う**ことができる。ただし、債権者の過失となる事実については、債務者側が立証しなければならない（判例）。

4．損害賠償額の予定（420条）

当事者間で、あらかじめ損害賠償請求権が発生した場合に備えて、損害賠償の額を定めておくことができる。これを**損害賠償額の予定**という⑥。

なお、損害賠償額の予定が公序良俗違反となるときは、その全部または一部が無効となるとされている（判例）。

先生からのコメント

⑥違約金は損害賠償額の予定と推定される。

④ 金銭債務の特則

金銭を目的とする債務（代金債務、貸金債務等）については、金銭の特殊性から、特別の規定がある。

1．要件の特則（419条2項・3項）

(1) 金銭債務は履行不能となることはなく、**履行遅滞のみ**しか認められない。
(2) **不可抗力**※**によることを証明しても、責任を負わなければならない**（**帰責事由は不要**）。
(3) 債権者は、**損害の証明をすることなく損害賠償の請求**ができる。

※　**不可抗力**：人の力ではどうすることもできない外からの力。天災・地変の類をいう。

2．効果の特則（419条1項、404条）

(1) 金銭債務では実際の損害は問題とされず、遅延利息というかたちで損害賠償がなされる。損害賠償請求できる金額は、原則として、債務者が**遅滞の責任を負った最初の時点**における法定利率（年3％）による。ただし、約定利率が法定利率よりも高いときは約定利率による（419条1項、404条1項・2項）。

(2) 年3％という法定利率は、3年を1期とし、1期ごとに、次の(3)により変動するものとする（404条3項）。

(3) 各期における法定利率は、この法定利率に変動があった期のうち直近のもの（直近変動期）における基準割合⑦と当期における基準割合⑦との差に相当する割合（その割合に1％未満の端数があるときは、これを切り捨てる）を直近変動期における法定利率に加算し、または減算した割合とする（404条4項）。

先生からのコメント

⑦「基準割合」とは、各期の初日の属する年の6年前の年の1月から前々年の12月までの各月における短期貸付けの平均利率（当該各月において銀行が新たに行った貸付け（貸付期間が1年未満のものに限る）に係る利率の平均をいう）の合計を60で除して計算した割合（その割合に0．1％未満の端数があるときは、これを切り捨てる）として法務大臣が告示するものをいう（404条5項）。

Step Up

1．期間の起算

(1) 時間によって期間を定めたときは、その期間は、即時から起算する（139条）。

(2) 日、週、月または年によって期間を定めたときは、その期間が午前0時から始まるときを除き、期間の**初日**は、**算入しない**（「**初日不算入の原則**」140条）。

2．期間の満了

(1) 期間は、その末日の終了をもって満了する（141条)。

(2) 期間の末日が、日曜日、国民の祝日に関する法律に規定する休日その他の休日に当たるときは、その日に取引をしない慣習がある場合に限り、期間は、その翌日に満了する（142条)。

3．暦による期間の計算

(1) 週、月または年によって期間を定めたときは、その期間は、暦に従って計算するのが原則である（143条1項)。

(2) 週、月または年の初めから期間を起算しないときは、その期間は、最後の週、月または年においてその起算日に応当する日の前日に満了する。ただし、月または年によって期間を定めた場合、最後の月に応当する日がないときは、その月の末日に満了する（143条2項)。

整 理

❶ 解除方法のまとめ

債務不履行の種類		解除方法
履行遅滞		**相当期間の催告後**、解除通知する。
不完全履行	追完可能	
	追完不可能	**催告不要**である。**ただち**に解除通知する。
履行不能		

❷「消滅時効の客観的起算点」と「履行遅滞となる時期」の比較

履行期による債権分類	消滅時効の客観的起算点	履行遅滞の時期
確定期限ある債務	その期限の到来時	その期限の到来時
不確定期限の債務	**その期限の到来時**	①期限の到来した後に債務者が履行の請求を受けた時または ②**期限が到来したことを債務者が知った**時のいずれか早い時
期限を定めない債務	債権成立・発生時	債権者が履行の請求をしたとき

2 契約の解除（540条・544条～548条）

重要度 マ B 主 B

Introduction

解除ができるのは、債務不履行の場合に限られるわけではない。ここでは、解除の3パターンと、解除の一般的性質についておさえておこう。

❶ 解除権の発生

契約を解除できる事由には3つのパターンがあり、合意解除以外は、解除権を有する者からしか解除できない。

① **法定解除** ➡ 法律の規定により解除権が発生する。
【例】債務不履行、売主の担保責任等

② **約定解除** ➡ 契約に特約をつけて解除権の発生する場合を決めておく。
【例】解約手付、買戻し特約等

③ **合意解除** ➡ 当事者間の契約後の新たな合意によって契約の効力をはじめからなかったものにする。

❷ 解除の方法

(1) 解除権を有する者がその相手方に対して「契約を解除する」旨の意思表示をする[①]だけで、この契約は解除されてしまう。

先生からのコメント

①相手方の承諾は解除のための要件ではない。

(2) 解除の意思表示をしたら、それを**撤回できない**（540条2項)。

(3) 当事者の一方が複数いるときは、**全員**から、または、**全員に対して**行わなければならない（「解除権の不可分性」544条1項)。

❸ 解除の効果

1．原状回復義務

解除がなされると契約は**はじめからなかった**ものとして処理される※（判例）。したがって、両当事者は**原状回復義務**を負うことになる（545条1項本文）。この原状回復義務も**同時履行の関係に立つ**（546条）。

※「未履行債務」 ➡ 履行しなくてよい。
「既履行のもの」 ➡ 互いに返還する。

(1) **返還すべきものが金銭以外の場合**

受領のとき以後に生じた**果実**（賃料等）**をも返還**しなければならない（545条3項）。

(2) **返還すべきものが金銭の場合**

受領のときからの利息をつけて返還しなければならない（545条2項）。

(3) **返還すべきものが転売されている場合**

契約の解除による原状回復によって、**第三者の権利を害することはできない**（545条1項ただし書）。

原状回復によって返還すべきものが不動産の場合、それが第三者に転売され、その第三者が権利保護の要件として**登記を備えている**ときは、**返還を請求できない**（判例）。

ケーススタディ 7

売主Aから買主Bが買った土地を、Bがさらに C に転売し、Cは登記を済ませたとする。その後、Bの売買代金不払いを理由にAがAB間の契約を解除した。

このケースでは、Aは**登記を備えた第三者Cには対抗できない**。善意・悪意を問わず、Cは保護される。

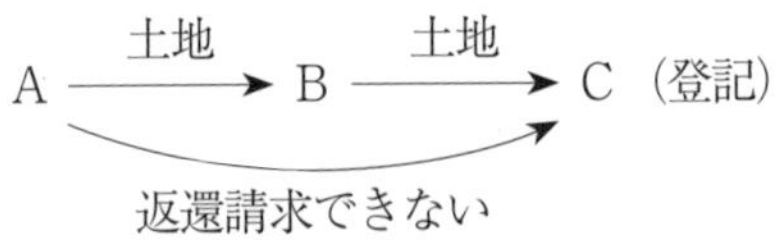

2．損害賠償

解除をしても損害が生じていれば、**損害賠償の請求**ができる（545条4項）。

❹ 解除権の消滅

(1) **催告による消滅**

解除権の行使について期間の定めがなく、解除権を有する者が解除しないときは、その相手方から相当の期間を定めて「解除するか否か」**催告**をすることができ、その**期間内に解除の通知を受けない**ときは、解除権は消滅する（547条）。

(2) **解除権者の行為等による解除権の消滅**

解除権を有する者が、その者の故意またはその者の過失によって契約の目的物を著しく損傷させたり、加工などをして他の種類の物に変えたときは、解除権は消滅するが、解除権を有する者がその解除権を有することを知らなかったときは、消滅しない（548条）。

3 手 付（557条）

重要度 マ B 主 B

Introduction

手付が交付されたときは、いったいどのような効果が発生するのだろうか。特に解約手付について確認しておこう。

❶ 手付の性質

1．手付の目的

手付は契約を結んだときに相手方に渡す金銭等で、その目的は３つ考えられる。

(1) **証約手付** ➡ 契約が成立したことの証拠とする。これはどんな手付金にも認められる。

(2) **解約手付** ➡ 契約が成立しても、相手方が契約の履行に着手するまでは契約を解約（正確には解除）できるようにするために手付金が授受される。一種の約定解除権である。

(3) **違約手付** ➡ 当事者の一方の債務不履行に備えて交付される手付である。

2．推定規定

手付の目的は当事者間の取決めによる[①]が、特に目的を定めなかった場合は、**「解約手付」と推定**される（557条）。

先生からのコメント

①手付には、複数の目的をもたせることもできる。

❷ 解約手付による解除

1．解除時期

相手方が契約の「履行に着手」②する前であれば

（買主から…**手付の放棄**
売主から…**手付の倍返し**）により、**契約の解除をすることができる**（557条1項）。

ただ、売主から解除するには、手付の倍額を現実に提供する必要がある。

先生からのコメント

②「履行に着手」とは、

【例】

① 売主 ➡ ㋐ 所有権移転の仮登記申請
　　　　 ㋑ 売却を前提とした、買主の希望に応じた土地の分筆登記申請　等

② 買主 ➡ ㋐ 売買代金と引換えに目的物の引渡しを求めた
　　　　 ㋑ 内金・中間金の支払い
　　　　 ㋒ 残代金の支払い（住宅ローンの申込みは該当しない）　等

2．解除の効果

解約手付による契約の解除は、債務不履行による解除と異なるから、解除しても**損害賠償等を請求できない**（557条2項）。

逆に、解約手付が交付されている場合であっても、相手方に債務不履行があれば、債務不履行による契約の解除ができる。このとき、原則として手付の額に関係なく損害賠償を請求することができ、また、手付を交付した者は手付の返還を求めることもできる。

4 契約不適合責任（562条～572条）

重要度 マ 特A 主 特A

Introduction

この分野は、品確法・宅建業法・アフターサービス（マンション管理士・管理業務主任者総合テキスト㊥（TAC出版刊・別売）で学習する）との比較の形式で学習する必要がある。まずは、基本となる民法上の規定を確実にしておこう。

1 契約不適合責任の性質

特定物・不特定物の売買を区別することなく、売買契約において引き渡された目的物が**種類・品質・数量・権利**に関して「**契約の内容に適合しないもの（契約不適合）**①～③」である場合、売主は**契約不適合責任**を負う。

先生からのコメント

①売買の目的物について、買主が欠陥を認識していたり、外形上明らかな欠陥があった場合でも、この「契約不適合」があり得るので、「隠れたもの」である必要はない。

②「契約不適合」かどうかは、契約締結の前後だけで区別するのではなく、引渡しの時までに発生したものも含まれる。

③契約不適合責任は、債務不履行一般の「損害賠償請求」のルールによる。したがって、債務者がその債務の本旨に従った履行をしないときや債務の履行が不能であるときは、債権者は、「損害賠償請求」ができるが（415条1項本文）、「債務不履行が契約その他の債務の発生原因および取引上の社会通念に照らして債務者に帰責事由がないとき」は、「損害賠償請求」はできない（同ただし書）。

2 契約不適合責任の内容

1．引渡目的物が種類・品質に関し契約不適合である場合

売買契約において引き渡された目的物が**種類・品質**に関して**契約不適合**である場合、

買主は、売主に対し、次のような権利を主張できる。

(1) **追完請求（562条）**

① 追完請求の方法

（ア）**目的物の修補**（修理等を求める）

（イ）**代替物の引渡し**（壊れていたり種類が異なっている場合、別の物を納めさせる）

（ウ）**不足分の引渡し**（数量が不足している場合、不足分を納めさせる）

② 追完請求の方法の選択権

買主にある。ただし、売主は、買主に不相当な負担を課するものでないときは、買主が請求した方法と異なる方法による履行の追完をすることができる。

③ 買主に帰責事由がある場合

買主は、履行の**追完請求が**できない。なお、売主の帰責事由は要件ではないので追完請求はできる。もちろん、双方に帰責事由がない場合でも追完請求はできる。

(2) **代金減額請求（563条）**

① 履行の追完の催告

買主は、売主に対して相当の期間を定めて履行の**追完の**催告をし、その期間内に履行の追完がない場合、その不適合の程度に応じて**代金減額請求**ができる。

② 次の場合には、買主は、催告をせずに、**直ちに代金減額請求**ができる。

（ア）履行の**追完が**不能であるとき

（イ）売主が履行の**追完を拒絶する意思を明確に表示**したとき

（ウ）契約の性質または当事者の意思表示により、特定の日時または一定の期間内に履行をしなければ契約目的が不達成（「**定期行為**」という）の場合に、売主が履行の**追完をしないでその時期を経過**したとき

（エ）（ア）～（ウ）以外に、買主が催告をしても**履行の**追完を受ける見込みがないことが明らかであるとき

③ 買主に帰責事由がある場合

買主は、**代金減額請求が**できない。なお、売主の帰責事由は要件ではないので代金減額請求はできる。もちろん、双方に帰責事由がない場合でも代金減額請求はできる。

(3) **買主の損害賠償請求・解除権の行使(564条)**

① **損害賠償請求**

売主(債務者)の責めに帰することができない事由(売主の帰責事由)がないものであるときは、**損害賠償を請求できない**(415条1項ただし書)。

② **解除権の行使**

買主に帰責事由がある場合、**買主**は、**解除権の行使ができない**。なお、売主の帰責事由は要件ではないので解除権の行使はできる。もちろん、双方に帰責事由がない場合でも解除権の行使はできる。

(4) **目的物の種類・品質に関する担保責任の期間の制限(566条)**

売主が**種類・品質**に関して契約不適合の目的物を買主に引き渡した場合、買主は、その**不適合を知った時から1年以内**にその旨を**売主に通知**しないときは、買主は、その不適合を理由として、契約不適合による各請求や契約の解除ができない。ただし、売主が**引渡しの時**にその不適合を知り(**悪意**)、または**重大な過失によって知らなかった**ときは、この期間の制限はない。

2. 引渡目的物が数量に関し契約不適合である場合

売買契約において引き渡された目的物が**数量に関して契約不適合**である場合、買主は、売主に対し、次のような権利を主張できる。

(1) **追完請求(562条)**

(2) **代金減額請求(563条)**

(3) **買主の損害賠償請求・解除権の行使(564条)**

※ 目的物の数量に関する契約不適合責任の期間の制限はない。

3. 移転した権利が契約不適合の場合

売買契約において引き渡された目的物が**権利に関して契約不適合**④である場合、買主は、売主に対し、次のような権利を主張できる。

(1) **追完請求(562条)**

(2) **代金減額請求(563条)**

(3) **買主の損害賠償請求・解除権の行使(564条)**

※ 目的物の権利に関する契約不適合責任の期間の制限はない。

先生からのコメント

④他人の権利（権利の一部が他人に属する場合におけるその権利の一部を含む）を売買の目的としたときは、売主はその権利を取得して買主に移転する義務を負う（561条）。この規定から、権利に関して契約不適合となるケースには、次の2つがある。

①　移転した権利が**契約内容に適合しない**場合（地上権・質権等が設定）

②　売主が買主に、**権利の一部を移転しない**場合

例えば、権利の**全部**が他人に属する場合として、「売主が他人から所有権を取得して移転義務を果たせないケース」と「売主が設定した抵当権が実行され、その所有権を失って所有権移転義務を果たせないケース」が考えられるが、いずれの場合も、債務不履行一般の規定に従って処理される（**損害賠償請求・契約解除権**の行使）。

❸ 契約不適合に関する特約

特約により契約不適合責任を免除したり、責任の内容を変えることができる。

ただし、売主が**知っていながら買主に告げなかった事実**、第三者に対し自ら設定または譲渡した権利については責任を免れることはできない（572条）。

Step Up 競売における担保責任等

民事執行法その他の法律の規定に基づく**競売における買受人**は、債務者に、契約解除や代金減額請求ができる（568条1項、563条）。また、債務者が物や権利の不存在を知りながら申し出なかったとき、または債権者がこれを知りながら競売を請求したときは、**買受人**は、これらの者に、**損害賠償請求**ができる（568条3項）。しかし、**競売の目的物の種類・品質に関する不適合**については、**担保責任**を**負わない**（同4項）。

整理 契約不適合責任のまとめ　○は可、×は不可、△は過失相殺の余地あり

場合	買主の帰責事由	責任の内容				期間制限
		追完請求	代金減額請求	損害賠償請求	契約解除	
(1) 引渡目的物が種類・品質に関し契約不適合	なし	○	○	○	○	○
	あり	×	×	△	×	×
(2) 引渡目的物が数量に関し契約不適合	なし	○	○	○	○	×
	あり	×	×	△	×	×
(3) 移転した権利が契約不適合	なし	○	○	○	○	×
	あり	×	×	△	×	×
備考	買主に責任あれば追及不可			・売主の帰責事由が必要 ・履行利益も含まれる	・不履行が軽微の場合、不可	

5 債務者の危険負担等（536条）

重要度 マ C 主 C

Introduction

売買契約が成立した後に、当事者のどちらの責任でもないような原因（滅失・損傷）によって家が焼けたり、洪水で流されたような場合、誰が損害をかぶるか、つまり残った債権（＝代金）がどうなるのかというのが「危険負担」の問題である。

❶ 債務者の危険負担等

1．危険負担（原則、債務者主義）

(1) 売買契約の**当事者双方の責めに帰することができない事由**によって債務を履行できなくなったときは、原則として、**債権者**（買主）は、**反対給付の履行を拒むことができる**。債務者（売主）が危険を負担することになる（536条1項）。

(2) **債権者の帰責事由**によって債務を履行できなくなった場合、**債権者**は、**反対給付の履行を拒むことができない**。この場合、債務者は、自己の債務を免れたことによって利益を得たときは、これを**債権者に償還**しなければならない（536条2項）。

2．目的物の滅失等についての危険の移転

(1) 売主が買主に、売買の目的として特定した物を引き渡した場合、その**引渡時以後**にその目的物が**当事者双方の責めに帰することができない事由**によって滅失・損傷したときは、**買主**は、その滅失・損傷を理由として、履行の追完の請求、代金減額請求、損害賠償請求および契約の解除が**できない**。この場合、**買主**は、**代金の支払を拒むことができない**（567条1項）。つまり、危険が移転する基準時は、目的物の引渡時となる。

(2) **売主**が契約内容に適合する目的物をもって、その引渡しの**債務の履行を提供**したにもかかわらず、**買主**がその**履行を受けることを拒み**、または**受けることができない**（「**受領遅滞**」という）場合、その**履行の提供**があった**時以後**に**当事者双方の責めに帰することができない事由**によってその目的物が滅失・損傷したときも、**買主**は、**代金の支払を拒むことができない**（567条2項）。

Step Up　履行遅滞中・受領遅滞中の履行不能と帰責事由

1．履行遅滞中の履行不能（413条の2第1項）

債務者がその債務について**遅滞の責任を負っている**間に**当事者双方の責めに帰することができない事由**によってその債務の**履行**が**不能**となったときは、その履行不能は、**債務者**の責めに帰すべき事由によるものとみなされる。

2．受領遅滞中の履行不能（413条の2第2項）

債権者が**債務の履行を受けることを拒み**、または**受けることができない**場合、**履行の提供があった時以後**に**当事者双方の責めに帰することができない事由**によってその債務の**履行が不能**となったときは、その履行不能は、**債権者**の責めに帰すべき事由によるものとみなされる。

第11節 債権の譲渡・消滅等（466条～520条）

重要度 マ B 主 B

❖ Introduction ❖

契約を締結すると、当事者間に債権・債務が発生する。債権とは、相手方に対する一定行為の請求権をいうが、この債権は、普通の物と同様に、売ったり買ったりすること（債権譲渡）ができる。

ところで、この債権・債務はいつなくなるのだろうか。基本的には、契約の目的が達成されると、債権・債務は消滅することになる。

❶ 債権の譲渡

ケーススタディ 8

AはBに1,000万円を貸し付けた。Aはこの債権を950万円でCに譲渡しようとしている。このような譲渡はできるだろうか。

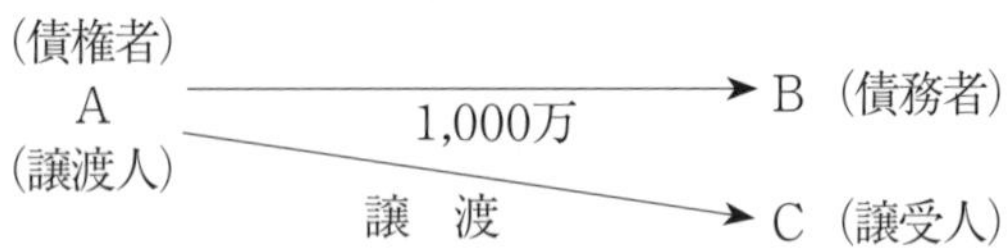

債権は、その性質がこれを許さないときを除き、**譲り渡すことが**できる（466条1項）。債権者にとり譲渡の方が都合がよいし、債務者にとっても特段不利益がないと考えられるからである。なお、債権の譲渡は、その意思表示の時に債権が現に発生していることを要しないので（466条の6第1項）、**将来債権の譲渡**についても、原則として**有効**である（同2項・3項）。

1．債権の譲渡性

(1) 譲渡禁止・制限特約がついている場合（466条2～4項）

① 譲渡制限の意思表示をした場合（2項）

当事者（前記ケースのＡＢ）が、債権の譲渡禁止・制限をする旨の意思表示（「**譲渡制限の意思表示**」という）をした場合でも、**債権譲渡**は、その**効力を妨げられず有効である**。

②　第三者が悪意か重過失であった場合（3項）

譲受人その他の**第三者**（C）が譲渡制限の意思表示がされたことを知り、または重大な過失によって知らなかった場合は、**債務者**（B）は、その債務の**履行を拒む**ことができ、かつ、譲渡人（A）に対する弁済その他の債務を消滅させる事由をもってその**第三者**（C）**に対抗**できる。

③　債務者が債務を履行しない場合（4項）

債務者（B）が債務を履行しない場合、**第三者**（C）**が債務者**（B）に対し**譲渡人**（A）**に相当期間内に履行するよう催告**しても、その期間内に**譲渡人**（A）**への履行がない**ときは、債務者（B）について上記②は適用されない。つまり、債務者（B）はその債務の履行を拒めないし、譲渡人（A）に対する弁済等の債務を消滅させる事由をもって第三者（C）に対抗できない。

(2) **債権の性質が譲渡に適さない場合（466 条1項ただし書）**

債権は譲渡できない。

【例】画家に絵を描かせる債権

(3) **法律上禁止されているとき**

債権は譲渡できない。

【例】扶養請求権（881 条）

2．債権譲渡の成立要件

債権譲渡は、**譲渡人と譲受人の合意**（AとCの合意）によって成立する。

3．債権譲渡の対抗要件

(1) **債務者への対抗要件（467 条1項）**

債権譲渡はAとCとの合意によって成立するが、Cが新債権者であることをBに主張するためには、次の対抗要件（いずれか1つでよい）を備えることが必要である。通知や承諾によって債権譲渡の事実を知っていれば、債務者が二重に弁済してしまうおそれがなくなるからである。

①　**A（譲渡人）からB（債務者）への通知**

②　**B（債務者）からの承諾** ➡ **A**に対してでも**C**に対してでもよい。

(2) 二重譲渡の場合の譲受人間の対抗要件（467条2項）

ケーススタディ　9

AはBに対する1,000万円の債権（弁済日は10月1日）をCへ900万円で譲渡した後、Dに対しても900万円で譲渡した。10月1日が到来し、CおよびDはそれぞれBに対し弁済を要求した。CとDのどちらがBから弁済を受けることができるだろうか。

このような債権の二重譲渡の場合は、**確定日付のある証書による通知あるいは承諾**が対抗要件である。ごまかしを防ぐために確定日付が求められている。その結果、債務者は優先権のある譲受人のみを債権者と認め、その者に対して弁済しなければならない。

①　一方のみが確定日付のある証書による通知あるいは承諾がある場合

確定日付のある証書による通知あるいは承諾のある方が弁済を受けられる。

（ア）AからBへの通知の場合 ➡ 内容証明郵便で通知する。

（イ）Bからの承諾の場合 ➡ Bの承諾書に公証人役場で確定日付をもらう。

②　両方とも確定日付のある証書による通知あるいは承諾を受けている場合

①の（ア）の場合

確定日付のある通知が債務者に**到達した日時の早い方**が弁済を受けられる（判例）。

①の（イ）の場合

確定日付のある債務者Bの**承諾の日時の早い方**が優先する（判例）。

③　②で、同時の（たとえば通知が同時に到達した）場合

各譲受人は、債務者に対して全額の弁済を請求することができ、債務者は、他の譲受人に弁済したなど債務の消滅事由がない限り、弁済を拒絶できない（判例）。債務者は、いずれかに弁済することで債務を免れることができる。

4．債権譲渡における債務者の抗弁（468条1項）

債務者は、通知を受けるか承諾をする「**対抗要件具備時**」までに、譲渡人に対して主張できた事由をもって**譲受人に対抗できる**。

5．債権譲渡における相殺権（469条）

(1) **債務者**は、**対抗要件具備時より前に取得**した譲渡人に対する債権による**相殺**をもって、**譲受人に対抗できる**（1項）。

(2) **債務者**が、**対抗要件具備時より後に取得**した譲渡人に対する債権であっても、その債権が次のものであるときは、**相殺**をもって、**譲受人に対抗できる**（2項）。ただし、債務者が対抗要件具備時より後に**他人の債権を取得**したときは、相殺の行使はできない。

① 対抗要件具備時より前の原因に基づいて生じた債権

② 譲受人の取得した債権の発生原因である契約に基づいて生じた債権

❷ 債務引受

1．債務引受とは

ある人が負っている債務を、その**同一性を失わせないで債務の引受人（新債務者）に移転**することをいう。

この債務引受には、次の2つがある。

2．類　型

(1) **併存的債務引受の要件・効果（470条）**

① 併存的債務引受の引受人は、債務者と**連帯**して、債務者が債権者に対して負担する債務と同一の内容の債務を負担する（1項）。

② 併存的債務引受は、**債権者と引受人となる者との契約**によってできる（2項）。

③ 併存的債務引受は、**債務者と引受人となる者との契約**によってもできる。この場合、併存的債務引受は、**債権者が引受人となる者に対して承諾をした時**に、その**効力を生ずる**（3項）。

(2) **免責的債務引受の要件・効果（472条）**

① 免責的債務引受の引受人は、**債務者**が債権者に対して負担する債務と**同一の内容の債務を負担**し、債務者は**自己の債務を免れる**（1項）。

② 免責的債務引受は、**債権者と引受人となる者との契約**によってできる。この場合、免責的債務引受は、**債権者が債務者に対してその契約をした旨を通知した時**に、その効力を生ずる（2項）。

③ 免責的債務引受は、**債務者と引受人となる者が契約**をし、**債権者が引受人となる者に対して**承諾をすることによってもできる（3項）。

❸ 債権の消滅

1．債権の消滅

債権とは、ある特定の者（債権者）がある特定の者（債務者）に対して持つ一定の行為の請求権であり、契約によって発生するのが通常である。ただし、不法行為による損害賠償請求権のように、契約以外でも発生する場合がある。

このように発生した債権はどのような理由で消滅するのか。債権が消滅する原因には、契約の取消し・解除・時効のほかに、弁済・代物弁済（だいぶつべんざい）・供託・更改（こうかい）・免除・混同（こんどう）・相殺（そうさい）などがある。ここでは、弁済・相殺について詳しく学習することにする。

弁　　済	履行と同じ意味で、たとえば借金をした場合に約束どおりに返済する、というように、債務の内容である給付を、その債務の本旨に従って実現する行為をいう（473条～）。
代物弁済	弁済をすることができる者（弁済者①）が、債権者との間で、債務者の負担した給付に代えて他の給付をすることにより債務を消滅させる旨の契約（**諾成契約**）をした場合、その弁済者が当該他の給付をしたときは、その給付は、弁済と同一の効力を有する（482条）。
供　　託	弁済の目的物を供託所に預けることによって債務を免れること。 弁済者は、次の場合、債権者のために弁済の目的物を供託でき、弁済者が供託をした時に、その債権は、消滅する（494条）。 ① 弁済の提供をした場合に、債権者がその受領を拒んだとき ② 債権者が弁済を受領できないとき ③ 弁済者が、過失なく債権者を確知できないとき
更　　改	旧債務と異なる新債務を成立させることにより旧債務を消滅させる契約で、債務の切り替えをいう。 次のものを発生させる契約をしたときは、従前の債務は、更改により消滅する（513条～）。 ① 従前の給付の内容について重要な変更をするもの ② 従前の債務者が第三者と交替するもの ③ 従前の債権者が第三者と交替するもの
免　　除	債務者の意思にかかわらず、債権者が単独で、無償で債権を消滅させる行為をいう（519条）。

混　　同	債権者と債務者が同一になることによって債権が消滅すること（520 条）。
相　　殺	お互いに債権を有している場合に、その対当額でお互いの債権債務を消滅させること（505 条～）。

先生からのコメント

①弁済者には、債務者だけではなく第三者も含まれるので、代物弁済は**第三者も行う**ことができる。

2．弁　済

(1) 第三者の弁済（474 条）

債務の弁済は、債務者以外の第三者でもできる。債権者は、通常弁済を受ければそれで満足だからである。しかし、次の場合には、第三者は弁済ができない。

① 債務の性質が許されないとき（4 項）

【例】歌手のコンサート、学者の講演

② 当事者が第三者の弁済を禁止・制限する旨の意思表示をしたとき（4 項）

③ 弁済をするについて正当な利益を有しない第三者による弁済で、次のケース

（ア）**正当な利益を有しない第三者**による弁済が、**債務者の意思に反する**場合

ただし、債務者の意思に反することを**債権者が知らなかった**（**善意**）ときは、有効な弁済となる（2 項）。

（イ）**正当な利益を有しない第三者**による弁済が、**債権者の意思に反する**場合

ただし、その第三者が**債務者の委託**を受けて弁済をする場合、そのことを**債権者が知っていた**（**悪意**）ときは、有効な弁済となる（3 項）。

なお、「正当な利益を有する第三者」とは、物上保証人や第三取得者である。したがって、兄や親友というだけでは、正当な利益を有する第三者にはあたらない。

(2) 弁済受領権者

弁済は、原則として、弁済受領権者（債権者やその代理人等）に対して行わなければならない。ただし、弁済受領権者以外の者に対して行った弁済が有効になる場合もある。

① 受領権者としての外観を有する者に対する弁済

受領権者（債権者および法令の規定または当事者の意思表示によって弁済を受領する権限を付与された第三者をいう）**以外の者**であって、取引上の社会通念に照らして**受領権者としての外観を有する**ものに対してした弁済は、その**弁済をした者が**善意・無過失のときに限り、有効な弁済となる（478条）。

② ①以外の弁済受領権者以外の者に対する弁済

原則として無効であるが、債権者がこれによって利益を得た場合は、その利益を得た限度において有効となる（479条）。

(3) 弁済による代位（法定代位と任意代位）

弁済による代位とは、弁済が第三者や保証人などによってなされたときに、弁済者の求償権を確保するために、債権者の権利が、債務者に対する求償権の範囲で弁済者に移転する制度である。

① 弁済をすることについて法律上正当な利益を有する者が弁済した場合

この場合、**債権者に代位**し、債務者に対して権利を行使できる（499条）。

② 正当な利益を有する者**以外の者**が弁済した場合

この場合でも、**債権者に代位**できる。ただし、債権者から債務者への**通知**または債務者の**承諾**がなければ債務者に対抗できない（499条、500条）。

ケーススタディ 10

ＡのＢに対する金銭債権を担保するため、Ｃがそのマンションに抵当権を設定した。Ｂの保証人Ｄや、弁済について正当な利益のないＥが弁済したとき、ＤやＥはどのようにして代位できるか。

① **保証人Ｄが弁済した場合**

ＤがＡに弁済したときは、Ｄは**Ａに代位**し、Ｃ所有のマンションの抵当権を実行できる（499条）。

② **正当な利益を有しないＥが弁済した場合**

Ｅは**Ａに代位**できる（499条）。ただし、対抗要件として、ＡからＢへの通知またはＢからの承諾を得ることが必要である（500条）。

(4) 弁済の提供（492条、493条）

弁済の提供とは、債務者単独では債務が履行できないとき、つまり債務の履行に債権者の協力が必要である場合に、債務者が債務の履行に必要な準備をして債権者の協力を求めることをいう。

① 弁済の提供の効果

債務者は**弁済の提供**を行えば、以後、**債務を履行しないことによって生ずべき責任を負わない**（492条)。また、**相手方の同時履行の抗弁権を失わせる**（533条)。

② 弁済の提供の方法

弁済の提供は、原則として、債務の本旨に従って**現実**にしなければならない（**現実の提供**)。ただし、債権者があらかじめその受領を拒み、または債務の履行について債権者の行為を要するときは、弁済の準備をしたことを通知してその受領の催告をすれば足りる（「**口頭の弁済**」493条)。

(5) 特定物の現状による引渡し（483条）

特定物は**弁済をなすべきときの現状**で引き渡せば足りる。したがって履行期までに壊れた場合も、そのまま引き渡してよい。ただし、債務者は、引渡しまでその物の保管について善管注意義務を負う（400条)。あとは、危険負担、債務不履行、契約不適合責任があった場合の問題となる。

債権の目的が特定物の引渡しである場合、契約その他の債権の発生原因および取引上の社会通念に照らしてその引渡しをすべき時の品質を定めることができないときは、弁済をする者は、その**引渡しをすべき時の現状でその物を引き渡してよい**。

(6) 弁済の場所・時間（484条）

① 弁済を行う場所について、当事者間で取り決めのないときは、次の場所で行う（1項)。

（ア）特定物の引渡し ➡ 債権が発生したとき、その**物が存在した場所**

（イ）上記以外の弁済 ➡ **弁済時**における**債権者の住所地**

② 法令や慣習により取引時間の定めがあるときは、その取引時間内に限り、弁済をし、または弁済の請求ができる（2項)。

(7) 弁済の費用（485条）

原則として**債務者が負担**する。ただし、債権者が住所を移転する等して弁済の費用が増加した場合は、その増加分は債権者が負担する。

(8) **受取証書の交付請求等（486条）**

① 弁済をする者は、弁済と引換えに、弁済を受領する者に対して受取証書の交付を請求できる（同1項）。

② 弁済をする者は、受取証書の交付に代えて、その内容を記録した電磁的記録の提供を請求できる。ただし、弁済を受領する者に不相当な負担を課するものであるときは、請求できない（同2項）。

(9) **弁済の充当**

① 合意充当

弁済者（【例】滞納管理費のある組合員）と弁済受領者（【例】管理組合）との間に**弁済の充当の順序に関する合意**（【例】規約の定め）があるときは、その**順序に従い**、その弁済が充当される（490条）。

② 指定充当

(ア) 債務者（【例】滞納組合員）が、同一の債権者（【例】管理組合）に対して、「同種の給付を目的とする数個の債務を負担」している場合、弁済として提供した給付（【例】滞納管理費）がその債務全額を消滅させるに足りないときは、「**弁済者**」は、給付時に、一方的意思表示によって、その弁済をどの債務に充当するかについて**指定できる**（488条1項）。

(イ) 弁済者が指定をしないときは、**弁済受領者**は、その受領の時に、原則としてその弁済を充当すべき債務を**指定できる**（488条2項）。

③ 法定充当

弁済者および受領者が弁済の充当を**指定しない**ときは、**法定充当**になる（488条4項）。

(ア) 債務の中に弁済期にあるものと弁済期にないものとがあるときは、**弁済期にあるものに先に充当**する。

(イ) すべての債務が弁済期にあるとき、または弁済期にないときは、**債務者のために弁済の利益が多いものに先に充当**する。

(ウ) 債務者のために弁済の利益が相等しいときは、**弁済期が先に到来したものまたは先に到来すべきものに先に充当**する。

（エ）上記（イ）（ウ）の事項が相等しい債務の弁済は、各債務の額に応じて充当する。

④　元本・利息・費用を支払うべき場合の充当

上記②③の場合で、債務者が1個または数個の債務について元本のほか利息および費用を支払うべき場合、弁済者がその債務の全部を消滅させるのに足りない給付をしたときは、これを順次に、**費用➡利息➡元本に充当**しなければならない（489条1項）。

3．相　殺

ケーススタディ　11

AはBに自己所有のマンションを売却し、1,000万円の代金債権を有している。一方BはAに対して1,200万円の貸金債権を有している。BはAに1,000万円を、AはBに1,200万円を現実に支払わなければならないだろうか。

代金債権 A —— 1,000万円 ——→ B 貸金債権

A ←—— 1,200万円 —— B

このような場合、AがBにまたはBがAに「相殺する」旨の**意思表示をするだけ**で、AとBの債権債務を対当額（重なり合う限度）で消滅させることができる（結局BがAに200万円を請求することになる）。こうすれば、AとBは簡単に決済できる。

(1) 自働債権（じどうさいけん）と受働債権（じゅどうさいけん）

「相殺しよう」と言う側の有する債権を**自働債権**、その反対債権を**受働債権**という。上記のケースで、Aの方から「相殺しよう」という意思表示をすれば、自働債権は代金債権、受働債権は貸金債権となる。

(2) 相殺適状（そうさいてきじょう）（相殺の要件）

次の事由すべてに該当すれば相殺できる（505条1項）。

① 双方の債権が**弁済期にある**こと。

ただし、**自働債権が弁済期**にあれば、受働債権については弁済期が到来していなくても、受働債権の期限の利益を放棄して相殺できる。

② それぞれが互いに**同種の対立した債権**を有していること。

ただし、時効が完成した債権であっても**完成前に相殺適状になっていれば、相殺を援用**できる（508条）。

③ 債権の性質が相殺を許すものであること。

自働債権に抗弁権（同時履行の抗弁権など）**がついている**場合、相手の抗弁権を奪うことになるので、**相殺できない**（判例）。

(3) **相殺できない場合**

次の事由のいずれかに該当する場合、相殺できない。

① 当事者間に相殺禁止・制限する旨の意思表示がある場合（505条2項）。

この意思表示は、第三者がこれを**悪意**または**重大な過失**によって知らなかったときに限り、その**第三者に対抗**できる。

② 受働債権が不法行為等により生じた債権である場合（509条）。

次の債務に関する債務者は、被害者の保護や不法行為の誘発防止のため、相殺をもって**債権者に対抗**できない。ただし、その債権者がその債務に係る債権を他人から譲り受けたときは、相殺をもって対抗できる。

（ア）**悪意による不法行為**に基づく損害賠償の債務

（イ）**人の生命・身体の侵害**による損害賠償の債務（上記アを除く）

③ 受働債権が差押禁止債権である場合（510条）。

④ 自働債権が受働債権の差押後に取得された債権である場合（511条）。

（ア）差押えを受けた債権の第三債務者は、**差押え後に取得**した債権による相殺をもって差押債権者に**対抗できない**が、**差押え前に取得**した債権による相殺をもって**対抗できる**。

（イ）**差押え後に取得**した債権が**差押え前の原因**に基づいて生じたものであるときは、その第三債務者は、その債権による相殺をもって差押債権者に**対抗できる**。ただし、第三債務者が**差押え後に他人の債権を取得**したときは、相殺をもって**対抗できない**。

(4) **相殺の方法**

相殺は相手方に対する**一方的な意思表示**によって行われる（506条1項前段）。つまり「相殺をする」旨の意思表示をするだけで相殺され、相手方の同意等は不要である。

また、相殺の意思表示に**条件や期限を付けることはできない**（同1項後段）。

履行地が異なる場合であっても相殺できるが、それによって相手方に損害を与えた場合は、相殺を援用した者が損害賠償責任を負う（507条）。

(5) **相殺の効力**

相殺を援用すると、その効力は**相殺適状になったときにさかのぼって**効力が生ずる（506条2項）。

ケーススタディ　12

① AがBに500万円の貸金債権をもち、BがAに1,000万円の売買代金債権を有する場合、AがBに対して相殺の意思表示をすると、両債権は対当額の500万円だけ消滅し、BのAに対する500万円の債権（受働債権）だけが残る。

② 上記の**Aの債権**（自働債権）**が時効消滅**しても、それ**以前に相殺適状にあった**ときは、**Aは相殺できる**。

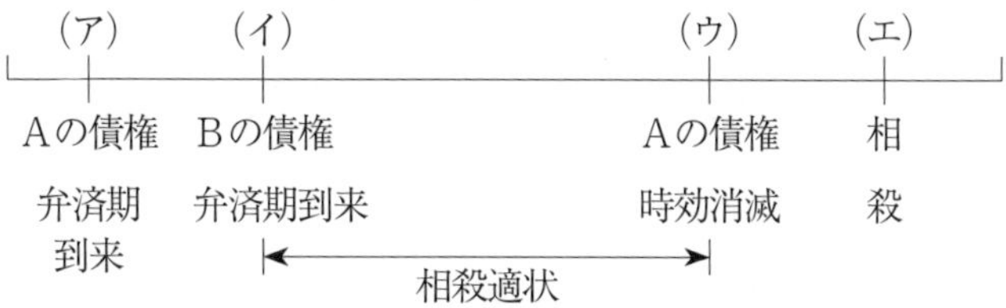

第12節 債権者の保護（423条～426条）

重要度 マ B 主 B

Introduction

債権者にとって、債務者がその所有する財産を無責任に減らそうとするときは、それを防ぐ必要がある。その手段として、民法では、債権者代位権および詐害行為取消権の制度が設けられているのである。

❶ 債権者代位権

債権者が債務者の財産を保全することを目的に、債務者に属する権利（被代位権利）を**自己の名**（代理人としてではない）で行使できるとした権利である。

ケーススタディ 13

マンションの管理組合法人である債権者Aは、区分所有者である債務者Bに対して、300万円の管理費債権を有している。Bは、唯一の財産として自分の債務者Cに対して400万円の金銭債権を有している。Aとして、自分の債権を回収する何らかの方法はないだろうか。

AはBに代わって、債権を保全するため、Bの債務者Cに対して金銭債権を代位行使できる。

1．行使要件（423条）

(1) **債権保全の必要**があること

原則として、**債務者の無資力を要件**とする。ただし、**登記請求権などの特定債権の保全**の場合、この無資力という要件は**不要**である（判例）。なお、**登記**（登録）**をしなければ権利の得喪・変更を第三者に対抗できない財産を譲り受けた**者は、その譲渡人が第三者に対して有する登記（登録）手続をすべきことを請求する権利を行使しないときは、その権利を**代位行使**できる（423条の7）。

(2) **債務者自らが被代位権利を行使しない**こと（判例）

(3) **原則**として、**債権が履行期にある**こと。例外として、保存行為※がある。

※　**保存行為**：債務者の有する権利の現在の状態を保存する行為であり、時効の更新や未登記の権利の登記等がこれにあたる。

(4) 被代位権利が、債務者の行使上の**一身専属権**※**に属するものでない**こと

※　**一身専属権**：身分法上の権利（夫婦間の契約取消権等）や債権譲渡の通知等。

(5) 保全される債権が、**強制執行により実現**できるものであること

※　なお、債権者代位権は、**裁判上でも、裁判外でも行使**できる。

2．代位行使の範囲（423条の2）

債権者は、被代位権利を行使する場合、被代位権利の目的が可分であるときは、自己の**債権の額の限度**においてのみ、被代位権利を行使できる。

つまり、Aが代位権を行使できる債権額は、自己の債権額である300万円に制限される。

3．債権者への支払または引渡し（423条の3前段）

債権者は、被代位権利を行使する場合、被代位権利が金銭の支払いまたは動産の引渡しを目的とするものであるときは、**相手方**に対し、その支払いまたは引渡しを**自己に対してする**ことを求めることができる。

つまり、Aは、Cに対して、A自身への直接の支払いを求めることができる。

4．相手方の抗弁（423条の4）

債権者が被代位権利を行使したときは、**相手方**は、**債務者に対して主張できる抗弁**をもって、**債権者に対抗**できる。

つまり、CがBに対して反対債権を有していたときは、Cは、Aに対して、相殺の抗弁を主張できる。

❷ 詐害行為取消権

債務者が、その財産が不足することを知りながら、財産を減少する行為をした場合、その行為の効力を否定して、財産の維持をはかることを目的とする権利である。

ケーススタディ 14

債務者Aは債権者Bから1,000万円を借りているが、Aには唯一の財産として1,000万円相当の土地しかない。このAが、Bに**借金の返済ができなくなるのを知りながらその土地を受益者Cに贈与**してしまった。Bとして、何らかの方法はない。

↓

Bは、裁判所を介して、CまたはCから転得を受けた者に対し、その行為の取消しを請求できる。

行使要件（424条〜）

(1) 債務者が**債権者を害する行為**をしたこと

① 債権者は、債務者が債権者を害することを知ってした行為の取消しを裁判所に請求できるが、その行為によって利益を受けた者（**受益者**）がその行為時において債権者を害することを**知らなかった**ときは、当該請求はできない（424条1項）。

② **財産権を目的としない行為**は、詐害行為とはならない（同2項）。

③ 債権者は、その債権が**詐害行為の前の原因**に基づいて生じたものである場合に限られ（同3項）、履行期が到来している必要はない（判例）。

④ 保全される債権が**強制執行により実現**できるものである必要がある（同4項）。

(2) 債務者が**詐害の意思**を有すること、受益者・転得者が**詐害の事実を知っている（悪意）**こと

(3) **必ず裁判によって行使**しなければならない。

(4) 詐害行為取消請求に係る訴えは、債務者が**債権者を害することを知って行為**をしたことを**債権者が知った時から2年、行為の時から10年**を経過したときは、提起できない（426条）。

(5) 詐害行為の目的物が不動産（**不可分**）である場合、目的物の時価が**被保全債権の額を上回る**としても、**詐害行為全体を取り消して、目的物自体の回復を求める**ことができる（428条の8第1項参照、判例）。

(6) 詐害行為の対象目的が不動産の場合、債権者は、詐害行為となる売買・贈与等契約を取り消して、**直接債権者**に対して、**所有権移転登記請求はできない**（判例）。

第13節 人的担保

1 連帯債務（436条～445条）

重要度 マ C 主 B

Introduction

同一の債権関係について、多数の債権者または債務者が存在する場合がある。これを「多数当事者の債権債務関係」という。この関係の種類には、次のものがある。

① 連帯債務（れんたいさいむ）（436条～445条）
② 分割債権・分割債務（427条）
③ 不可分（分けることが不可能）債権・不可分債務（428条～431条）
④ 保証債務（446条～465条の10）
⑤ 連帯保証債務（454条、458条）

このうち①「連帯債務」とは、同じ内容の給付について、債権者に対して、債務者がそれぞれ独立に、全部弁済をしなければならないという債務を負担し、1人が弁済すれば、他の債務者はもはや弁済しなくてもよいというものである。

❶ 連帯債務（債務者間において他の債務者が連帯して担保する関係）

ケーススタディ 15

A・B・Cは1人400万円ずつ出して、Dからマンションを買うことにした。契約では、売主は買主のうち**誰に対しても全額請求できるという特約**がついていた。債権者のDは、誰に対していくら請求できるだろうか。

「特約がない場合」

DはAに1,200万円全額を支払えとはいえず、原則として、A・B・C各自に400万円ずつ請求することになる（**「分割債務」**という。427条）。

「連帯債務にするという特約や法令の規定がある場合」

Dは、**A・B・Cのいずれにも**1,200万円の**全部または一部の支払いを求**

めることができる（436条）。

また、誰かが1,200万円を支払った場合には、３人すべてがDに対してお金を支払う義務を負わなくなる。

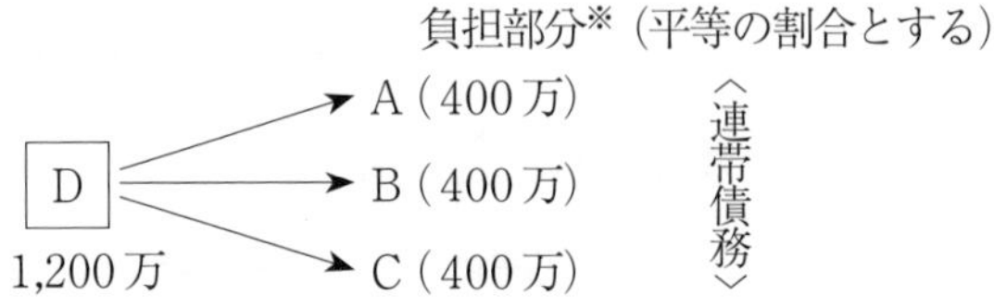

※　**負担部分**：連帯債務者の内部において、**それぞれが分担すべきことになっている割合**をいう。

【例】連帯債務者の１人が弁済をし、その他自己の財産をもって共同の免責を得たときは、その連帯債務者は、その免責を得た額が自己の負担部分を超えるかどうかにかかわらず、他の連帯債務者に対し、その免責を得るために支出した財産の額（その財産の額が共同の免責を得た額を超える場合には、その免責を得た額）のうち各自の負担部分に応じた額の**求償権を有する**（442条1項）。したがって、連帯債務者の１人Aが、債権者に対し全額を弁済したときは、Aは、他の連帯債務者に対し、それぞれの負担部分について求償できる。

❷ 連帯債務の効力

1．相対的効力

原則として、連帯債務者の１人について生じた事由は、他の連帯債務者に影響を与えない（441条）。

【例】取消し、無効、**請求**、**承認**、**免除**、期限の猶予、**時効の完成**等

2．絶対的効力

例外として、連帯債務者の１人について生じた事由の効力が他の連帯債務者に対して影響を与えるものがある。ただし、債権者および他の連帯債務者の１人が**別段の意思を表示**したときは、その意思に従い、**絶対的効力**とすることができる（441条ただし書）。

(1) 弁済・代物弁済・供託等

連帯債務者の１人が弁済等をして債務を**消滅させる**と、他の連帯債務者も債務を**免れる**。

(2) 相殺（439条）

連帯債務者の１人が債権者に対して反対債権を有する場合、次のように分類できる（439条）。

① 連帯債務者が相殺を援用したとき（１項）

債権は、全ての連帯債務者の利益のために**消滅**する。

② 連帯債務者が相殺を援用しないとき（２項）

その間は、その**連帯債務者の負担部分の限度**において、他の連帯債務者は、債権者に対して**債務の履行を拒む**ことができる。

ケーススタディ 16

A・B・Cは、Dに対して1,200万円の連帯債務を負っている。各連帯債務者の負担部分は等しいものとする。一方、AはDに対して1,000万円の貸金債権を有している。A・B・Cは、どんなことができるだろうか。

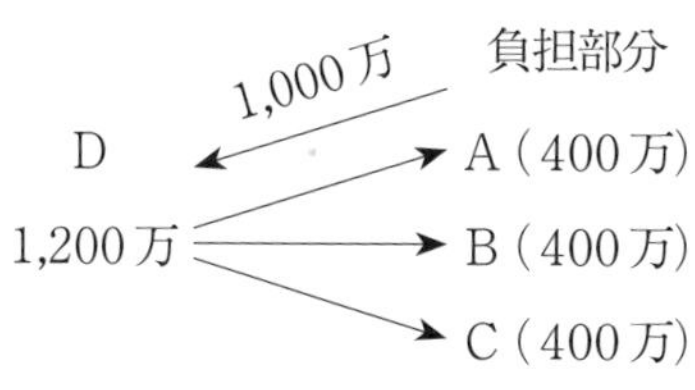

① **Aが反対債権全額で相殺をした場合（１項）**

B・Cは1,000万円について債務を免れ、残り200万円についてA・B・Cが連帯債務を負う。

② **Aが相殺をしない場合（２項）**

B・CはAの負担部分400万円について**債務の履行を拒む**ことができる。

(3) **更改（438条）**

連帯債務者の１人が債権者との間で当該連帯債務について**更改契約**（新しい債務を成立させることにより旧債務を消滅させる契約）**を行う**と、連帯債務は消滅し、他の連帯債務者は債務を**免れる**ことになる。

ＡがＤとの間で、この代金支払いの連帯債務を、特定の土地所有権移転債務に更改すると、代金支払いの連帯債務は消滅し、Ｂ・Ｃは連帯債務を免れる。

(4) **混同（440条）**

ケーススタディ 17

Ｄが子供Ａとその友人Ｂ・Ｃにマンションを売却し、代金1,200万円について、Ａ・Ｂ・ＣがＤに対して、連帯債務を負っている。代金の支払前にＤが死亡し、Ａは単独でこのマンションの代金債権を相続した。この場合のＢ・Ｃは、債務を負っているだろうか。

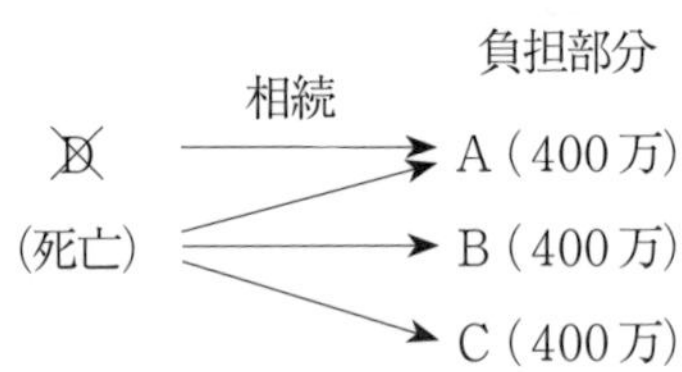

① ＡがＤを相続すると、Ａは連帯債務者の１人でありながら債権者としての立場に立つ。

② **混同**によりＡの負っていた債務は**消滅し**、他の連帯債務者Ｂ・Ｃはこの連帯債務について債務を**免れる**。

③ あとはＡがＢ・Ｃに対して負担部分を求償する。

３．償還をする資力のない者の負担部分の分担

連帯債務者の中に償還をする資力のない者があるときは、その**償還をすることができない部分**は、**求償者および他の資力のある者の間**で、各自の負担部分に応じて**分割して負担**する（444条１項）。

Step Up 連帯債権（432条〜435条の2）

1．絶対的効力⇒弁済・代物弁済・供託、請求、相殺、更改（部分的）、免除（部分的）、混同

(1) 連帯債権者による履行の請求等（432条）

債権の目的がその性質上**可分**である場合、法令の規定または当事者の意思表示によって数人が**連帯して債権を有する**ときは、**各債権者**は、全ての債権者のために全部または一部の履行を**請求でき**、債務者は、全ての債権者のために各債権者に対して履行ができる。

(2) 連帯債権者の1人との間の更改・免除（433条）

連帯債権者の1人と債務者との間に**更改・免除**があったときは、その連帯債権者がその権利を失わなければ**分与を受ける予定だった利益に係る部分**については、**他の連帯債権者**は、履行を**請求できない**。

(3) 連帯債権者の1人との間の相殺（434条）

債務者が連帯債権者の1人に対して債権を有する場合、その債務者が**相殺を援用**したときは、その**相殺**は、**他の連帯債権者**に対しても、その**効力を生ずる**。

(4) 連帯債権者の1人との間の混同（435条）

連帯債権者の1人と債務者との間に**混同**があったときは、債務者は、**弁済をしたもの**とみなされ、債権が消滅する。

2．相対的効力の原則（435条の2）

上記**1.**を除き、連帯債権者の1人の行為または1人について生じた事由は、他の連帯債権者に対してその**効力を生じない**。ただし、他の連帯債権者の1人および債務者が別段の意思を表示したときは、当該他の連帯債権者に対する効力は、その意思に従う。

2 不可分債権・不可分債務（428条～431条）

重要度 マ B 主 C

Introduction

「不可分債権・不可分債務」とは、分割して実現ができない給付（「不可分給付」という）を目的とする多数当事者の債権・債務のことをいう（428条、430条）。

1 不可分債権（428条）

1．不可分債権とは

ケーススタディ 18

A・Bが、甲マンションの１室の区分所有権を各1/2の割合で**共有**している場合、この部屋をA・BからC・Dが**共同で購入**したとき、Dは、**単独**でこの部屋の**引渡しを請求**できるだろうか。

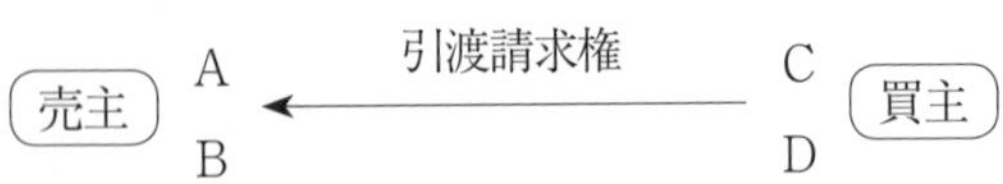

〔原則〕

数人の債権者または債務者がある場合において、別段の意思表示がないときは、各債権者または各債務者は、それぞれ等しい割合で権利を有し、または義務を負う（427条）。つまり、多数当事者の債権債務関係は、**「分割債権・分割債務」**となる。

〔例外〕

不可分債権関係とは、不可分の給付を目的とする数人の債権者がいる場合における多数当事者の債権関係である。この関係となるのは、債権の目的がその**性質上不可分**（社会通念により判断）の場合であり、数人の債権者があるときは、**各債権者はすべての債権者のために履行を請求**し、**債務者はすべての債権者のために各債権者に対して履行**できる（「**不可分債権**」428条）。

専有部分の引渡し請求は、性質上の不可分債権である。したがって、区分所有権を共有しているDは、単独で全部の履行の請求ができることになり、**単独で専有部分の引渡し請求**ができる。

2．不可分債権の効力

(1) 相対的効力（428条、435条の2）

不可分債権者の1人に、**弁済等、請求、相殺以外の事由**[①②]が生じたとしても、その事由は他の債権者に**影響を及ぼさない**。

先生からのコメント

①**更改**、**免除**、**混同**は**相対的効力**となる。連帯債権では、これらは絶対的効力であるので、注意をしよう！

②不可分債権者の1人と債務者との間に**更改・免除**があった場合でも、他の不可分債権者は、債務の全部の履行を請求できる。この場合、その1人の不可分債権者がその権利を失わなければ**分与されるべき利益を債務者に償還**しなければならない（429条）。

(2) 絶対的効力⇒弁済・代物弁済・供託、請求、相殺

① **弁済等**

債務者が債権者のうちの1人に対して行った**弁済等**は、他の債権者へも**影響を及ぼす**。

② **請求**

債権者のうちの1人が単独で行った**請求**は、他の債権者へも**影響を及ぼす**。

【例】(ア) 債権者の1人が請求すれば、債権者全員の債権の時効完成が猶予される（147条1項1号）。

(イ) 期限の定めのない債権であれば、債権者全員に対する債務者の履行遅滞が生じる（412条3項）。

③ **相殺**

(3) **可分債権・可分債務への変更（431条）**

不可分債権が可分債権となったときは、各債権者は自己が権利を有する部分についてのみ履行を請求でき、不可分債務が可分債務となったときは、各債務者はその負担部分についてのみ履行の責任を負う。たとえば、A・Bが、過失でこの部屋を焼失させた場合、C・DのA・Bに対するこの部屋の引渡請求権は、履行不能による損害賠償請求権（415条）へと変更することになる。つまり、分割債権に変化することになる。

【例】不法行為による損害賠償請求権（709条）

❷ 不可分債務（430条）

1．不可分債務とは

不可分債務関係とは、不可分の給付を目的とする数人の債務者がいる場合における多数当事者の債務関係である。この関係となるのは**性質上の不可分**の場合である。

例えば、賃料債務は、分けることが可能な金銭債務であるが、**共同賃借人**は建物を不可分的に利用しているので、その対価である**賃料債務**も**不可分債務**とされている（判例）。

【不可分債務の例】

① マンションを共有する者が負う**管理費等の支払債務**（判例）

② **共同賃借人の賃料債務**

③ 管理組合が、管理会社に対して支払うべき管理委託契約に基づく委託業務費の支払債務

④ マンションを共有する２人が、当該マンションを賃貸する場合に負う引渡債務

2．不可分債務の効力

(1) **対外的効力（430条、436条）**

債権者は、債務者のうちの**１人**に対して、または、**同時**にもしくは**順次**に全ての者に対して、**全部または一部の履行を請求**できる（430条、436条）。そして、不可分債務者のうちの**１人が弁済**すれば、**すべての不可分債務者の債務は消滅**する。

(2) 相対的効力（430条、441条）

不可分債務者のうちの１人に、**弁済等、相殺、更改以外の事由**[③④]が生じたとしても、その事由は他の債務者に影響を及ぼさない。

先生からのコメント

③**請求**は**相対的効力**となり、連帯債務と同様である。
④**混同**は**相対的効力**となる。連帯債権では、混同は絶対的効力であるので、注意をしよう！

(3) 絶対的効力⇒弁済・代物弁済・供託、相殺、更改

弁済等

不可分債務者のうちの１人が**弁済等**をすれば、すべての不可分債務者の**債務は消滅**するから、不可分債務者のうちの１人が債権者に対して行った弁済等は、他の債務者へも**影響を及ぼす**。

3 保証と連帯保証（446条～465条の10）

重要度 マ A 主 A

Introduction

保証制度は、本来の債務者の債務に関して、第三者が担保する制度である。つまり保証人は、本来の債務者（「主たる債務者」という）が債務を履行できない場合に代わって債務を履行する義務を負い、債権者は債務の履行をより確実に受けることができる（446条1項）。

連帯保証については、単なる保証との相違点をおさえておこう。

1 保証人

ケーススタディ 19

BはAからA所有マンションの専有部分を買い受け1,000万円の**代金債務**を負っている。この債務について、**CはBの保証人**となった。

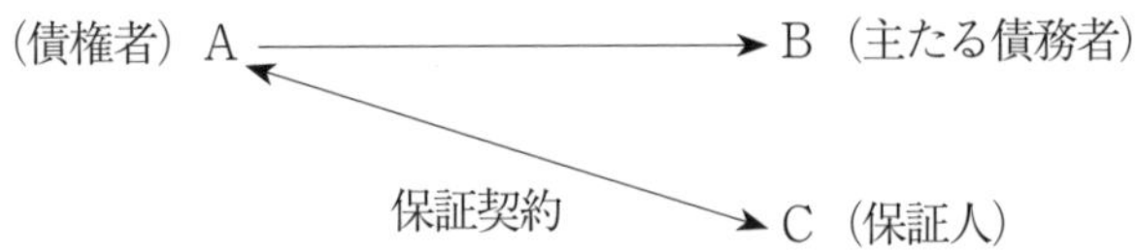

1．保証人の要件

(1) 債権担保のための制度であるから、債権の存在が必要である（付従性）。

(2) 保証人となるためには、債権者との間で保証契約を締結していることが必要である。つまり、債権者AとCとの間で、保証契約を締結していなければならない※。

※　Bから「保証人になってくれ」と頼まれただけでは、Cは保証人とはならない。
Cが保証人になるには、Bから委託を受けていようがいまいが（Bの意に反しても）、Aとの間に保証契約を締結しさえすればよい。

保証契約は、「**書面**」またはその内容を記録した「**電磁的記録**」でしなければ、その効力を生じない（446条2項・3項）。

2．保証人の資格

本来、保証人の資格については、何ら制限はない。

(1) 主たる債務者が保証人を立てる義務がある場合

「**弁済の資力**」があり①、かつ、「**行為能力者**」でなければならない（450条1項）。

先生からのコメント

①保証人になった後で、保証人が破産手続開始の決定を受けた等により弁済の資力がなくなった場合は、債権者は要件を備えた他の保証人を立てるよう請求できる（450条2項）。

(2) 債権者が保証人を指名した場合

保証人の資格に制限はなく、他の保証人を立てるよう請求することもできない（450条3項）。

3．保証債務の範囲②

(1) 保証債務は、元本のほか、主たる債務に関する利息、違約金、損害賠償、その他その債務に**従たる性質をもつもの**を包含する（447条1項）。

(2) **保証債務についてのみ**、違約金または損害賠償の額を約定できる（447条2項）。

先生からのコメント

②保証債務が主たる債務より重くなることはない。

主たる債務　≧　保証債務

❷ 保証債務の性質

1．保証債務の付従性

(1) 主たる債務がなくなれば、保証債務もなくなる。

(2) 主たる債務が減縮されると、保証債務も減縮される[③]。

先生からのコメント

③保証人になった後で主たる債務が増えても、保証債務は変わらない（448条2項)。ただし、「**個人根保証契約**」は除かれる。「個人根保証契約」とは、たとえば、貸主Aと借主Bが500万円の金銭貸借契約をするにあたり、Cが保証人となった場合、AC間の契約が1,000万円を限度額とする個人根保証契約をしているとき、その後Bが、金銭を追加して借りても、Cは、1,000万円の限度額で保証債務を負うという内容のものである。詳細は後述 Step Up 参照。

2．保証債務の随伴性

主たる債務が移転すれば、保証債務もそれに伴って移転する。

3．保証人が主張できること

(1) 催告の抗弁権、検索の抗弁権を有する（保証債務の補充性)。

① 催告の抗弁権[④]（452条）

債権者が主たる債務者に催告せず直接保証人に請求した場合、保証人は「まず主たる債務者に催告せよ」と主張できる。

先生からのコメント

④主たる債務者が、破産手続開始の決定を受けていたり、行方不明であったりした場合は、この抗弁権は使えない。

② 検索の抗弁権（453条）

債権者が主たる債務者に催告をした後であっても、保証人は次の事実を証明することにより「まず主たる債務者の財産から執行せよ」と主張できる。

（ア）主たる債務者に弁済の資力があること

（イ）執行が容易であること

(2) 主たる債務者の有する抗弁をもって債権者に対抗できる（457条2項）。

【例】同時履行の抗弁権

(3) 主たる債務について消滅時効が完成した場合⑤、保証人は消滅時効を援用できる（145条）。

先生からのコメント

⑤主たる債務者が時効の利益を放棄しても、保証人は消滅時効を援用して、保証債務を免れることができる。

(4) **主たる債務者**が債権者に対して**相殺権**、**取消権**または**解除権を有する**ときは、これらの権利の行使によって**主たる債務者がその債務を免れるべき限度**において、**保証人**は、債権者に対して**債務の履行を拒む**ことができる（457条3項）。

4．主たる債務者について生じた事由の効力

主たる債務者について生じた事由は、原則として**保証人に効力を及ぼす**。

【例】**主たる債務者**に対する**履行の請求その他の事由による時効の完成猶予・更新**は、**保証人**に対しても、その**効力を生ずる**（457条1項）。

5．保証人について生じた事由の効力

保証人について生じた事由は、その主たる債務を消滅させる行為（弁済、代物弁済、相殺、更改等）のみ**主たる債務者にも効力を及ぼす**が、それ以外は及ぼさない⑥。

先生からのコメント

⑥**保証人**に対する**履行の請求その他の事由による時効の完成猶予・更新**は、**主たる債務者**に対しては、その**効力を生じない**。

③ 連帯保証

連帯保証とは、主たる債務者と連帯してその債務を保証することをいう。連帯保証も**保証の一種**であるから、保証と同様の性質を有するが、次の点において異なる。

1．催告・検索の抗弁権の有無

催告の抗弁権、検索の抗弁権を有しない。

2．絶対的効力

連帯保証人について生じた一定の事由は、**主たる債務者にも効力を及ぼす**。

保証人と同様、主たる債務を消滅させる事由（弁済・代物弁済、相殺、更改等）の他に、「**混同**」についても主たる債務者に効力を及ぼす※。

※ 連帯保証人には、連帯債務の絶対的効力の規定が準用される（458条）。

④ 共同保証

保証人や連帯保証人をたてる場合、１人とは限らない。複数の者が１つの主たる債務の保証をする場合がある。これを共同保証という。

ケーススタディ 20

DはAに2,000万円を貸し、そのAの債務について**BとCが保証**をしている。債権者のDは、**BやCに対していくら請求できる**だろうか。**連帯保証であるとき**はどうか。

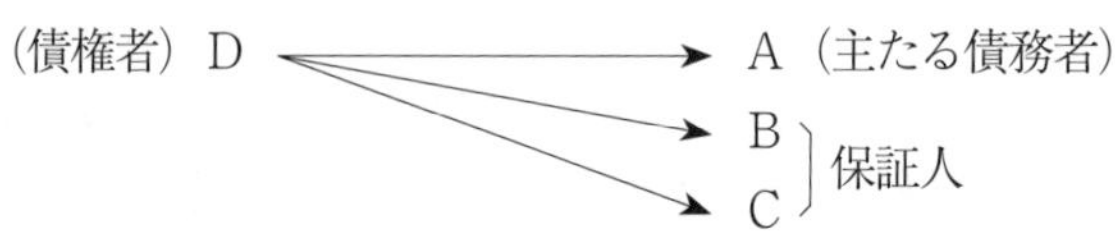

① **B・Cがそれぞれ保証人の場合**

保証人には、**分別の利益**がある。B・Cは、それぞれ2,000万円を頭割りした額（1,000万円ずつ）で保証をすればよい（456条）。

② **B・Cが連帯保証人の場合**

連帯保証人は分別の利益を有しない。したがってDはB・Cどちらでも弁済の資力のありそうな方に、全額の請求ができる⑦。

先生からのコメント

⑦この場合の各連帯保証人間では、求償権の行使ができる。

5 保証人の求償権

保証人が弁済した場合は、主たる債務者に求償できるが、弁済の前と後に主たる債務者に通知をしなければ、求償権の行使に制限を受けることがある（463条1項・3項）。

なお、「物上保証人」についても、その債務を弁済し、または抵当権の実行によって抵当目的物の所有権を失った場合は、保証債務に関する規定に従い、債務者に対して求償できる（372条、351条）。

Step Up

1．主たる債務の履行状況に関する情報の提供義務（458条の2）

保証人が債権者から請求を受けるまで、主たる債務の履行状況がわからないのは、保証人にとって不測の損害を受けるリスクがある。そこで、保証人が主たる債務者の**委託を受けて保証**をした場合、**保証人の請求**があったときは、**債権者**は、**保証人に対し**、遅滞なく、**主たる債務の元本**および**主たる債務に関する利息・違約金・損害賠償**その他その債務に従たる全てのものについての**不履行の有無**ならびにこれらの**残額**およびそのうち**弁済期が到来しているものの額に関する情報を提供**しなければならない。

2．個人根保証契約（465条の2）

(1) 根保証契約とは、**一定の範囲に属する不特定の債務を主たる債務**とする保証契約をいう。そして、この契約は、保証人が法人ではない「**個人**」根保証契約に限り、貸金等根保証契約だけではなく、その他（賃貸借契約等）の根保証契約にも適用される。

(2)「**個人**」根保証契約は、**極度額を定めなければ**、その**効力を生じない**。

整　理

❶ 保証と連帯保証の相違点

	分別の利益	催告の抗弁権	検索の抗弁権
保　　証	○	○	○
連帯保証	×	×	×

❷ 主たる債務者または保証人について生じた事由の効力

（○は絶対的効力、×は相対的効力）

	弁済等	請　求	更　改	免　除	混　同	時　効	承　認
主たる債務者 ➡ 保証人 連帯保証人	○	○	○	○	○	○	○
保証人 ➡ 主たる債務者	○	×	○	×	×	×	×
連帯保証人 ➡ 主たる債務者	○	×	○	×	○	×	×

❸「担保」制度のまとめ

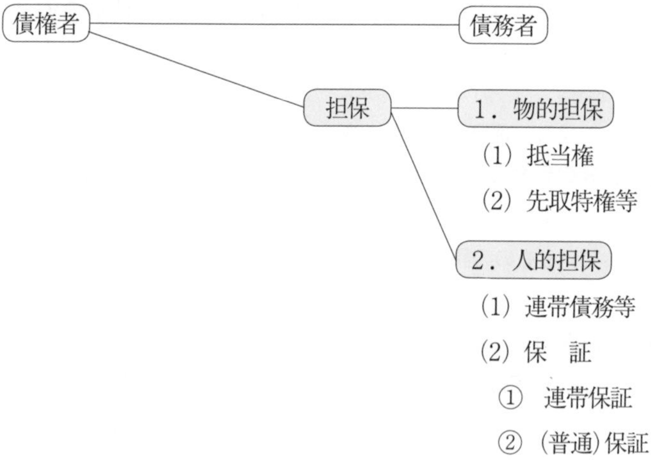

第14節 不法行為等（703条～724条）

重要度 マ 特A 主 A

❖ Introduction ❖

債務不履行責任は、契約当事者間のみでの問題であるのに対して、不法行為責任は、およそすべての他人との間での問題である。一般の不法行為を確認したうえで、特殊の不法行為についても、学習しておこう。

❶ 一般の不法行為①

(1) **不法行為**とは

他人（加害者）の**故意**または**過失**によって、他人の**権利**や**法律上保護される利益を侵害**された者（被害者）が、加害者に対して、その**損害の賠償を請求**できる制度をいう（709条）。これは、被害者の救済を目的としている。

【例】管理組合の管理者が、修繕積立金等を自己の事業に費消し、管理組合の財産に損害を与えた場合、管理組合は管理者に対して、損害賠償請求ができる。

先生からのコメント

①契約当事者間でも、債務不履行責任のみならず、不法行為責任を負う場合がある。それぞれの成立要件をみたせばそれぞれに成立するのは当然であるが、直接の契約関係になくても不法行為責任を負う。

(2) **責任能力**

加害者が不法行為責任を負うためには、**責任能力**が必要である。責任能力とは、自分の行為が不法であって、責任が発生することが理解できる能力をいう。**未成年者**であっても、**責任能力**を有する場合には**不法行為責任を負う**（712条）。何歳から責任能力があるとは一概にはいえないが、小学校を修了する12歳ぐらいが基準とされている。

(3) **失火の責任に関する法律（以下「失火責任法」という）による修正**

加害者に**故意**または**過失**があるときに、不法行為が成立する（**過失責任**）。これには**失火責任法**による特則があり、**失火**の場合は、失火者に**重大な過失（著しく注意を欠いた場合）**があるときに限って、**不法行為責任を負う**。つまり、軽過失の場合には不法行為責任を負わない。

❷ 特殊の不法行為

1．使用者責任（715条）

ある事業のために他人を使用する者（使用者）は、使用されている者（被用者）がその事業の執行について第三者に加えた**損害を賠償する責任を負う**（使用者と被用者とは連帯して責任を負う関係にある②）。

【例】マンション管理業者が雇用している管理員が、業務の執行により管理組合に損害を与えた場合、マンション管理業者は、管理組合に損害賠償を負うことになる。

先生からのコメント

②連帯債務と異なり、債務者の１人について生じた事由は、弁済等を除き、原則として、他の債務者に影響を及ぼさない。

(1) 使用者責任の成立要件は、次のとおりである（１項）。

① 使用者が**「ある事業のために他人を使用している」**こと

② 被用者が**「事業の執行（職務の範囲内）につき」**不法行為を行ったこと

被用者が、**職務の範囲外**で行った私生活上の行為により他人に損害が発生しても、**使用者は責任を負わない**。職務の範囲内に属するか否かについては、被用者の行為の外形を基準として客観的に判断する（外形標準説、判例）。

③ 被用者と第三者との間に、**一般の不法行為が成立**していること

④ 使用者が、被用者の選任・事業の監督について**相当な注意を払っていたこと**、または、**相当な注意を払っていても損害の防ぎようがなかったことを証明していない**こと

(2) 使用者に代わって事業を**監督する者**がいる場合は、この者も**損害を賠償する責任を負う**（2項）。

(3) 使用者または監督者が損害を賠償したときは、その不法行為をした被用者に対して、**求償権を行使**できる（3項）。しかし、無制限に求償権の行使を認めると被用者にとって酷な結果となることが多い。そこで、判例は、損害の公平な分担という見地から、損害賠償債務を負担したことにより損害を被った使用者等は、信義則上相当と認められる限度において求償の請求ができるとしている。つまり、求償権が制限されることがある。

2．工作物の責任（717条）

土地の工作物（**マンションの共用部分等**）**の設置または保存に瑕疵があった**ために他人に損害を与えたときは、その工作物の**占有者**（**賃借人・管理組合等**）や**所有者**（**区分所有者**）が、被害者に対して、その**損害を賠償する責任を負う**。

(1) **損害賠償責任を負う者**（**同1項**）

損害賠償責任は、**第1次的には**占有者が負うが、占有者が損害の発生を防止するのに必要な注意を尽くしていたことを証明した場合、**第2次的には**所有者が責任を負う。この場合、所有者は自らの無過失を立証しても責任は免れない（**無過失責任**）。

【例】マンションの共用部分である外壁に欠陥があって剥落し、通行人が負傷した場合、占有者として管理組合が責任を負う。しかし、管理組合が、管理に過失がないことを証明した場合、区分所有者全員が所有者として責任を負うことになる。

(2) **他にその責任を負う者があるとき**（**同3項**）

損害を賠償した占有者や所有者は、瑕疵を生じさせたことについて**他に責任を負う者**（**工作物を造った請負人等**）がある場合、その者に対して**求償権を行使できる**。

【例】外壁の修繕工事を請け負った業者の手抜き工事が原因で、外壁が剥落し、通行人が負傷した場合、損害賠償をした管理組合はその業者に対して求償できる。

3．共同不法行為（719条）

(1) 数人が共同の不法行為によって他人に損害を加えたときは、**各自が連帯**して損害賠償責任を負う。共同行為者中誰が損害を加えたかわからないときも、**各自が連帯**して損害賠償責任を負う（同1項)。

(2) 共同不法行為の成立要件は、次のとおりである。
① 各人の行為が独立して不法行為の要件を備えていること
② 各行為者の間に共同関係があること

(3) 共同不法行為の**教唆者**（きょうさしゃ）**（不法行為をそそのかした者）**および**幇助者**（ほうじょしゃ）**（不法行為を助けた者）**は、その不法行為を実行していなくても、共同の不法行為者とみなされる（719条2項)。

4．動物の占有者等の責任（718条）

動物の占有者は、その動物が他人に加えた損害を賠償する**責任を負う**。ただし、動物の種類および性質に従い相当の注意をもってその管理をしたときは､責任を負わない（1項)。なお、占有者に代わって動物を管理する者も、この責任を負う（2項)。

❸ その他の不法行為

1．近親者の慰謝料請求権

不法行為によって他人の**生命を侵害**した者は、被害者の**父母**、**配偶者**および**子**に対しては、その財産権が侵害されなかった場合においても**損害の賠償**をしなければならない（711条)。これは、生命が侵害されたときの近親者固有の慰謝料請求権を定めたものである。

2．損害賠償請求権の相続

交通事故によって**即死**したようなときでも、**被害者自身に損害賠償請求権**（慰謝料請求権を含む）**が発生**し、その請求権が相続によって**相続人へ承継**される（判例)。そのような扱いにしないと、重傷後死亡した場合との不均衡が生じるからである。

3．注文者の責任（716条）

注文者は、**請負人**がその仕事について**第三者に加えた損害**を賠償する**責任を負わない**。ただし、注文または指図についてその注文者に過失があったときは、責任を負わなければならない。

【例】マンションの大規模修繕工事に際し、この工事を請け負った建設会社の従業員が、過失により建築資材を地上に落下させ、通行人が負傷した場合、マンション管理組合法人は、注文または指図について過失がない場合、この通行人に対して損害賠償責任を負わない。

4．過失相殺・被害者側の過失

不法行為にあたって被害者に過失があるときは、裁判所は、これを考慮して、損害賠償の額を定めることができる（「**過失相殺**」722条2項）。この制度は、裁判所の裁量によって、加害者と被害者の損害の公平な分担を図るためのものであるから、被害者に過失があるときには、加害者からの過失相殺の主張がなくとも、**裁判所は職権**によって**過失相殺できる**（判例）。また、被害者本人が幼児である場合、被害者に対する監督者である父母など、**被害者と身分上ないしは生活関係上一体をなすとみられるような関係にある者に過失**があれば、**被害者側の過失**として、過失相殺が考慮されうる（判例）。

❹ 不法行為による損害賠償請求権の消滅時効

(1) 不法行為による損害賠償請求権の消滅時効

次の場合には、時効によって消滅する（724条）。

① 被害者またはその法定代理人が損害および加害者を**知った時から3年間**行使しないとき

② **不法行為の時から20年間**行使しないとき

(2) 人の生命・身体の侵害による損害賠償請求権の消滅時効

次の場合には、時効によって消滅する（724条の2、724条2号）。

① 被害またはその法定代理人が損害および加害者を**知った時から5年間**行使しないとき

② **不法行為の時から20年間**行使しないとき

Step Up 不当利得（ふとうりとく）

法律上の原因がないにもかかわらず、他人の財産または労務により利益を受け、それによって他人に損害を及ぼした場合、受けた**利益を返還する義務**がある（703条、704条）。次の例を参照のこと。

【例】A所有のマンションをBが賃借していたが、Bはそのマンションについて必要な修繕を行った。Bが支出した修繕費は必要費と呼ばれAが負担するべきものだが、賃貸借契約終了時になってもAは返還しなかった。Bは留置権に基づき家屋の引渡しを拒むことができるが、家賃相当額は不当利得としてAに支払わなければならない（判例）。

Step Up 事務管理

(1) **義務なく他人のために事務の管理を始めた者**（以下「管理者」という）は、その事務の性質に従い、**最も本人の利益に適合する方法**によって、その**事務の管理**（以下「事務管理」という）**をしなければならない**（697条1項）。

【例】台風による強風で飛来物がマンションに衝突し、その所有し居住しているAが外国出張で不在中にその専有部分の窓ガラスが割れた場合、その隣室である専有部分を所有し居住しているBは、Aからの依頼がなくても、割れた窓ガラスを修理できるが、その修理作業は、最もAの利益に適合する方法により行う必要がある。

(2) **管理者**は、本人のために**有益な費用**（必要費も含む）**を支出**したときは、**本人に対し**、その**償還を請求できる**（702条1項、判例）。

(3) **管理者**は、本人の身体、名誉または財産に対する**急迫の危害を免れさせるために事務管理**をしたときは、**悪意または重大な過失があるのでなければ**、これによって生じた**損害を賠償する責任を負わない**（「**緊急事務管理**」698条）。

(4) **管理者**は、**本人が既に知っている場合を除いて、事務管理を始めたことを遅滞なく本人に通知**しなければならない（「**管理者の通知義務**」699条）。

第15節 委　任（643条〜656条）

重要度 マ B 主 A

Introduction

本試験対策上、民法の中でも、委任契約に関する規定は重要である。細かい部分まで、正確におさえておく必要がある。

❶ 委　任

委任とは、当事者の一方が法律行為（契約の事務処理等）をすることを相手方に委託し、相手方がこれを承諾することによって成立する契約をいう（643条）①。

委託する者を**委任者**といい、委託を承諾する者を**受任者**という。

【例】区分所有法上、マンションにおける管理組合の業務執行機関として、「管理者制度」がある。マンションの管理業務は、管理組合から委託を受けた管理者が行う。この管理者には委任の規定が準用されるので、管理組合が委任者となり、管理者が受任者となる。

先生からのコメント

①法律行為以外の事務の委託をする契約を「準委任」というが、委任に関する規定が準用され、法律上の取扱いに違いはない。

【例】・親が幼児の養育を他人に委託する。

・患者が医師に治療を依頼する。

❷ 受任者の義務と権利

委任契約は、**原則**として**片務・無償の契約**である（643条、648条1項）。受任者は仕事をする義務を負うが、委任者はその仕事に対して報酬を支払わなければならないという義務は、民法上規定されていない。ただし、当事者間に**報酬を支払う旨の特約**②**があれば、双務・有償の契約**となる。

委任契約は、法律上の行為を他人に代わって行ってもらうものだから、人的な信頼関係を欠くことはできない。

先生からのコメント

②報酬を支払う旨の特約がある委任には、「**履行割合型の委任**（事務処理を行ったことに対し報酬が支払われるスタイル）」と「**成果完成型の委任**（事務処理の成果に対し報酬が支払われるスタイル）」とがある。

1．受任者の義務

(1) 善管注意義務[③]（644条）

受任者は、**善良なる管理者としての注意**をもって委任事務を処理しなければならない。具体的な義務の内容には、下記 (2)～(5) がある。

先生からのコメント

③① 報酬を請求できる場合もできない場合も変わりはない。
② この義務には、職務上知り得た秘密を正当な理由もなく他に漏らしてはならないという付随的義務も含まれる。
③ この義務に違反した場合には、債務不履行責任を負う。

(2) 自己執行義務（644条の2第1項）

受任者は、**委任者の許諾**を得たとき、または**やむを得ない事由**があるときでなければ、復受任者を選任できない。

(3) 事務処理状況の報告義務（645条）

受任者は、委任者の**請求があるとき**は、**いつでも**[④]、**委任事務の処理状況を報告**し、また、**委任事務終了後は遅滞なく**、その**経過**および**結果を報告**しなければならない。

先生からのコメント

④管理業者と管理組合との委任契約は、管理組合との間に存在するので、各組合員から個別に組合業務に関する報告を求められても、管理業者はこれに応ずる義務はない（判例）。

(4) **受取物等の引渡し義務（646条）**

受任者は、委任事務を行うにあたって受け取った金銭、物等を委任者に引き渡さなければならない（1項）。また、委任者のために受任者の名前で取得した権利も移転しなければならない（2項）。

(5) **金銭不正消費の賠償責任（647条）**

受任者は、委任者に引き渡すべき金銭を自分のために使ったときは、その使ったときからの利息を付けて引き渡さなければならない。

2．受任者の権利

(1) **特約による報酬請求権（648条）**

原則として委任契約は**無償**なので、受任者は委任者に報酬を請求できないが、**特約があれば請求**できる（1項）。

報酬の支払時期と割合に応じた報酬請求権

報　酬	履行割合型（648条2項・3項）	成果完成型（648条の2）
報酬の支払時期	当事者間に、特に定めがなければ、**後払い**（648条2項）	その成果が引渡しを要する場合、その**成果の引渡しと同時**（648条の2第1項）
割合に応じた報酬請求権	受任者は、①委任者の帰責事由によらず委任事務の**履行ができなくなった**とき、②委任が**履行の中途で終了**したときは、**既にした履行の割合**に応じて報酬を請求できる（648条3項）	①委任者の帰責事由によらず委任事務の**履行ができなくなった**とき、②委任が**履行前に解除**されたときは、受任者が既にした事務処理の結果のうち、**可分な部分の給付により委任者が利益を受ける**ときは、その部分は得られた成果とみなされ、受任者は、委任者が受ける**利益の割合**に応じて報酬を請求できる（648条の2第2項、634条）

(2) 費用前払請求権(649条)

受任者が委任事務のため費用を要する場合(専門誌の購読料・専門家の相談料等)、受任者からの**請求があったとき**は、委任者は、**前払い**をもって受任者に支払わなければならない。

(3) 費用償還請求権(650条1項)

必要費を受任者が立て替え払いをしたような場合、受任者は費用を支出した日からの利息を付けて償還を請求できる。

(4) 弁済・担保の供与の請求(650条2項)

受任者が委任者に代わって、委任事務を処理するために債務を負ったときは、

① **弁済期が到来しているとき** ➡ 弁済を請求できる。

② **弁済期が到来していないとき** ➡ 相当の担保の提供を請求できる。

(5) 損害賠償請求権(650条3項)

受任者が委任事務を処理するにあたって、自分に過失がないのに損害を受けたときは、委任者に対して、その損害の賠償を請求できる。

❸ 委任契約の終了事由

委任契約には一般の契約と異なる独特の解除事由がある。つまり、委任契約というのは、当事者間の信頼関係によって成り立っている契約であるので、人的信頼関係がなくなる場合⑤には、当然に終了させるべきなのである。

先生からのコメント

⑤区分所有法では、管理者に不正な行為その他その職務を行うに適しない事情があるときは、各区分所有者は管理者の解任を裁判所に請求できるようになっている。

1．告知による契約解除（651条）

(1) 委任契約は相手方に債務不履行等がなくても、**委任者、受任者双方からいつでも自由に解除**できる（1項）。

(2) 委任の解除をした者は、次の場合、原則として、相手方の**損害を賠償**しなければならない。ただし、やむを得ない事由があったときは、損害賠償の必要はない（2項）。

① 相手方に**不利な時期に委任を解除**したとき。

② 委任者が**受任者の利益**（専ら報酬を得ることによるものを除く）**をも目的とする委任を解除**したとき。

2．委任者・受任者に一定の事由が生じた場合（653条）

次の事由が生じると委任契約は終了する。

委　任　者	死　　　亡	破産手続開始の決定	
受　任　者	死　　　亡	破産手続開始の決定	後見開始の審判

❹ 委任契約解除の効果

1．解除の遡及効（652条）

契約の多くは、解除をすると契約時にさかのぼってその効果がなくなるが、**委任契約を解除**してもその効果は**遡及しない**。つまり、**解除をしたときに、将来に向かって**[⑥]**その効果がなくなる**にすぎない。

先生からのコメント

⑥委任契約は、継続的な関係であり、遡及させると法律関係が複雑になるので、解除前の行為に影響しないことにしている。

2．委任終了後の善処義務（654条）

委任が終了した場合でも、急迫した事情があるときは、受任者やその相続人またはその法定代理人は、委任者やその相続人またはその法定代理人が必要な委任事務を処理できるようになるまで、必要な処分をする必要がある。

3．委任終了の対抗要件（655条）

委任終了の事由は、相手方に対する関係では、これを相手方に通知し、または相手方がこれを知ったときでなければ、相手方に対抗できない。

整 理 委任者と受任者の権利・義務

		委任者		受任者
報酬※1	原則	支払い義務なし	原則	請求できない
	例外	特約 ➡ 支払い義務可	例外	特約 ➡ 請求可
注意義務				**善管注意義務** ⬅ 報酬※1の有無にかかわらず
費用	事務処理費用の償還義務あり		費用前払い請求可	
その他	① 事務処理に必要な債務を受任者に代わって返済等する義務 ② 事務処理につき、受任者に過失がないのに損害が生じたときの損害賠償義務		① 事務処理状況の報告義務※2 ② 受取物等の引渡し義務 ③ 受任者名義で取得した権利を委任者名義に移転する義務 ④ 金銭不正消費の賠償責任	

※1 報酬に関する規定

① 原則として、受任者は委任者に**報酬を請求できない**（委任契約は**無償**なので）。

② 報酬支払いの特約をした場合、「**履行割合型**」では、当事者間に特に定めがなければ**後払い**であり、「**成果完成型**」では、その成果が引渡しを要する場合、その成果の**引渡しと同時**に報酬請求ができる。

③ 報酬支払いの特約がある場合に、「**履行割合型**」では、受任者は①委任者の帰責事由によらず委任事務の履行ができなくなったとき、②委任が履行の中途で終了したときは、**既にした履行の割合**に応じて報酬を請求でき、「**成果完成型**」では、①委任者の帰責事由によらず委任事務の履行ができなくなったとき、②委任が**履行前に解除された**ときは、受任者が既にした事務処理の結果のうち、**可分な部分の給付により委任者が利益を受ける**ときは、その部分は得られた成果とみなされ、受任者は、**委任者が受ける利益の割合**に応じて報酬を請求できる。

※2 受任者の事務処理状況の報告義務

受任者は、委任者の**請求があるときはいつでも**、委任事務の処理状況を報告し、また**委任事務終了後は遅滞なく**、その**経過**および**結果を報告**しなければならない。

第16節 寄　託（657条～666条）

重要度 マ C 主 C

Introduction

これから学習する「寄託」と第15節で学習した「委任」は、どのような違いがあるのだろう。「寄託」は、物を保管するために労務の提供がなされるという点で特徴がある。たとえば、単に物の保管にとどまらず、目的物の管理（改良・利用）や運営に及ぶ場合は、「寄託」ではなく「委任」と考えられる。しかし、「寄託」には「委任」とよく似た関係が認められるため、民法上「寄託」に「委任」の規定が準用されている（665条）。また、貸駐車場やコインロッカーなど、物を保管するための場所を提供するにすぎない場合は、「寄託」ではなく、第21節で学習する「賃貸借契約」と考えられている。ここでは、「寄託」の特徴をおさえておこう。

寄　託

1．寄託とは

当事者の一方がある**物を保管**することを相手方に**委託**し、相手方がこれを**承諾**することによってその効力を生ずる、諾成・原則無償・片務契約である（657条）。

ただし、報酬の特約がある場合は、有償・双務契約となる。

2．寄託物受取り前の寄託者による寄託の解除等（657条の2）

寄託契約が成立した後で、寄託物を受寄者が受け取るまでの当事者の関係については、次のとおりである。

(1) **寄託者**は、受寄者が寄託物を受け取るまで、**契約解除ができる**。しかし、**受寄者**は、契約成立により保管のための準備をしていることが想定されるため、その契約解除により損害を受けたときは、寄託者に対し、**その賠償を請求できる**（1項）。

(2) **無報酬の受寄者**は、寄託物を受け取るまで、**契約解除ができる**。ただし、**書面による寄託**については、**契約解除はできない**（2項）。

(3) **受寄者**（無報酬で寄託を受けた場合は、書面による寄託の受寄者に限る）は、寄託物を受け取るべき時期を経過したにもかかわらず、寄託者が寄託物を引き渡さない場合、相当の期間を定めてその引渡しの**催告**をし、その期間内に**引渡しがない**ときは、**契約解除ができる**（3項）。

3．寄託物の使用および第三者による保管（658条）

(1) 受寄者は、**寄託者の承諾**を得なければ、寄託物を**使用できない**（1項）。
(2) 受寄者は、寄託者の承諾を得たとき、またはやむを得ない事由があるときでなければ、寄託物を第三者に保管させることができない（2項）。
(3) 再受寄者は、寄託者に対して、その権限の範囲内において、受寄者と同一の権利を有し、義務を負う（3項）。

4．無報酬の受寄者の注意義務

寄託により、受寄者は目的物を保管する義務を負う（659条）。この際の注意義務は、次のとおりとなる。

(1) **有償寄託**の場合 ➡ **善良な管理者の注意**（400条）
(2) **無報酬寄託**の場合 ➡ **自己の財産に対するのと同一の注意**（659条）

5．受寄者の通知義務（660条）

寄託物について**権利を主張する第三者が受寄者に対して訴えを提起**し、または**差押え・仮差押え・仮処分**をしたときは、受寄者は、遅滞なくその事実を寄託者に**通知**しなければならない。ただし、寄託者が既にこれを知っているときは、通知をする必要はない。

6．寄託者による損害賠償

寄託者は、寄託物の性質または瑕疵によって生じた損害を受寄者に賠償しなければならない。ただし、寄託者が過失なくその性質もしくは瑕疵を知らなかったとき、または受寄者がこれを知っていたときは、賠償する必要がない（661条）。

7．寄託者による返還請求

当事者が寄託物の返還の時期を定めたときであっても、寄託者は、いつでもその返還を請求できる（662条1項）。

8．寄託物の返還の時期（663条）

(1) 当事者が寄託物の返還の時期を定めなかったときは、受寄者は、いつでもその返還をすることができる（1項）。

(2) 返還の時期の定めがあるときは、受寄者は、やむを得ない事由がなければ、その期限前に返還をすることができない（2項）。

第17節 請　負（632条～642条）

重要度 マ B 主 B

❖ Introduction ❖

請負契約は、委任契約と異なり、「仕事の完成」を目的とする契約である。これらの内容を比較しながら学習を進めよう。

❶ 請負契約

請負契約は、請負人が一定の仕事（マンション建築工事等）を**完成させること**を約束し、注文者がその工事等の完成に対して、**報酬を支払うこと**（成功報酬）を約束する契約である（632条）。

1．請負人の義務

(1) **建築工事等を完成させる義務**

(2) **担保責任を負う義務**

2．注文者の義務

報酬を支払う義務（請負人の仕事完成**後払い**①）。物の引渡しが必要なときは、請負人の目的物引渡義務（仕事の完成それ自体ではない）と注文者の報酬支払義務とは、同時履行の関係に立つ（633条本文、判例）。

先生からのコメント

①①注文者の帰責事由によらず**仕事完成ができなくなった**とき、②請負が**仕事完成前に**解除されたときは、請負人が既にした仕事の結果のうち、**可分な部分の給付により注文者が利益を受ける**ときは、その部分は得られた成果とみなされ、請負人は、注文者が受ける**利益の割合**に応じて報酬を請求できる（「**割合的報酬請求権**」634条）

3．注文者の契約解除権

注文者は、請負人が建築工事等を完成させる前であれば、いつでも**損害を賠償して、請負契約を解除**できる（641条）。注文者にとって、必要のなくなった仕事を完成させても意味がないからである。

なお、注文者が破産手続開始の決定を受けたときは、請負人または破産管財人は、契約の解除ができる。ただし、仕事を完成した後は、請負人による契約の解除はできない（642条1項）。この場合、請負人は、すでにした仕事の報酬およびその中に含まれていない費用について、破産財団の配当に加入できる（同2項）。

❷ 契約不適合による請負人の担保責任

1．目的物が種類・品質に関し契約不適合である場合

請負契約は有償契約であるから、売買における目的物の契約不適合の規定が準用される（559条）。請負人が注文者に、**種類・品質に関して契約不適合**である仕事の目的物を引き渡した場合、注文者は、請負人に対し、次のような権利を主張できる。

(1) 追完請求権

注文者は請負人に対し、原則として、①**目的物の修補**、②**代替物の引渡し**、③**不足分の引渡し**による**履行の追完請求**ができる（559条、562条）。

(2) 報酬減額請求権

注文者は、請負人に対し、相当の期間を定めて履行の**追完の催告**をし、その期間内に履行の追完がない場合、原則として、その不適合の程度に応じて**報酬減額請求**ができる（559条、563条）。

(3) 注文者の損害賠償請求権・解除権の行使（559条、564条）

①　損害賠償請求

注文者は請負人に対し、請負人の責めに帰すべき事由があれば、原則として、契約不適合を理由として、**損害賠償を請求できる**（415条）。

②　解除権の行使

注文者は請負人に対し、原則として、契約不適合を理由として、**解除権の行使ができる**（541条、542条）。

2．請負人の担保責任の制限（636条）

請負人が**種類・品質**に関して契約不適合の仕事の目的物を注文者に引き渡した場合（その引渡しを要しない場合は、仕事が終了した時に仕事の目的物が種類・品質に関して契約不適合のとき）は、**注文者**は、**注文者の供した材料の性質**または**注文者の与えた指図**によって生じた不適合を理由として、履行の追完請求、報酬減額請求、損害賠償請求および契約解除が**できない**。ただし、**請負人**がその材料または指図が不適当であることを**知りながら告げなかった**ときは、各請求や契約解除が**できる**。

3．担保責任の期間の制限（637条）

請負人が**種類・品質**に関して契約不適合の仕事の目的物を注文者に引き渡した場合（その引渡しを要しない場合は、仕事が終了した時に仕事の目的物が種類・品質に関して契約不適合のとき）、注文者がその**不適合を知った時から1年以内**にその旨を**請負人に通知**しないときは、注文者は、その不適合を理由として、契約不適合による各請求や契約解除が**できない**（1項）。ただし、仕事の目的物を注文者に**引き渡した時**（引渡しを要しない場合は仕事が終了した時）に、請負人がその不適合を知り（**悪意**）、または**重大な過失によって知らなかった**ときは、この期間の制限はない（2項）。

4．担保責任を負わない旨の特約（559条、572条）

請負人は、仕事の目的物が契約不適合の場合における担保責任を負わない旨の特約ができる。しかし、請負人が**知りながら告げなかった事実**等については、その責任を免れない。

整理　契約不適合（種類・品質）による請負人の担保責任まとめ

○は可、×は不可

責任の内容				期間制限	担保責任の制限
追完請求	報酬減額請求	損害賠償請求	契約解除		
○ （修補請求含む）	○	○	○	不適合を**知った時から**1年**以内に**通知	注文者の供した材料の性質・注文者の与えた指図により生じた不適合 ×
①目的物の修補 ②代替物の引渡し ③不足分の引渡し 修補が不能な場合 ×	履行の追完がない場合、原則、不適合の程度に応じて報酬減額請求ができる	請負人の帰責事由が必要	契約不適合が軽微な場合 ×	請負人が**悪意・重大な過失**の場合を**除く**	

第18節 相　続（882条〜1050条）

重要度 ㋮ 特A ㊟ A

❖ Introduction ❖

ここでは、相続、遺留分、遺言の基本的事項についておさえておけば十分である。遺留分については残された人達の保護、遺言については死んでいく人の最終意思の尊重、という観点で学習しよう。

❶ 相　続

人が死亡すると、その財産は相続人に相続※1されるのがふつうである。相続については次のように考える。

(1) **遺言がある場合** ➡ その内容に従った相続を行う。

(2) **遺言がない場合** ➡ 法定相続人が相続する。相続人が複数の場合は相続財産の分割協議を行って決定する。

(3) **分割協議でまとまらない場合** ➡ 法定相続分に従う。

(4) **遺言もなく、相続人もいない場合** ➡ ① 特別縁故者への分与
② 国庫（こっこ）※2へ帰属

※1 **相続**：人が死亡した場合において、その者の生前の意思や法律の規定によって、その者が有していた財産上の権利や義務を特定の者に包括的に承継させる制度。

※2 **国庫**：国の所有する財産を保管する機関。

❷ 法定相続人と法定相続分

配偶者は、血族相続人の有無を問わず、**常に相続人**となる（890条）。血族相続人には、第1順位の者から第3順位の者までがある。

相続人になることができるのは**配偶者**と**子**（887条1項、890条）、子がいなければ**配偶者**と**直系尊属**（父母・祖父母など、889条、890条）、直系尊属もいなければ**配偶者**と**兄弟姉妹**（889条、890条）である。

子が被相続人※3の死亡以前に死亡していれば孫が自分の親の相続分を頭わりで**代襲相続**（だいしゅうそうぞく）※4し、兄弟姉妹が相続人となる場合に兄弟姉妹が被相続人の死亡以前に死亡

していれば、おい、めいが自分の親の分を頭わりで代襲相続する（887条2項・3項、889条2項）。これは、相続人が被相続人の死亡時に生存していなければならないという原則の例外①である。

※3　**被相続人**：死んだ人、相続財産を承継される者。
※4　**代襲相続**：相続を受けるべき者が死亡等によりいない場合、その者の子が、親の受けるべき相続分を受けること。

先生からのコメント

①もう1つの例外として、胎児は相続人となることができる（886条）。

なお、被相続人と同時に死亡した者は相続人とはならず、被相続人と**いずれが先に死亡したか明らかでないときは同時に死亡**したものと**推定**される（同時死亡の推定、32条の2）。

1．第1順位（子）②と配偶者が相続人の場合

配偶者が1/2、残りの1/2を子が平等に分ける（900条1号）。

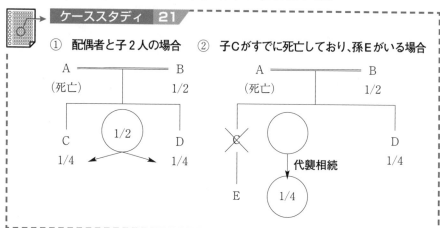

ケーススタディ 21

①　**配偶者と子2人の場合**

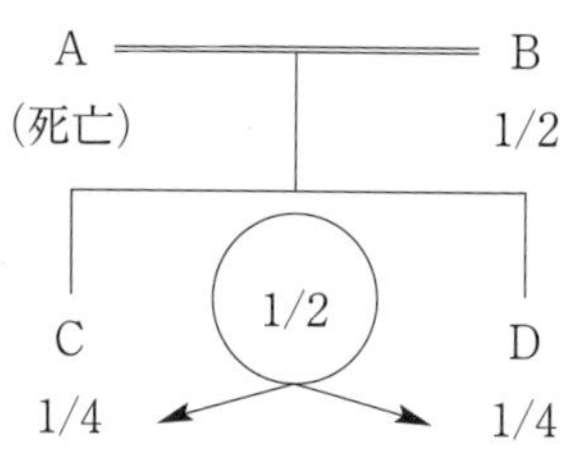

②　**子Cがすでに死亡しており、孫Eがいる場合**

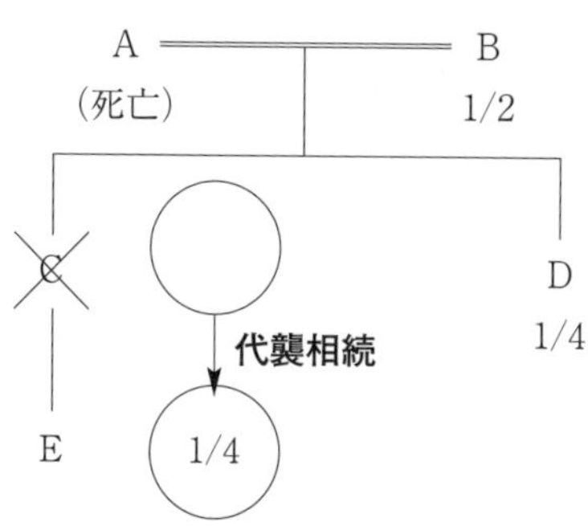

2．第2順位（直系尊属）と配偶者が相続人の場合

配偶者が2/3、残りの1/3を直系尊属が平等に分ける（900条2号）。

＊　両親がいない場合は祖父母が受ける。

3．第3順位（兄弟姉妹）と配偶者が相続人の場合

(1) **配偶者が3/4、残りの1/4を兄弟姉妹**が平等に分ける（900条3号）。

兄弟姉妹の場合は一代に限り代襲相続ができる。すなわち、兄弟姉妹を代襲相続できる者は、兄弟姉妹の子（おい、めい）に限られる（889条2項）。

(2) 父母の一方のみを同じくする兄弟姉妹の相続分は、父母の双方を同じくする兄弟姉妹の相続分の1/2である[③]（900条4号ただし書）。

先生からのコメント

②第1順位の子のうち、「嫡出子（法律上の婚姻関係にある男女間に生まれた子）」と「嫡出でない子（法律上の婚姻関係にない男女間に生まれた子）」の相続分は同等。

③これに対し、第3順位の兄弟姉妹のうち、「父母の双方を同じくする者」と「父母の一方のみを同じくする者」の相続分は同等ではないので注意しよう！

③ 欠格（けっかく）と廃除（はいじょ）

法定相続人であっても、次の要件に該当する者は相続人とはならない。

1．相続人の欠格事由（891条）

次のいずれかに該当する者は、相続人となることができない。

(1) 故意に被相続人、または自分よりも先順位または自分と同順位にある者を死亡するに至らせたり、または至らせようとしたために刑に処せられた者（1号）。

(2) 被相続人が殺害されたことを知っていたのに告発や告訴をしなかった者。ただし、その者に是非の弁別がなかったり、または加害者が自分の配偶者や直系の血族であった場合はこの限りではない（2号）。

(3) 詐欺または強迫によって、被相続人が相続に関する遺言をし、撤回し、取り消し、または変更することを妨げた者（3号）。

(4) 詐欺または強迫によって、被相続人に相続に関する遺言をさせ、撤回させ、取り消させ、または変更させた者（4号）。

(5) 相続に関する遺言書を偽造・変造・破棄したり隠したりした者（5号）。

2．廃　除（892条）

被相続人は、次のいずれかに該当する者について、生前において家庭裁判所に対し遺留分（後述❺参照）を有する相続人の廃除（相続を受けさせない）を請求できる。

(1) **被相続人を虐待したり重大な侮辱を加えた者**

(2) **著しい非行のあった者**

❹ 相続の承認と放棄

相続は、被相続人の死亡によって開始する。ところで相続は、資産ばかりではなく、被相続人がかかえていた借金等の負債も承継するから、必ずしも相続人の利益になるとは限らない。そこで相続人は、相続を限定承認・放棄できる。

1．承認・放棄

(1) **単純承認** ➡ 被相続人の資産および負債を包括的に承継すること

(2) **限定承認** ➡ 相続によって得た財産の範囲内で被相続人の有していた債務を負担すること

(3) **放　棄** ➡ 被相続人の資産および負債を一切承継しないこと

2．方　法

自己のために**相続開始のあったことを知ったときから3ヵ月以内**（一定の場合を除く）に、単純・限定承認または放棄[4][5]をしなければならない（915条1項）[6]。この期間内に家庭裁判所に限定承認か放棄をしなかった場合、単純承認をしたものとみなされる（921条2号）。なお、**限定承認は相続人が全員で共同して行わなければならない**（923条）。

先生からのコメント

④相続開始前に相続を放棄できない。

⑤相続放棄の効力は、登記等の有無を問わず、何人に対してもその効力を生ずるので（判例）、相続放棄した相続人Aの債権者が相続放棄前にAの持分を差し押さえていた場合でも、他の共同相続人は、相続放棄の効果を当該差押債権者に主張できる。

⑥この期間内であっても、原則として承認・放棄を撤回できない（919条1項）。

3．相続放棄した場合の代襲相続

相続を放棄した者の子については、**代襲相続は生じない**⑦。

先生からのコメント

⑦これに対し、前述❸の欠格事由に該当した者や廃除された者の子は代襲相続できる（887条2項、889条2項）。

❺ 遺留分（いりゅうぶん）

1．遺留分

相続財産は、被相続人の遺志に従って処分されることが望ましいが、一定の法定相続人を保護するための「**遺留分**」というものを主張できる。

遺留分全体の割合（1042条1項）

(1) **直系尊属のみが相続人の場合** ➡ **1/3**

(2) **その他の場合**（ただし兄弟姉妹を除く⑧）➡ **1/2**

相続人が数人ある場合、各自の遺留分は、遺留分全体から各自の相続分に応じた割合になる。つまり、遺留分全体を基にして、法定相続分の規定により分配される（同2項）。

先生からのコメント

⑧兄弟姉妹には遺留分はない。

ケーススタディ 22

被相続人が、「**1億円の遺産すべてをDにやる**」という**遺言**を残して死亡した。

⬇

被相続人に、**配偶者Aと子B・Cがいた**場合、A・B・C 3人合わせた遺留分は、1億円の**1/2**の5,000万円になる。各自いくらDから取り戻すことができるか。

⬇

A・B・Cは5,000万円に対して、**法定相続分に応じた遺留分**を有する。

⬇

① Aの遺留分 ➡ 5,000万円×**1/2**＝2,500万円
② Bの遺留分 ➡ 5,000万円×**1/2**×1/2＝1,250万円
③ Cの遺留分 ➡ 5,000万円×**1/2**×1/2＝1,250万円

2．遺留分侵害額請求権

遺留分権利者およびその承継人は、遺留分を侵害する遺贈を受けた「受遺者」または贈与を受けた「受贈者」に対し、**遺留分侵害額に相当する金銭の支払を請求**できる⑨（1046条1項）。この請求権を「遺留分侵害額請求権」という。この請求権を行使することにより、侵害された遺留分を取り戻すことができる。

先生からのコメント

⑨受遺者や受贈者が、遺留分権利者から侵害額請求を受けた場合、すぐに侵害額を準備できるとは限らない。そこで、**裁判所**は、受遺者や受贈者の請求により、金銭債務の全部または一部の支払につき、**相当の期限を許与**できるとしている（1047条5項）。

3．遺留分侵害額請求権の時効期間

相続の開始および遺留分を侵害する贈与・遺贈があったことを**知った時から**1年間行使しないときは、時効によって消滅する。また**相続開始の時から**10年を経過したときも、時効によって消滅する（1048条）。

4．遺留分の放棄⑩

遺留分の放棄は、**相続開始前**であっても**家庭裁判所の許可**を受けたときに限り行うことができる（1049条1項）。相続人の1人が遺留分を放棄しても、他の相続人の遺留分には影響を及ぼさない（同2項）。

先生からのコメント

⑩遺留分を放棄していたとしても、被相続人が遺言等を残さなければ相続人になることができる。

6 遺　言

遺言は、法律で定める方式に従って行う。遺言でできることは、相続分や遺産分割方法・遺言執行者の指定または指定の委託、遺贈など、法定されている。

1．制限行為能力者の遺言能力

(1) **未成年者** ➡ **15歳に達した者**は、**単独で遺言**ができる（961条)。
(2) **成年被後見人** ➡ 事理を弁識する能力を一時回復したときに、医師2名以上の立会いがあれば遺言ができる（973条1項)。
(3) **被保佐人・被補助人** ➡ **単独で有効に遺言**ができる。

Step Up

1．成年後見人による郵便物等の管理

(1) 郵便物等を成年後見人に配達すべき旨の嘱託（860条の2第1項)

家庭裁判所は、成年後見人がその事務を行うに当たって必要があると認めるときは、成年後見人の請求により、信書の送達の事業を行う者に対し、期間を定めて、成年被後見人に宛てた郵便物または民間事業者による信書の送達に関する法律に規定する信書便物（「郵便物等」という）を成年後見人に配達すべき旨を嘱託できる。

(2) 嘱託の期間（2項)

6ヵ月を超えることはできない。

(3) 郵便物等の開封（860条の3第1項)

成年後見人は、成年被後見人に宛てた郵便物等を受け取ったときは、これを開いて見ることができる。

2．成年被後見人の死亡後の成年後見人の権限（873条の2)

成年後見人は、成年被後見人が死亡した場合、必要があるときは、成年被後見人の相続人の意思に反することが明らかなときを除き、相続人が相続財産を管理できるに至るまで、次の行為ができる。ただし、次の③の行為をするには、**家庭裁判所の許可**を得なければならない。

① 相続財産に属する特定の財産の保存に必要な行為
② 相続財産に属する債務（弁済期が到来しているものに限る）の弁済
③ その死体の火葬または埋葬に関する契約の締結その他相続財産の保存に必要な行為（①②の行為を除く）

2．遺言の撤回

遺言者は、**いつでも**遺言の方式に従って、その**遺言の全部または一部を撤回**できる（1022条）。前にした遺言と後にした**遺言が抵触する**ときや遺言と遺言後の売買などの生前処分とが**抵触する**ときは、その**抵触する部分**について、前にした**遺言は撤回**したものとみなされる（1023条）。また、遺言者が遺言書を**故意に破棄**した場合も、その**破棄した部分**については、**撤回**したものとみなされる（1024条）。

3．遺言の効力

遺言は、遺言者の**死亡のときからその効力を生ずる**（985条1項）。ただし、その遺言に**停止条件**が付いていて、条件が遺言者の死亡後に成就したときは、その**条件成就のとき**からその効力を生ずる（同2項）。

❼ 相続財産の帰属

1．相続財産の共有

(1) 相続人が数人いるときは、相続財産はその者たちの**共有**となる（898条）。

(2) 各共同相続人は、その相続分に応じて被相続人の権利義務を承継する（899条）。たとえば、管理費の滞納がある区分所有者が死亡した場合、その滞納債務は金銭債務として可分であるから、各相続人の相続分に従い分割され、各相続人はその分割債務を相続する。

2．遺産分割

共同相続人は、遺言に定めのある場合（相続開始のときから5年以内で、遺産の分割を禁ずることができる）を除いて、**いつでも協議によって遺産の全部または一部の分割**ができる（907条1項）。この協議は、**全員の合意が必要**だが、協議が調わないときや協議ができないときは、相続開始地の家庭裁判所に対して分割の請求ができる（同2項）。

遺産の分割は、**相続開始のときにさかのぼってその効力が生ずる**が、第三者の権利を害することはできない（909条）。また、**遺産の分割**がなされた場合、**各共同相続人**は、**他の共同相続人に対して**、売主と同様、その相続分に応じて**担保責任を負う**（911条）。

Step Up 預貯金についての遺産分割（判例）

従来の判例では、預貯金のように可分（分けられる）債権は、相続人全員の合意がなければ、法定相続分に応じて分割されていた。しかし、「遺産分割では、分割の対象を幅広くすることが望ましく、預貯金は分割の際に配分調整しやすい現金との差がない」として、従来の判例を変更し、預貯金は可分債権ではあるものの、不動産などと同様に、相続人全員の合意を得ることなく遺産分割の「対象になる」とした。

3．相続人の不存在

(1) 被相続人に配偶者、子、子の代襲相続人、直系尊属、兄弟姉妹およびその代襲相続人が全くいない場合は、相続人不存在ということになり、原則として**国庫に帰属する**（959条）。

(2) 被相続人と生計を同じくしていた者（内縁の配偶者、事実上の養子など）や被相続人の療養看護に努めた者など、**特別の縁故のあった者**は家庭裁判所の審判により、相続財産の全部または一部の分与を受けることができる（958条の3）。

Step Up 遺言の種類（967条～972条）

1．自筆証書遺言（じひつしょうしょいごん）

遺言者が、遺言の全文、日付、および氏名を自書し、これに押印することによって行う（968条1項）。なお、自筆証書にこれと一体のものとして相続財産の全部または一部の目録を添付する場合、添付の「財産目録」については、自書でなくてもよい。ただし、財産目録の各ページに署名押印する必要がある（同2項）。これにより、自筆証書遺言に、パソコン等で作成した財産目録を添付したり、銀行通帳のコピー・不動産登記事項証明書等を財産目録として添付したりして、遺言を作成することができる。

2．公正証書遺言（こうせいしょうしょいごん）

2人以上の資格のある証人を立ち会わせ、遺言者が遺言の趣旨を公証人に口授（**口がきけない者**は、**手話などの通訳**を通して述べるか、**自分で書いて**伝えればよい）する。公証人が遺言者の口述を筆記し、これを読み聞かせ、または**閲覧**させながら、遺言者および証人に内容を確認させる（遺言者などが**耳の聞こえない場合**、読み聞かせるか閲覧させるかわりに、**通訳**を通して伝えてもよい）。

3．秘密証書遺言（ひみつしょうしょいごん）

遺言者が、証書に署名し押印して遺言書を作り、証書に使用した印で封印する。

公証人および証人２人以上の前で、それが自分の遺言書である旨や自分の住所氏名を申述する（**口がきけない者**であるときは、**通訳**を通して述べるか、封紙に自分で書けばよい）。

公証人が日付やこの申述（通訳を通して述べた、または、自分で書いたときは**その旨**も）を封紙に記載し、その後遺言者、証人、公証人全員で署名押印する。

Step Up

1．共同相続における権利の承継の対抗要件（899条の２第１項）

相続による権利の承継は、遺産の分割によるものかどうかにかかわらず、**法定相続分を超える部分**については、登記等の**対抗要件**を備えなければ、**第三者に対抗できない**。

2．遺産の分割前における預貯金債権の行使（909条の２）

各共同相続人は、**遺産に属する預貯金債権**のうち、相続開始の時の債権額の1/3に、当該共同相続人の**法定相続分を乗じた額**（標準的な当面の必要生計費、平均的な葬式の費用の額その他の事情を勘案して預貯金債権の債務者ごとに一定額を限度とする）については、**単独でその権利を行使**できる。

3．配偶者に関する居住権

(1) 配偶者**短期**居住権（1037条１項）

配偶者は、被相続人の財産に属した建物に**相続開始の時に無償で居住**していた場合、原則として、一定の日までの間（少なくとも**6ヵ月**）、その居住建物の所有権を相続・遺贈により取得した者に対し、**居住建物について無償で使用**する権利を有する。

(2) 配偶者（長期）居住権（1028条１項）

被相続人の配偶者は、被相続人の財産に属した建物に**相続開始の時に居住**していた場合、次のいずれかに該当するときは、その**居住建物の全部**について**無償**で「配偶者居住権」

を取得する。ただし、被相続人が相続開始の時に居住建物を配偶者以外の者と共有していた場合は、取得しない。

① 遺産の分割によって配偶者居住権を取得するものとされたとき

② 配偶者居住権が遺贈の目的とされたとき

整理 法定相続分と遺留分のまとめ

	法定相続人			
相続人	配偶者	第1順位 子	第2順位 直系尊属	第3順位 兄弟姉妹
法定相続分 ＊ 遺言があればそれに従う	1/2	1/2		
	2/3		1/3	
	3/4			1/4
		これらの者が複数いる場合、その頭数で平等に分ける。ただし、父母の一方のみを同じくする兄弟姉妹は、父母の双方を同じくする者の1/2		
代襲相続		子の直系卑属		兄弟姉妹の子
	相続を放棄した場合は、発生しない。欠格または廃除の場合は、代襲相続が生じる。			
遺留分	① 直系尊属のみの場合1/3 ② その他の場合1/2			

第19節 贈　与（549条～554条）

重要度 マ B 主 B

Introduction

贈与は、諾成・片務・無償契約である。贈与者が死亡したときに効力を発生すると定めてもよく、これを「死因贈与」という。これと似たものに「遺贈」がある。前者が契約であるのに対して、後者は単独でできる行為である。

贈与契約の性質

1．贈与とは

当事者の一方（贈与者）がある財産を相手方に無償で与える意思を表示し、相手方（受贈者）がこれを受諾することによって成立する契約である（549条）。

2．書面によらない贈与

履行の終わった部分を除いて、各当事者が解除できる（550条）。

不動産の贈与について、判例は、不動産の**引渡し**があれば、登記がなされていなくても、「履行の終了」と認めている。また、引渡しはないが、**移転登記**がなされた場合も、「履行の終了」とされている。

3．贈与者の引渡義務等

贈与者は、贈与の目的である物または権利を、贈与の目的として**特定した時の状態**で引き渡し、または移転することを約したものと**推定**される（551条1項）。ただし、負担付贈与の場合は、負担の限度において売主と同じ担保責任を負う（同2項）。

4．死因贈与（554条）

贈与者の死亡によって効力を生ずる贈与については、その性質に反しない限り、**遺贈に関する規定**が準用される①。

先生からの
コメント

①「死因贈与」は、贈与者と受贈者の合意で成立する契約である。これに対し、「遺贈」は、遺贈者が一方的に行う意思表示（単独行為）なので、受遺者は財産を受け取らないという選択もできる。

第20節 物権変動の対抗要件（176条～178条）

重要度 マ B 主 B

Introduction

物権の変動（所有権移転等）は、当事者の意思表示のみによって生ずる（176条）。しかし、第三者に対して、物権の変動を主張するためには、対抗要件が必要とされ、物権変動の公示が要求されている①。

❶ 物権変動の対抗要件

不動産の物権変動は、「登記がなければ第三者に対抗することができない」（177条）としている。

不動産の対抗要件は、**「登記」**である。原則として、先に対抗要件を備えた者が、後順位者に対し、自分の権利を主張できる（例外：不動産保存・不動産工事の先取特権、339条）。

先生からのコメント

①物権のような強力な排他的効力をもつ権利については、第三者に認識させるような外形をつくらせるのが第三者保護のために必要だからである。

ケーススタディ 23

Aは自己所有のマンションの専有部分等を、BおよびCへ**二重に売却**した。この場合、BとCのいずれが当該物件の**所有権を主張**できるだろうか。

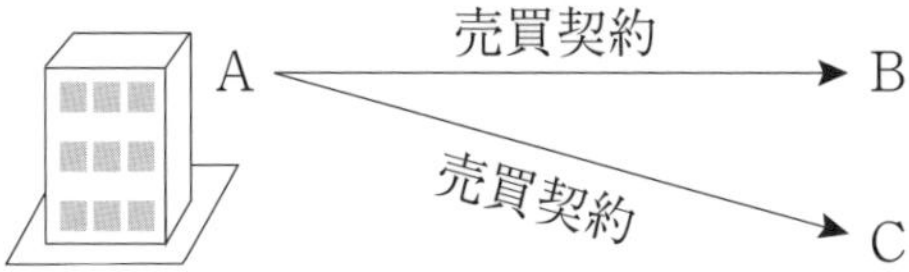

このような場合、**売買契約は二重に成立**するが、当該物件の所有権は1つしかないのでB・Cのいずれか一方しか取得できない。

どちらか**先に所有権移転登記を済ませた方**が、この物件の**所有権を主張**できる。

❷ 第三者の範囲

不動産の物権変動は、登記がなければ第三者に対抗できない（177条)。

1．登記なしでは、対抗できない第三者

第三者とは、物権変動の当事者およびその相続人など包括承継人以外の者すべてをいうのではなく、「登記が欠けていることを主張することについて**正当な利益を有する者**」のことである（判例)。

単なる悪意者（ＡＢ間の売買契約を知りつつ買ったＣ）は、「第三者」に含まれる。

2．登記がなくても、対抗できる第三者

次の者は、「第三者」に含まれず、これらの者に対しては、**登記がなくても、対抗できる。**

(1) **全くの無権利者**

ケーススタディ 24

Ａの実印や権利証を偽造し、Ａ所有のマンションの専有部分等を自分名義に**登記したＢ**が、この物件を**Ｃに売却**したとき、Ａは登記がないとＣに対抗できないのだろうか。

⬇

ＢおよびＢから譲り受けたＣは**無権利者**②であるから、ＡはＣに**登記なくして対抗**できる。

先生からのコメント

②動産の占有と異なり、不動産の登記に公信力はない。Ｂの登記を信じても無権利者から所有権は取得できない、ということである。

(2) 不法行為者・不法占拠者

ケーススタディ 25

AがBからB所有マンションの専有部分等を買い受けたが、まだ所有権移転登記をしていない。この専有部分は、全くの無権利者（賃借権等も有しない者）Cによって**不法に占拠**されていた。この場合、Aは登記がないとCに対して立退きを請求できないのだろうか。

↓

Cは不法占拠者であるから、Aは**登記がなくてもCに対して所有権を主張**し、立退きを請求できる。

また、登記がなくても、不法行為を理由として、損害賠償を請求できる。

(3) 背信的悪意者

ケーススタディ 26

AがBにマンションの専有部分等を売った後、さらにCに売った場合において、Cが単に二重譲渡の事実を知っていたとしても、先に登記をすれば、BはCに対抗できない。では、**「Bを困らせてやろうという目的で、AとCが共謀して契約した場合」**、Bは、登記なくしてCに対抗できるだろうか。

↓

この場合、Cは単なる**「悪意者」**ではなく、信義則に反するような悪意者（**背信的悪意者**）となり、Bは、**登記なくしてCに対抗**できる。

(4) 詐欺または強迫によって登記申請を妨げた者（不登法5条1項）

(5) 他人のために登記申請をする義務のある者（不登法5条2項）

❸ 登記が必要な物権変動

1．解除と登記

ケーススタディ 27

A ←―― 売買契約 ――→ B ―― 転売 ――→ C

Aが自己所有のマンションをBに売却し、さらにBはCへ当該マンションを転売した。

Bが代金を支払わないので、**AはBの債務不履行を理由に**AB間の売買**契約を解除**した。この場合、**Aは、Cに対して、**マンションの**所有権を主張**できるだろうか。

⬇

(1) **解除前の第三者**

契約を解除すると、一定の契約を除いては、さかのぼる性質があるので当事者に原状回復義務が生じるが、「解除による原状回復は、第三者の権利を害することができない」とされている（545条1項ただし書）。そして、この第三者の権利が保護されるためには、**第三者が登記（権利保護要件としての登記と呼ぶ）を備えていることを必要**とする（判例）。

そして、Cが所有権移転登記を済ませている場合は、**Cの善意、悪意にかかわらず、**AはCに対してマンションの返還を請求できない（判例）。

これに対して、たとえ引渡しが完了していても、Cが登記を備えていなければ、Aは返還請求ができる。

(2) **解除後の第三者**

AがAB間の売買契約を解除した後、BがCへ譲渡した場合はどうなるだろうか。

① AがAB間の売買契約を解除した。この場合、解除によりさかのぼるので、Aは所有権を取り戻せるはずである。

② ところがBがCに転売してしまった。Bの所にある登記を自己に取り戻せるは

ずであるのに、それをせず放置した責任を問われるべきである。そこでこの場合、Ｂを中心にして、ＡとＣとに二重譲渡があったのと同様に考え、**対抗問題として処理**するのが妥当である。よって、ＡとＣは**先に登記を備えた方が所有権を主張できる**ことになる（判例）。

2．取消しと登記

ケーススタディ 28

Ａ ←―― 売買契約 ――→ Ｂ ―――― 転売 ――→ Ｃ

ＡがＢの詐欺によりその所有するマンションをＢに売却し、Ｂがさらにこれを Ｃに売却した。**Ａは、Ｂの詐欺を理由**にＡＢ間の売買契約を**取り消した**。この場合、Ａは、Ｃに対して、マンションの**所有権を主張**できるだろうか。

(1) 取消前の第三者

ＢＣ間の売買契約締結後、Ａが取り消した場合はどうなるだろうか。

第三者Ｃが悪意 ➡ ＡはＡＢ間の取消しをＣに主張できる。

第三者Ｃが善意・無過失 ➡ ＡはＡＢ間の取消しをＣに主張できない。

前述のように、ＡとＣの関係は対抗関係ではないので、善意・無過失のＣは、その権利を主張するのに登記を要しない（96 条３項）。

(2) 取消後の第三者

ＡがＡＢ間の売買契約を取り消した後、ＢがＣへ譲渡した場合はどうなるだろうか。

① ＡがＡＢ間の売買契約を取り消した。この場合、取消しによりさかのぼるので、Ａは所有権を取り戻せるはずである。

② ところがＢがＣに転売してしまった。Ａは取消後、Ｂの所にある登記を自己に取り戻せるはずであるのに、それをせず放置した責任を問われるべきである。そこでこの場合、Ｂを中心にして、ＡとＣとに二重譲渡があったのと同様に考え、

対抗問題として処理するのが妥当である。よって、AとCは**先に登記を備えた方が所有権を主張できる**ことになる（判例）。

3．時効と登記

(1) 時効完成前の第三者

ケーススタディ 29

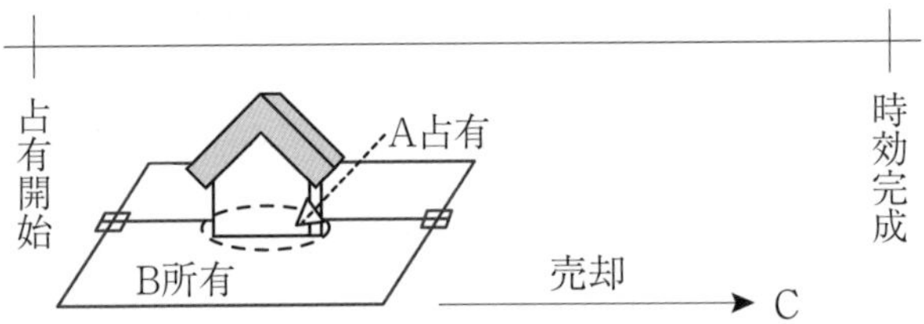

AはB所有の土地を占有し時効が完成したが、**時効完成前**にBはCに当該**土地を売却**し、**所有権移転登記**もしていた。Aは、登記なくして、時効完成による所有権の取得をCに主張できるだろうか。

CがBから権利を取得した後、Aの占有を排除すれば別だが、Cもそのまま Aに占有を続けさせていたならば、Aは時効期間の経過によって当該土地を時効取得する。そして、AとCとは、取得時効によって権利を取得するAと権利を失うCという意味で**当事者どうしの関係**にあることから、AとCの関係は**対抗問題ではなく**、Aは、Cに対して登記なくして時効完成による所有権の取得を主張できる（判例）。

そして、時効援用の効果は起算日（占有開始日）にさかのぼるので（144条)、起算日からAの土地とみなされ、時効完成までの間に設定された担保権、用益権といった権利も消滅する。

(2) **時効完成後の第三者**

ケーススタディ 30

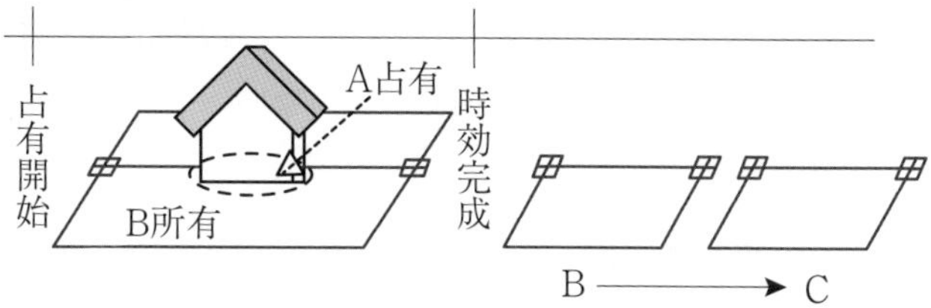

AはB所有の土地の占有を続け時効が完成したが、**完成後**BがCへ当該**土地を売却**し、**所有権移転登記**を完了させた。Aは、登記なくして、時効完成による所有権の取得をCに主張できるだろうか。

Aは時効が完成したのだから援用してA所有の登記を備えることができたにもかかわらず、それを怠ったといえる。そこで、この場合も、BがAとCに二重に譲渡したのと同様に考え、**対抗問題として処理**する（判例）。したがって、Aは、登記なくして、時効完成による所有権の取得をCに主張できない。

Step Up **相続・遺産分割と登記**

1．遺産分割前の第三者

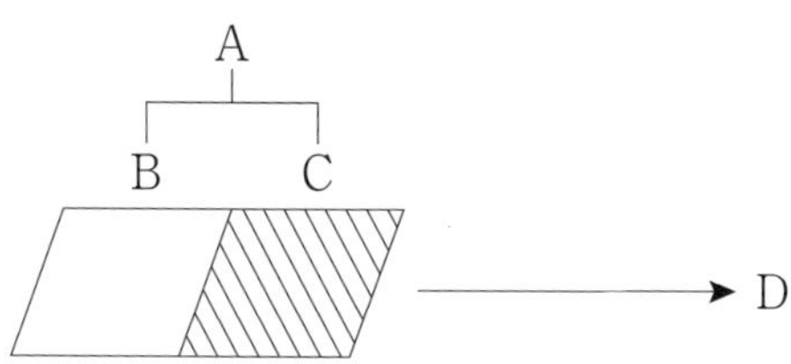

Aが死亡し、それぞれ1/2の相続分を持つAの子B・Cが共同相続した。この場合、相続財産である土地につき、遺産分割前に、Bが、Cの同意なくB単独名義への所有権移転登記をし、この土地全部をDに譲渡し、所有権移転登記をしたとき、Cは、自己の相続分を登記なくしてDに主張できるだろうか。

Bは、Cの相続分に関しては無権利者であり、Bからこれを譲り受けたDも無権利者である。したがって、Cの相続分に関しては**対抗問題ではなく**、Cは、自己の相続分を登記なくしてDに主張できる（判例）。

2．遺産分割後の第三者

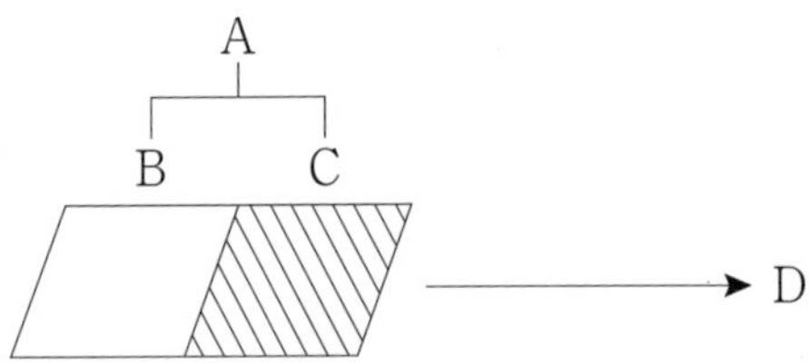

Aが死亡し、それぞれ1/2の相続分を持つAの子B・Cが共同相続した。この場合、相続財産である土地につき、B・Cが持分各1/2の共有相続登記をした後、遺産分割によりBが単独所有権を取得したとき、その後にCが、登記上の持分1/2をDに譲渡し、所有権移転登記をしても、Bは、単独所有権を登記なくしてDに主張できるだろうか。

Cの登記上の持分は、遺産分割によってBに移転し、他方、譲渡によってDに移転することから、**対抗問題**である（判例）。また、この場合、遺産分割が終わっている以上、最終的な決着がついているのだから、Bに登記を要求しても酷ではない。したがって、Bは、Dに対して、登記なくしてCの登記上の持分の取得を対抗できず、その結果、単独所有権をDに主張できない。

第21節 賃貸借契約（601条～622条の2）

重要度 ㋮ 特A ㊤ 特A

❖ Introduction ❖

ここでは、民法上の賃貸借契約について学習するが、借地借家法を理解するうえで重要なところでもあるので、確実におさえておこう。

❶ 賃貸借契約①

賃貸借契約とは、**賃貸人**（貸主）が**賃借人**（借主）に物を使用・収益させ、これに対して賃借人が賃料を支払うこと、および引渡しを受けた物を契約終了のときに返還することを約束することによって成立する契約である（601条）。この賃貸借については、民法で規定されているが、マンションの専有部分等の建物の賃貸借（借家契約）については、借地借家法が適用される。

賃貸借契約は、双務契約であるので、賃貸人、賃借人それぞれに義務等がある。

先生からのコメント

①賃貸借契約は書面によらなくても成立する。

1．賃貸人の義務

賃貸人は、賃借人に目的物を使用・収益させなければならない。

(1) 賃貸人による修繕等（606条）

賃貸人は、目的物の使用に**必要な修繕**を行わなければならないが、賃借人の帰責事由によりその修繕が必要となった場合には、修繕義務を負わなくてよい（1項）。一方、**賃借人**も目的物の保存に**必要な修繕行為を拒むことはできない**（2項）。

(2) 費用償還義務（608条）

① **必要費**（ひつようひ） ➡ 目的物を使用・収益する上で必要な費用（賃貸人が負担すべき費用）

賃借人は、賃貸人に対する事前連絡の有無にかかわらず、支出後[②]ただちに**償還請求**ができる（1項）。

② 有益費 ➡ 目的物の価値を増加させるためにかかった費用

賃貸借契約終了後、賃貸人の選択により、**支出額または価値の増加額のいずれか**を返還しなければならない（2項）。

先生からのコメント

②賃借人は、支出するにあたって、賃貸人に対して事前連絡をする義務はない。

2．賃借人の権利・義務

(1) 賃借人の修繕の権利（607条の2）

賃借物の修繕が必要な場合、次のときは、賃借人は、その修繕ができる。

① **賃借人**が賃貸人に修繕が必要である旨を**通知**し、または賃貸人がその旨を知ったにもかかわらず、**賃貸人**が相当の期間内に必要な**修繕をしない**とき

② 急迫の事情があるとき

(2) 賃料支払義務（614条）

賃借人は賃貸人に対し、賃料を支払う義務を負う。

支払時期は、特約がなければ次のとおりである。

・建物（マンションの専有部分等)、宅地、動産 ➡ 毎月末

・宅地以外の土地 ➡ 毎年末

(3) 用法に従った使用・収益義務（616条、594条1項）

賃借人は、契約またはその目的物の性質によって定まった用法に従い、その物の使用・収益をしなければならない。

(4) 専有部分等の返還義務

賃借人は、賃貸借契約が終了した場合に、目的物を**返還**する必要がある（「**賃貸借契約の成立要件**」601条)。

(5) 原状回復義務（621条）

賃借人は、賃借物を受け取った後にこれに生じた**損傷**（**通常の使用・収益によって生じた損耗や経年変化**を除く）がある場合、**賃貸借終了後**、その損傷を**原状に復して返還する義務**を負う。ただし、賃借人の帰責事由によらない損傷については、原状回復義務を負わない。

3．専有部分等の賃貸借の対抗要件等③

(1) 対抗要件

賃貸借契約の目的物が専有部分等の場合、**第三者に対する対抗要件**は、**賃借権の登記**である（605条）。ただし、賃貸人には登記に協力する義務はない。

先生からのコメント

③賃貸借の対抗要件を備えた目的物が売買された場合、新所有者は登記がなければ、賃貸人たる地位を賃借人に対抗できず、借賃等を請求できない（判例）。新賃貸人であることの証明のために登記が要求されている。家賃の二重払いのリスクから賃借人を守るためである。

(2) 賃貸人たる地位の移転（605条の2）

賃貸借の**対抗要件を備えた**場合、その不動産が譲渡されたときは、その**賃貸人たる地位**は、原則として、その**新所有者である譲受人に移転**する（1項）。

(3) 合意による賃貸人たる地位の移転（605条の3前段）

不動産の譲渡人が賃貸人であるときは、その**賃貸人たる地位**は、**賃借人の承諾を**要しないで、**譲渡人と譲受人との**合意により、**譲受人に移転**させることができる。

(4) 賃貸人の地位の主張（605条の2第3項）

上記（2）（3）による**賃貸人たる地位の移転**は、賃貸物である不動産について**所有権移転**登記をしなければ、**賃借人に対抗**できない。

❷ 存続期間と更新等

1．期間を定めた場合

(1) 最長期間（604条）

最長期間は50年で、50年を超えて定めた場合はその期間は**50年に短縮**される（ただし、借地・借家については借地借家法により、別の規定がある）。

期間満了により賃貸借契約は終了するが、更新することもでき、更新の期間も50年以内としなければならない。

(2) 期間満了による賃貸借の終了（622条、597条1項）

当事者が賃貸借の期間を定めたときは、賃貸借は、その期間が満了することによって終了する。

2．期間を定めなかった場合（617条1項）

当事者は、いつでも解約の申入れができる。

解約の申入れをすると、次の期間経過後に賃貸借契約は終了する。

① 土地（敷地） ➡ 1年

② 建物（マンションの専有部分等） ➡ 3ヵ月

3．黙示の更新（619条1項）

賃貸借契約の期間満了後、賃借人が物の使用・収益を継続しているにもかかわらず、賃貸人がそれを知っていて異議を述べないときは、前の契約と同じ条件で（ただし、期間については定めのない契約となる）賃貸借契約を**更新したものと推定**される。

4．専有部分等の滅失

(1) 賃借物の全部滅失（616条の2）

賃貸借契約は、期間の満了、当事者の解除権の行使等によって終了するが、**目的物の全部が滅失して使用・収益できなくなった**場合にも**終了**する。

(2) **賃借物の一部滅失等による賃料の減額等（611条）**

① 賃借物の**一部が滅失**等の事由により使用・収益ができなくなった場合、それが**賃借人の帰責事由によらない**ときは、賃料は、その使用・収益ができなくなった部分の割合に応じて、**減額**される（1項）。

② 賃借物の**一部が滅失**等の事由により使用・収益ができなくなった場合、残存する部分のみでは賃借人が賃借をした**目的不達成**のときは、賃借人は、**契約の解除**ができる（2項）。

❸ 賃借権の譲渡（じょうと）・転貸（てんたい）

賃貸借契約の成立により、賃借人は賃借権という権利を有することになるが、**賃貸人の承諾があれば**、賃借権を第三者に**譲渡**したり、賃借物を**転貸**※したりできる（612条1項）。

※ **転貸**：また貸しをすること。たとえばAから家賃8万円でアパートを借りているBがこの部屋をCに10万円で貸したような場合。

1．譲渡の効果

ケーススタディ 31

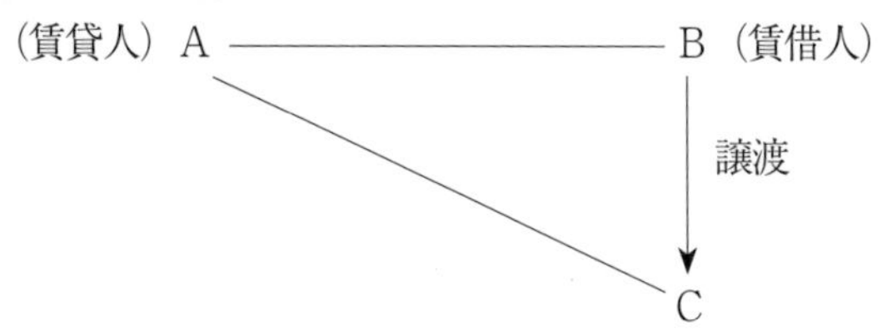

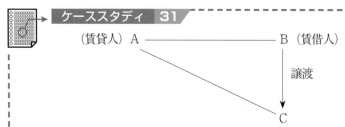

BがAの**承諾**を得て、賃借権をCに**譲渡**した場合、Aは、賃借権の**譲渡後に生じた賃料**を、Bに対して**請求**できるだろうか。

⬇

Bは賃貸借関係から離脱し、新たにAC間に賃貸借関係が発生する。

したがって、譲渡後に発生した賃料等については、AはBに対して**請求できない**。

2．転貸の効果

ケーススタディ 32

（賃貸人）A ―――――――― B（賃借人）

↓ 転貸

C（転借人）

A所有のマンションの専有部分等をBが賃借している。

BはAの**承諾**を得て、専有部分等をCに**転貸**した。この場合、A・B・Cの間は、どんな**法律関係**になるだろうか。

(1) AB間、BC間にそれぞれ賃貸借契約、転貸借契約が存在し、AC間には直接契約関係は発生しない。

(2) Cは、AとBとの間の賃貸借に基づく**Bの債務の範囲を限度**として、Aに対し、**転貸借に基づく債務を直接履行する義務**を負う（613条1項前段）。

(3) AはCに対し、賃借料と転借料の範囲内で、賃料の支払いを請求できる。
- 賃借料が7万円、転借料が10万円 ➡ 7万円請求できる
- 賃借料が10万円、転借料が7万円 ➡ 7万円請求できる

この場合、Cは、Bへの前払いをもってAに対抗できない（613条1項後段）。結局、二重に払ったうえで、Bに「返せ」というほかない。

(4) AとBが賃貸借契約を**合意解除**しても、Aはその解除の効果をCに**対抗できない**（613条3項）。ただし、その**解除の当時**、AがBの**債務不履行による解除権を有していた**ときは、**Cに対抗できる**。

(5) Ｂの**債務不履行**により、ＡＢ間の**賃貸借契約が解除により終了**した場合、ＢＣ間の転貸借は、原則として、ＡがＣに対して目的物の**返還を請求**したときに、転貸人ＢのＣに対する債務の履行不能により**終了する**（判例）。

3．無断譲渡・無断転貸の禁止

原則として、賃借人が、賃貸人に無断で賃借権を譲渡したり、転貸することはできない。無断譲渡・転貸をし、第三者に目的物を**使用・収益**させたとき[④]は、賃貸人は**契約の解除ができる**[⑤]（612条2項）。ただし、**背信的行為にあたらない特段の事情**がある場合は**解除**できない（判例）。

先生からのコメント

④賃貸人に無断で譲渡・転貸契約が締結されても、譲受人・転借人が使用・収益を開始しない限り、賃貸人は契約を解除できない。

⑤賃貸人は、承諾を得ない譲受人・転借人に対し、契約解除をしていなくても、明渡請求はできる（判例）。

④ 敷金等

1．敷金の定義（622条の2第1項かっこ書）

いかなる名目によるかを問わず、賃料債務その他の賃貸借に基づいて生ずる**賃借人の賃貸人に対する**金銭の給付を目的とする**債務を担保する目的**で、**賃借人が賃貸人に交付**する金銭をいう。

2．敷金の交付の目的（622条の2）

(1) 賃貸人は、敷金を受け取っている場合、次のときは、賃借人に対し、その受け取った敷金の額から賃貸借に基づいて生じた賃借人の賃貸人に対する金銭の給付を目的とする**債務の額を控除した残額を返還**しなければならない（1項）。

① 賃貸借が終了し、かつ、賃貸物の返還を受けたとき

② 賃借人が適法に賃借権を譲り渡したとき

(2) **賃貸人**は、賃借人が賃貸借に基づいて生じた金銭の給付を目的とする債務を履行しないときは、敷金をその**債務の弁済に充てる**ことができる。この場合、**賃借人**は、賃貸人に対し、敷金をその**債務の弁済に充てることを請求**できない（2項）。

3．敷金返還請求権

敷金返還請求権は、賃貸借終了後目的物の**明渡しの時**に、それまでに生じた賃借人に対する金銭債権を控除した残額について発生する。

したがって、賃借人の目的物返還が先履行となり、「**敷金返還請求権**」と「**目的物返還請求権**」とは、**同時履行の関係には立たない**ことになる（判例）。

賃貸借契約「**終了後明渡し前**」に、マンションの専有部分等の所有権が第三者に移転した場合、敷金に関する権利義務は、旧所有者と新所有者との合意だけでは、**新所有者に承継されることは**ない（判例）。

賃貸借契約「存続中」に、賃貸人や賃借人に変更が生じた場合、次のとおりとなる。

(1) **賃貸人が変更した場合**

ケーススタディ 33

AとBの間で、マンションの専有部分の賃貸借契約の締結をするにあたり、BはAに敷金を差し入れた。その後、AB間の賃貸借契約の継続中に、AはCへ当該専有部分を売却し、Cが新賃貸人になった。

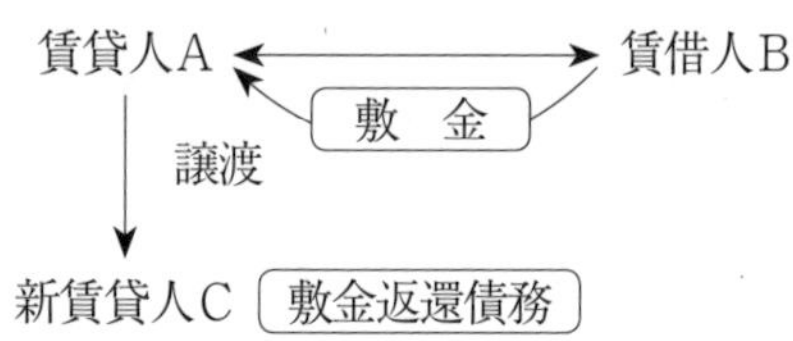

Bが、この賃貸借契約が終了した後、敷金返還請求権を行使する相手は、AとCのどちらに対してか。

↓

賃貸人が、目的物を第三者に譲渡し賃貸人の地位が移転した場合、敷金返還債務は、旧賃貸人に対する未払賃料等を控除した残額について、**新所有者（新賃貸人）に承継**される（605条の2第4項、622条の2第1項、605条の3後段、判例）。したがって、行使する相手はCである。

(2) 賃借人が変更した場合

ケーススタディ 34

ＡとＢの間で、マンションの専有部分の賃貸借契約の締結をするにあたり、ＢはＡに敷金を差し入れた。その後、ＡＢ間の賃貸借契約の継続中に、ＢがＡの承諾を得て、この賃借権をＤに譲渡した。

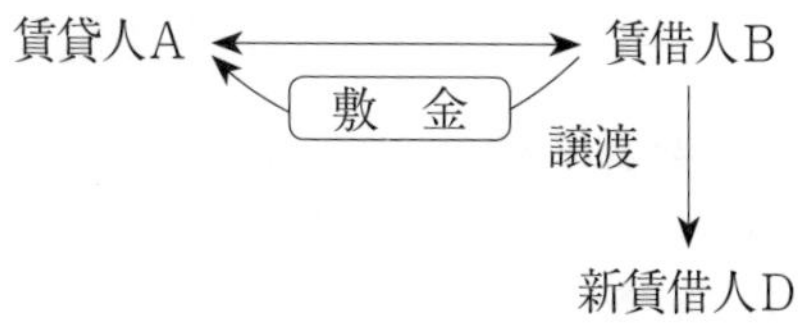

この場合、敷金に関する権利義務関係も、新賃借人Ｄに承継されるだろうか。

賃貸人の承諾を得て賃借権が旧賃借人から新賃借人に移転された場合でも、敷金（延滞賃料も含め）に関する権利義務関係は、特段の事情がない限り、**新賃借人に承継されない**（判例）。

そもそも敷金を受け取っている賃貸人は、賃借人が適法に賃借権を譲り渡した場合、賃借人に対し、その受け取った敷金の額から賃貸借に基づいて生じた賃借人の賃貸人に対する金銭債務額を控除した残額を返還することになる。したがって、Ｄに承継されない。

4．権利金

権利金とは、賃借人が支払うもので、一般的に賃貸借終了時にも返還されない金銭と考えられている。

第22節 使用貸借契約（593条～600条）

重要度 マ B 主 B

Introduction

使用貸借契約とは、当事者の一方がある物を引き渡すことを約し、相手方がその受け取った物について無償で使用・収益をして、契約が終了したときに返還をすることを約することによって効力を生ずる契約である（593条）。賃貸借契約と異なって、無償・諾成契約であることが特徴である。

なお、**貸主**は、**書面**による使用貸借を除き、借主が借用物を**受け取るまで**、**契約の解除**ができる（593条の2）。

❶ 貸主の義務

(1) **修繕義務**

無償契約だから、貸主には目的物の**修繕義務がない**。貸主は、単に借主が使用・収益することを許容すれば足りる。

(2) **費用償還義務**

借主は**通常の必要費を負担**しなければならない（595条1項）。つまり、通常の必要費については、貸主には、**償還義務がない**。通常の必要費以外の費用については、貸主に、償還義務がある（同2項・583条2項）。

(3) **引渡義務等**

貸主は、使用貸借の目的物を、その目的として**特定した時の状態で引き渡す**ことを約したものと推定される（596条、551条）。

❷ 借主の義務

(1) **用法に従った使用・収益義務（594条1項）**

借主は、契約またはその目的物の性質によって定まった用法に従い、その物の使用・収益をしなければならない。

(2) **目的物返還義務（593条）**

借主は、使用貸借契約が終了した場合、目的物を**返還**しなければならない。

(3) 原状回復義務（599条3項）

借主は、借用物を受け取った後にこれに生じた**損傷**がある場合、**使用貸借が終了**したときは、その損傷を**原状に復する義務**を負う。ただし、借主の帰責事由によらない損傷については、原状回復義務を負わない。

❸ 第三者の使用収益

借主は、**貸主の承諾**を得なければ、第三者に借用物の使用・収益をさせることができず（594条2項)、借主が**無断で第三者に使用・収益**をさせたときは、貸主は、**契約を解除**できる（同3項)。

❹ 終　了

(1) 期間満了等による終了（597条）

① 期間を定めた場合（597条1項）

使用貸借は、その**期間が満了する**ことによって**終了**する。

② 期間を定めなかった場合（597条2項）

使用・収益の目的を定めたときは、使用貸借は、借主がその目的に従い**使用・収益を終える**ことによって**終了**する。

(2) 使用貸借の解除（598条）

① 貸主の解除権

(ア) 使用・収益の目的を定めた場合

期間の定めがなかった場合、貸主は、その目的に従い借主が**使用・収益をするのに足りる期間を経過**したときは、**契約の解除**ができる（1項)。

(イ) 使用・収益の目的を定めなかった場合

期間の定めがなかった場合、貸主は、**いつでも契約の解除**ができる（2項)。

② 借主の解除権

借主は、**いつでも契約の解除**ができる（3項)。

(3) 借主の死亡による終了（597条3項）

使用貸借は、**借主の死亡**によって終了する。

(4) **損害賠償・費用償還請求権についての期間制限（600条）**

① 契約の本旨に反する使用・収益によって生じた**損害の賠償**および借主が支出した費用の償還は、**貸主が返還を受けた時から1年以内に請求しなければならない**（1項）。

② 損害賠償請求権は、**貸主が返還を受けた時から**1年を経過するまでの間は、**時効の完成はしない**（2項）。

整 理

	使用貸借	賃貸借
性質	**無償**・諾成契約	有償・諾成契約
修繕義務	貸主には目的物**修繕義務なし。**	賃貸人には、原則修繕義務あり。
費用償還義務	**通常の必要費**には、**償還義務なし。**	賃貸人には、償還義務あり。
担保責任等	贈与と同様、貸主は、原則契約時に目的物が特定された時の状態で引渡しすれば責任を負わない。	売主と同様の担保責任を負う。
借用物の返還時期	(1) 期間を定めた場合 **期間満了時**に終了。 (2) 期間を定めなかった場合 ［貸主の解除権］ ① 使用・収益の目的を定めたとき (ア) 借主が目的に従い**使用・収益を終えた時に**終了 (イ) 貸主は、目的に従い借主が**使用・収益をするのに足りる期間を経過**したときに解除ＯＫ ② 使用・収益の目的を定めなかったとき 貸主は**いつでも**解除ＯＫ ［借主の解除権］ 借主は**いつでも**解除ＯＫ	(1) 期間を定めた場合 **期間満了時**に終了。 (2) 期間を定めなかった場合 各当事者は、**いつでも**解除ＯＫ (3) 目的物の全部滅失等 (4) 債務不履行を理由とする解除
借主の死亡	使用貸借は**終了**。	賃借権は相続人に相続。

第2編

区分所有法等

第 1 章

建物の区分所有等に関する法律（区分所有法）

第1節 区分所有建物

重要度 マ 特A 主 特A

Introduction

区分所有関係は、区分所有建物（1つの建物の中に複数の独立した所有権が存在する建物。分譲マンションが代表例）とその建物が所在する土地等である敷地につき、「専有部分」、「共用部分」および「敷地」の3要素から構成され、それぞれ専有部分を目的とする所有権である「区分所有権」、共用部分を共有する「共有持分権」およびその敷地に関する「敷地利用権」の3個の権利から構成されている。

この節では、これらの意味や関係についての理解を深めよう。

❶ 建物の区分所有

マンションやビルの一室などの建物の部分は、独立の所有権の目的にできるが、その要件とは、どういうものなのだろう。

一棟の建物に、壁・床・天井等により構造上「区分」※1された2個以上の数個の部分（**構造上の独立性**※2）で、独立して「住居、店舗、事務所または倉庫」「その他建物としての用途（医院・診療所・教室等）」に供する①ことができるもの（**利用上の独立性**）があるときは、その各部分は、この法律の定めるところにより、それぞれ所有権の目的とすることができる（1条）。原則の考え方として、一棟の建物全体が1個の物であると考え、例外として、以上のような要件があると、一棟の建物の一部が他の部分から独立して所有権の目的になると考えられる。**構造上の独立性**とは、壁・床・天井等によって、他の部分と遮断されていることをいい、ふすまや障子によって仕切られているに過ぎないものは、構造上の独立性があるとはいえない。また、隣室を通行しなければ出入りできないものは、ここでいう**利用上の独立性**があるとはいえない。つまり、独立の出入口があることが必要である。なお、住居としての建物部分に炊事場、便所、洗面所等が欠けていても、共同利便施設の利用で足りれば、これらが内部に存在しなくても、住居としての利用上の独立性を認めることもありえる。

このような独立性のある建物の部分を目的とする所有権を**区分所有権**②といい（2条1項）、区分所有権を有する者のことを**区分所有者**という（同2項）。

※1　**区分**：その範囲が明確であればよく、周囲すべてが完全に壁で遮断されていることを要しない。たとえば、店舗は三方が壁で、一方がシャッターやガラスになっていても、範囲が明確なので、構造上区分されたものといってよい。
※2　**構造上の独立性**：建物部分を他の部分から隔離する設備が存在するか否かがポイントとなる。

先生からのコメント

①トイレなどは構造上区分されていても、独立して取引の対象にならない。
②一棟の建物に構造上区分され、独立して住居としての用途に供することができる数個の部分がある場合、この数個の部分には、法律上当然に各別に1個の区分所有権が成立するのではなく、**区分所有する意思が必要**である。

❷ 専有部分（2条3項）

一棟の建物は、**「専有部分」**と**「共用部分」**で構成されている。このうち、専有部分③とは、1条の規定どおり構造上・利用上の独立性があり、**区分所有権の目的となる建物の部分**のことをいい、たとえば、何号室という部屋の部分で、言葉のとおり自分だけが使える場所である。この専有部分に、共用部分に属する共用設備（電気・水道パイプ等）があってもよい（判例）。また、一戸の専有部分を、複数の区分所有者で共有することもできる④。

先生からのコメント

③専有部分の範囲について、判例等でも分かれているが、一般的に壁の上塗り部分までは専有部分であり、その壁の内部は共用部分と考えられている。詳細は、「規約」で決められることが多い。
④一棟の建物における複数の専有部分の全部を最初に1人で所有する場合でも、各専有部分を区分所有権の目的とすることができる。

❸ 共用部分（2条4項）

共用部分とは、①「**専有部分以外の建物の部分**[⑤]（法定・規約共用部分）」、②「**専有部分に属しない建物の附属物**」（**法定共用部分**）および③「規約により**共用部分**とされた附属の建物（物置・集会所など）」（**規約共用部分**）をいう。

1．法定共用部分[⑥]（4条1項）

数個の専有部分に通ずる廊下、または階段室その他構造上区分所有者の全員またはその一部の共用に供されるべき建物の部分は、区分所有権の目的とならない。よって、この部分を**規約により専有部分とすることもできない**[⑦]。

【例】①　建物の基本的構造部分（判例）

建物全体を維持するために必要な支柱、耐力壁、屋根、外壁等をいう。

②　建物の附属物

建物に附属し、効用上その建物と不可分の関係にあるもので、エレベーター設備、電気設備、消防用設備、電話・ガス・水道等の配線・配管、テレビ受信施設、冷暖房施設等。

先生からのコメント

⑤専有部分以外の建物の部分は、**必ず共用部分**となる。

⑥法定共用部分の考え方：

（ア）区分所有者の**共用に供されうる状態**にあれば足り、現実に共用に供されていなくてもよい。

（イ）**管理者が管理所有者となる場合を除いて**、区分所有者以外の者を共用部分の所有者と定めることはできない。

（ウ）規約で定めれば、各共有者のその用方（用法）に従った使用について、一定の制限はできるが、禁止はできない。

（エ）規約で定めれば、特定の区分所有者または区分所有者以外の者が**排他的に使用**できる。

⑦もし、**法定共用部分を専有部分**とする場合（独立性を満たしている）には、これについて、その**共有者全員の同意**が必要である。

【例】共用部分の廊下の一部を改造して専有部分にする。

2．規約共用部分（4条2項）

専有部分となりうる建物の部分・附属の建物は、区分所有者の**規約によって共用部分とすることができる**が、この規約によって共用部分とされた部分のことをいう。たとえば、集会室や管理人室（管理人が居宅として使用し、あわせて管理事務を行っている部分）等のように、本来**専有部分となりうる空間を規約により共用部分とすることもできる**し、規約を変更することにより、**規約による共用部分を専有部分とすることもできる**（31条1項）。また、規約共用部分とする場合には、その旨を登記しなければ、第三者に対抗できない。

3．共用部分の権利関係⑧

共用部分は、法定共用部分か規約共用部分かを問わず、**区分所有者全員の共有に属する**（11条1項本文）。ただし、一部の区分所有者のみの共用に供されるべきことが明らかな共用部分（以下「**一部共用部分**」⑨という）は、これを**共用すべき区分所有者の共有に属する**（同1項ただし書）。これらは、規約で別段の定めもできる⑩が、原則として、区分所有者以外の者を共用部分の所有者と定めることはできない（同2項）。

例外として、管理者が共用部分を所有できる旨（27条1項）を規約で特別に定めることはできる。つまり、区分所有者以外の者が管理者となっていれば、これに該当する。

先生からの**コメント**

⑧「共用部分の共有」関係については、民法の共有に関する規定の適用を排除し、区分所有法13条～19条の規定による（12条）。たとえば､民法では共有者は、共有物の分割請求をすることができるが、共用部分の共有者は、原則として共用部分の分割請求ができない。

⑨ＡＢＣＤ居住の一棟のマンションに、2つのエレベーター甲・乙があった場合で、ＡＢは甲のみ、ＣＤは乙のみを使用する構造になっていれば、どちらも一部共用部分となる。よって、甲エレベーターはＡＢの共有、乙エレベーターはＣＤの共有となる。

⑩たとえば、①「区分所有者全員の共用部分を一部区分所有者の共有」や②「一部共用部分を区分所有者全員の共有」とすることができる。ただし、②の場合で、一部共用部分の区分所有者の権利に**特別の影響を及ぼす**べきときは、その者の**承諾**が必要となる（31条１項後段）。

(1) 使　用（13条）	法定共用部分		共用部分の構造・位置等から定まり、用方に従って使用（数個の専有部分に通じる廊下について、各共有者は、基本的に、通行のためにだけ使用し、物品を置いてはいけない等）[11]。
	規約共用部分		**規約の内容**によって定まり、用方に従って使用（規約で定めた使用目的等に従う）[11]。
(2) 持分の割合（14条）	全体共用部分	原則	**各共有者の持分**は、その有する**専有部分の床面積の割合**による（同１項）。
		例外	**規約で別段の定め**ができる（同４項）。 たとえば、各区分所有者の共有持分の割合自体を定めるなど。
	一部共用部分	原則	**床面積を有する**もの（階段室・廊下・エレベーター室など）があるときは、その一部共用部分の床面積は、これを共用すべき各区分所有者の**専有部分の床面積の割合により配分**して、それぞれその区分所有者の**専有部分の床面積に算入**して計算する（同２項）。 ＊ 出入口・掲示板などのように、床面積を有しないものもある。
		例外	**規約で別段の定め**ができる（同４項）。
	１項・２項でいう（専有部分）床面積の算定方法	原則	床面積は、壁その他の区画の**内側線**で囲まれた部分の水平投影面積による（同３項）。つまり、壁の厚みは床面積に含まれない。
		例外	**規約で別段の定め**ができる（同４項）。 たとえば、「壁心計算」にするなど。

先生からのコメント

⑪各共有者は共有物について**持分に応じた使用**ができる（民法249条）。しかし、区分所有建物の共用部分については、この考え方は適当でない。たとえば、エレベーターの使用頻度が、共用部分の共有持分に応じて異なることは問題がある。よって、「その用方に従って」使用と表現している。

ケーススタディ　1

【一部共用部分の床面積の按分加算による算出方法】

区分所有者Ａ、Ｂ、Ｃの各専有部分の床面積が、次のとおりであった。また、Ａ、Ｂのみが共用する一部共用部分があり、その床面積が20㎡であったとする。

区分所有者	各専有部分の床面積	一部共用部分
Ａ	40㎡	20㎡
Ｂ	60㎡	
Ｃ	120㎡	――

この場合における各区分所有者の床面積は、いくらになるのであろうか。

① 一部共用部分の床面積20㎡をＡ、Ｂの各専有部分の床面積の比率で配分して計算する。

$$A = 20\,\text{m}^2 \times \frac{40\,\text{m}^2}{40\,\text{m}^2 + 60\,\text{m}^2} = 8\,\text{m}^2$$

$$B = 20\,\text{m}^2 \times \frac{60\,\text{m}^2}{40\,\text{m}^2 + 60\,\text{m}^2} = 12\,\text{m}^2$$

② Ａ、Ｂの一部共用部分の床面積をＡ、Ｂ各専有部分の床面積に加算する。

Ａ：　40㎡＋　8㎡＝　48㎡

Ｂ：　60㎡＋12㎡＝　72㎡

Ｃ：120㎡＋　0㎡＝120㎡

よって、区分所有者Ａ、Ｂ、Ｃの床面積は、次のとおりとなる。

区分所有者	各区分所有者の床面積	共用部分の共有持分の割合
Ａ	48㎡	2/10
Ｂ	72㎡	3/10
Ｃ	120㎡	5/10

(3) 共用部分持分の分離処分の禁止（15条）

共用部分の共有者の持分の処分（同１項）	専有部分が処分（専有部分の譲渡、抵当権の設定など）された場合は、それに伴い、その共用部分上の持分も処分される。強行規定であり、別段の定めは存在しない。	
分離処分の禁止（同２項）	原則	**共用部分の持分**は、**専有部分と分離して処分できない**。単独では処分できない。よって、共用部分共有持分のみの譲渡や抵当権の設定等は許されない。
	例外	**法律に別段の定め**がある場合⑫はできる。

先生からのコメント

⑫「規約で共用部分を**特定の区分所有者や管理者の所有**とした」場合や「規約の設定・変更で、**共有持分の割合を変更**した」場合が考えられる。

(4) 一部共用部分の管理（16条）

ここでは、この管理を誰が行うかを規定している。

原則	一部共用部分を**共用すべき区分所有者のみ**で管理する。	
例外	区分所有者**全員**で管理する。	①　区分所有者**全員の利害**に関係する場合（一部共用部分の外装が建物**全体の美観に影響を及ぼす**ような場合等） ②　**規約**により、**区分所有者全員**で一部共用部分の管理を行うとしている場合（**修繕を行うケース等**）

(5) 共用部分の管理等（17条・18条）

区分所有者全員の共有に属する共用部分の管理方法については、次のような規定がある。

<table>
<tr><th colspan="2">行　為</th><th>内　容　等</th><th>要　　件</th></tr>
<tr><td colspan="2">保存行為※1⑬</td><td>物の現在の状態を維持する行為
①エレベーターの保守
②損壊した窓ガラスの修繕などの小修繕
③廊下等の掃除　等</td><td>各区分所有者が単独でできる（18条1項ただし書）。規約で別段の定めＯＫ
【例】管理者がする。</td></tr>
<tr><td colspan="2">管理行為※2⑬⑭</td><td>①損害保険契約（みなされる）
②夜間灯の設置
③共用部分である車庫を賃貸し、賃料を得る　等
＊　①について、狭義の管理に関する事項とみなすのであり、規約でこの事項と異なる定めは不可。</td><td rowspan="2">区分所有者および議決権の各過半数による集会の決議（18条1項）。規約で別段の定めＯＫ
【例】厳格化することは可能と解されている。</td></tr>
<tr><td rowspan="2">変更行為※3</td><td>①⑬軽微変更</td><td>その形状※4または効用※5の著しい変更を伴わない変更
・掲示板の変更
・手すりの塗装工事　等</td></tr>
<tr><td>②重大変更</td><td>①以外の変更行為⑭
（ア）形状の著しい変更
・階段を壊しエレベーターを設置、倉庫・車庫等附属建物の増改築等
（イ）効用の著しい変更
・共用部分である集会室を賃貸店舗にする　等</td><td>区分所有者および議決権の各3/4以上による集会の決議。ただし、「区分所有者の定数」のみ⑮、規約で過半数まで減じてよい（17条1項）</td></tr>
</table>

※1　**保存行為**：共用部分を維持する行為をいう。緊急を要するものや、軽度の維持行為。
※2　**管理行為**：保存・変更行為を除いたもので、「狭義の管理事項」をいう。
※3　**変更行為**：共用部分の用途を確定的に変えること。
※4　**形状**：外観または構造のこと。
※5　**効用**：機能や用途のこと。

先生からの**コメント**

⑬強行規定ではないので、**規約で別段の定め**ができる。
⑭共用部分の管理・変更が専有部分の使用に**特別の影響を及ぼす**ときは、その専有部分の所有者の**承諾**を得なければならない。
⑮「区分所有者の定数」についてだけ例外を認めた理由は、「共用部分の変更については、共用部分共有持分の大きさを考慮する必要性がある」からである。たとえば、床面積の等しい100の専有部分のうち、75をAが所有し、残りの25を他の区分所有者が所有する場合、区分所有者の定数（頭数）の3/4以上を必ず要求することとすると、Aが変更したいと思っても、区分所有者の定数が満たされず否決されることもありうる。これは、Aのように議決権の3/4以上を有する区分所有者がいる場合、この者の意見が反映されにくい結果となり多数決の原理に反するため、規約で区分所有者の定数のみ過半数まで減じることができるとしたのである。

(6) 共用部分の負担・利益収取（19条）

① 内　容

共用部分の負担	共用部分の維持管理に必要な費用および**区分所有者**※**が各自支払う**こととされている諸費用 【例】**修繕積立金・管理費**等
利　益　収　取	共用部分を使用させることにより得られる利益 【例】駐車場・広告塔等の賃貸収益金等

※　**管理費の支払義務**を負っているのは**区分所有者**である。賃貸借契約の内容に管理組合に対する管理費を賃借人が支払う旨の条項があっても、それにより、管理組合に対する区分所有者としての管理支払義務がなくなるわけではない。

② 割　合

原則	**持分**（専有部分の床面積の割合）**に応じて**※1共用部分に関する**費用を負担し**※2、**利益があったときは持分に応じて**※1**収取**する。
例外	**規約で別段の定め**※3ができる。

※1　「使用頻度」ではないので注意。
※2　民法では、共有者が管理費用等の共有物の負担義務を履行しないときは、他の共有者は相当の償金を払い、その者の持分を取得できる旨を規定している（民法253条2項）が、区分所有法では適用していない（区分所有法12条）。

※3　たとえば、これらの割合をその共用部分共有持分とは異なる仕方で定めることができる。
（ア）持分の割合を変えるという定め
（イ）持分以外の基準で決めるという定め

なお、建物の敷地または共用部分以外の附属施設（これらに関する権利を含む）が区分所有者の共有に属する場合、前記（5）（6）〈17～19条の規定〉は、その敷地または附属施設にも準用される（21条）。

(7) 管理所有者の権限（20条）

① 義　務

規約で共用部分の所有者※1**と定められた区分所有者**は、区分所有者全員（一部共用部分については、これを共用すべき区分所有者）のために、その**共用部分を管理する義務**※2**を負う**（同1項前段）。

※1　管理所有者がもつ所有権は、使用・収益・処分からなる通常の所有権とは異なる。
※2　管理所有者は、対外的には所有権者であるが、実質的には共用部分の管理を委ねられているにすぎない。

② 権　利

これに伴う**「相当な管理費用」**※1・2は、それらの**区分所有者に対し、請求**することができる（同1項後段）。

※1　実際に管理に要した費用ではなく、管理行為について一般に必要とされる費用をいう。
※2　民法の委任に関する規定が準用されるので、受任者である管理所有者は、特約がないと報酬請求はできない。

③ 管理義務の範囲

この共用部分の所有者は、**共用部分の変更（重大な変更）**※**をすることができない**（同2項）。

※　重大な変更は、あくまでも特別決議による。なぜなら、仮に規約により管理所有者に共用部分の変更権限を付与できるとすると、これにより、本来集会で決めるという原則が意味のない結果となるからである。

❹ 先取特権（７条）

(1) 区分所有者は、次の①または②について、債務者の「不動産」である区分所有権（共用部分に関する権利および敷地利用権を含む）および建物に備えつけた「動産」（建物使用に関連し常置させた畳・建具等）の上に、先取特権を有する。これらは、一般の債権以上に強い保護が必要となる。

> ① **共用部分、建物の敷地または「共用部分以外の建物の附属施設」**[※1]につき、**他の区分所有者に対して有する債権**
> （ア）特定の区分所有者が、共用部分等について、他の区分所有者が負担すべき債務（管理費用、公租公課、地代等）を立替えて支払った場合の債権（立替金償還債権）
> （イ）共用部分等について、特定の区分所有者がなした不法行為に他の区分所有者が自己の持分に基づいて有する損害賠償請求権
> ② **規約または集会の決議**に基づき、**他の区分所有者に対して有する債権**[※2]

管理者または管理組合法人が、その**職務または業務を行う**につき、**区分所有者に対して有する債権**についても同様に先取特権を有する。

この先取特権は、民事執行の手続に従い実行されることになり、その優先権の**順位**および**効力**については、**共益費用の先取特権**⑯⑰とみなされる。

※1　**共用部分以外の建物の附属施設**：共用部分以外の**「建物の附属物」・「附属の建物」**をいう。「建物の附属物」は、専有部分に属するものを除き法定共用部分であり、「附属の建物」は規約で共用部分とされたものが共用部分であるので、「共用部分」と重複しないようこのように表現されている。

※2　**他の区分所有者に対して有する債権**：規約や集会の決議で、各区分所有者が負担すべき**管理費・修繕積立金・組合費**等について定めた場合の支払請求権をいう。

先生からのコメント

⑯**先取特権**とは、法律に規定された特殊な債権を有する者が、他の債権者より優先して、債務者の財産から支払いを受ける権利であるが、**共益費用**とは、対象物を保存等するために出した諸費用のことであり、これは、他の債権者のためにもなるものである。たとえば、管理者が管理組合に対して報酬債権を有する場合でも、この先取特権によって担保されない。

実行にあたり、まず建物に備え付けた動産について弁済を受け、債権の満足が得られないと、不動産である区分所有権から弁済を受けることになる。

　不動産における「抵当権との優劣」について、抵当権が未登記なら、この先取特権が未登記でも抵当権に優先するが、抵当権に登記があり、この先取特権が未登記なら、抵当権が優先する。また両者に登記があれば、登記の前後で優劣が決まる。

⑰区分所有法の先取特権は、優先権の**「順位（他の一般の先取特権に優先するが、特別の先取特権に劣後）・効力」**については、「**民法**の共益費用」とみなされる。**「目的物」**については、それから除外される。区分所有法の先取特権は、**「債務者の区分所有権（共用部分に関する権利および敷地利用権を含む）および建物に備え付けた動産」**のみを対象とする。これに対して、**民法**の共益費用の先取特権は、**「債務者の総財産」**を対象とする（民法306条1号）。

(2) 上記の**債権を有する者**は、債務者たる区分所有者の**特定承継人**（売買等により権利義務の一部を承継する者）に対してもその権利を行使できる（8条）。

❺ 建物の設置または保存の瑕疵※1に関する推定（9条）

本来、瑕疵により賠償請求できる者は、請求にあたり、その瑕疵の存在場所や賠償義務者を特定しなければならないが、その欠陥部分がなかなか特定できないことが多い。また、瑕疵の存在場所が明らかでも、それが専有部分なのか共用部分なのかが不明な場合もある。

そこで、「建物の設置または保存に瑕疵」があることにより他人に損害が生じたときは、その瑕疵は、**共用部分の設置または保存にあるものと推定**される。区分所有法では、必ずしも瑕疵の存する部分を特定する必要もないし、「設置の瑕疵」か「保存の瑕疵」かを明らかにしなくてもよい。

区分所有建物の瑕疵によって「他人」※2に損害が生じた場合、次のように分類して考える。

※1「設置の瑕疵」とは、瑕疵が建物の建設当時から存在する場合で、「保存の瑕疵」とは、その後の維持管理において生じた場合である。しかし、両方を分ける実益はない。

※2　民法717条および区分所有法9条の「他人」とは、土地工作物の占有者・所有者以外の者であるが、たとえば、マンションの水漏れで「特定の専有部分の区分所有者」に損害を生じた場合も、この「他人」に含まれる。

民法（717条1項）	専有部分の瑕疵による場合	**当該専有部分の区分所有者または占有者が賠償責任を負う。** ＊　区分所有建物以外の建物においては、瑕疵が建物のどの部分に存するか明らかにされなくても、その瑕疵によって損害が立証されれば、被害者はその建物の占有者や所有者にその損害賠償を請求できる。
	共用部分の瑕疵による場合	**区分所有者全員（共用部分の所有者または占有者）で賠償責任を負う。**
区分所有法（9条）	瑕疵が不明の場合	**共用部分に瑕疵があるものと「推定」され、区分所有者全員で賠償責任を負う**＊1・2。 ＊1　専有部分の範囲については、その上塗り部分（内装的部分）のみが専有部分であるという考え方が有力であり、この考え方に立てば、大半は共用部分に属すると考えられる。よって、このような推定が相当と考えられる。 ＊2　当該瑕疵が特定の専有部分の設置または保存にあることを立証しない限り、責任を免れることはできない。

❻ 区分所有権売渡請求権（10条）

敷地利用権を有しない区分所有者（賃料滞納により、土地賃貸借契約を解除された区分所有者・専有部分と敷地利用権の分離処分が可能であり、分離処分がなされた等）があるときは、「その専有部分の収去を請求する権利を有する者（敷地利用権のみの譲渡を受けた者・賃貸人など）」は、その区分所有者に対し、**「区分所有権」**⑱**を時価で売り渡すべきことを請求**できる。この請求権が行使されると、売買契約が成立したことになる（形成権）。

先生からのコメント

⑱法律上は、区分所有者による「敷地利用権」の買取請求権ではない。もっとも、当事者間の合意でこのような請求権を認めることは不可能ではないだろう。

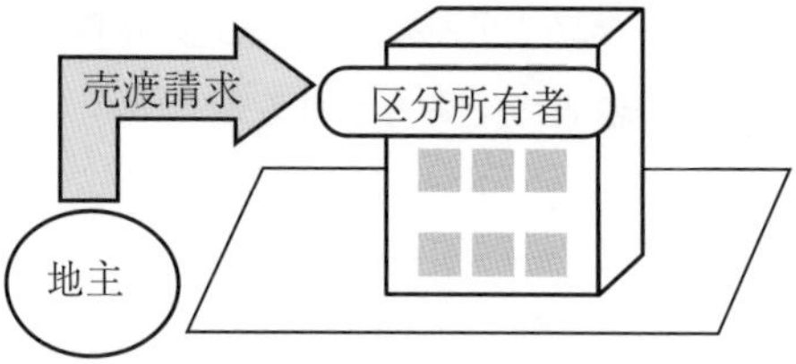

⑦ 敷地・敷地利用権

1．敷　地

法　定　敷　地	**建物が物理的に所在する土地** ＊　区分所有者等の意思とは無関係に、法律上当然に建物の敷地となる。
規　約　敷　地（5条1項）	**規約で建物の敷地とされた土地** ＊　道路を隔てて存する駐車場も可能である。
みなし規約敷地（5条2項）	**建物の一部の滅失や土地の一部の分割等により、当然に規約敷地とみなされる土地**

2．みなし規約敷地（5条2項）

(1) **法定敷地**（A・B土地）が、**建物の一部の滅失**により、**法定敷地でなくなった**ときでも、その土地（B土地）は、**規約敷地とみなされる**⑲。

先生からのコメント

⑲もし建物の敷地でなくなると、敷地利用権に対する持分の処分が可能となってしまい、復旧や建替えが困難となってしまうからである。

建物の一部滅失

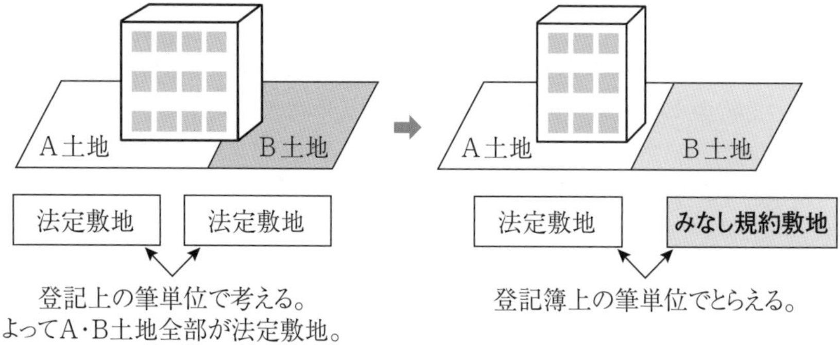

(2) **法定敷地**（A土地）**の一部**が、**分割**により、**法定敷地以外の土地となった**ときも、その土地（B土地）は、**規約敷地とみなされる**[20]。

先生からのコメント

⑳法定敷地の一部分割をした場合、そこが敷地でないとすると分割後に専有部分を譲り受けた者は、分割された土地の共有持分を取得できないという不都合が生じるからである。

法定敷地の一部分割

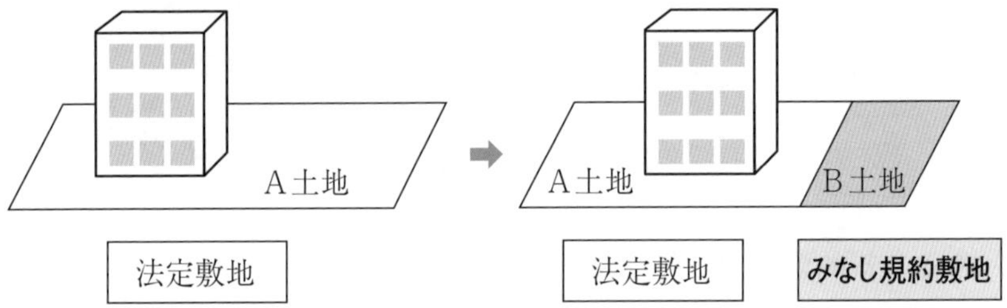

3．敷地利用権（2条6項）

専有部分を所有するための建物の敷地に関する権利のことを、**「敷地利用権」**という。この敷地を利用する権利には、所有権、借地権[21][22]（地上権および賃借権）、使用借権等がある。

先生からのコメント

㉑各区分所有者が同一の土地に対する別個の借地契約を締結することにより、区分所有者全員による１つの「借地権の**準共有**」が生じる。

㉒借地契約を**解除**された区分所有者は、敷地利用権に関する**準共有持分を失う**ので（545条１項）、敷地利用権を有しない区分所有者となる。

分離処分の禁止 （22条1項）	原則	**敷地利用権**（共有・準共有のもの）は、**専有部分と分離して処分**（譲渡・抵当権の設定等）**できない。**
	例外	**規約で別段の定め**ができる。 【例】敷地利用権について、規約に分離処分を認める別段の定めがあれば、先取特権の対象から除かれる。
各専有部分に係る敷地利用権の割合 （22条2項）	原則	区分所有者が**数個の専有部分を所有する**ときは、各専有部分についての敷地利用権の割合は、**専有部分の床面積の割合**による[23]。
	例外	**規約でこの割合と異なる割合が定められている**ときは、その割合による。
分離処分の無効主張の制限（23条）	原則	専有部分のみまたは敷地利用権のみを譲り受ける者が出現する事態に対処するため、分離処分の禁止に違反する**専有部分または敷地利用権の処分**については**無効**。ただし、善意の第三者[24]**には主張できない。**
	例外	分離して処分することができない**専有部分および敷地利用権であることを登記**していた場合は、**主張できる。**なぜなら、敷地権の登記があれば、分離処分禁止について知らずに取引したという言い訳は通じないからである。
民法255条（持分の帰属）の適用除外 （24条）	分離処分の禁止がなされている場合、**敷地利用権**は、次のときでも**他の共有者に帰属しない。** ①　共有者の1人が持分を放棄したとき ②　相続人なくして死亡したとき	

先生からのコメント

㉓この規定に対し、「敷地の共有持分割合」については、区分所有法上、直接定める規定はない。通常は分譲契約で定められる。この場合、共用部分の共有持分と一致させる必要はない。また、これらで定められていないときは、民法の共有の規定により、各共有者（区分所有者）の持分は相等しいものと推定される（民法250条）。

㉔「善意の第三者」とは、ある事実について知らない当事者以外の関係者をさしているが、たとえば、分離して処分できる旨の定めが廃止されたことを知らなかった者等をいい、分離処分の禁止が定められていることを知らないという法の不知は含まれない。

Step Up　民法 255 条の適用除外

1．土地を共有とする一戸建ての場合

（1）建物単独所有

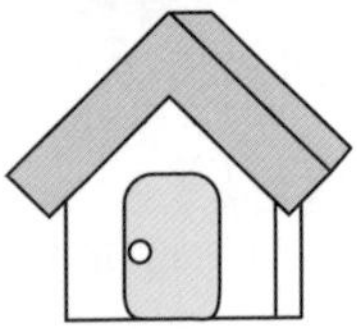

➡

①　所有権を放棄した。
②　相続人なくして死亡した。

国庫または特別縁故者に帰属する。

（2）土地共有

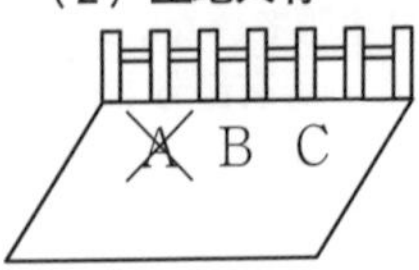

➡

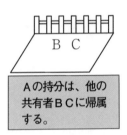

①　共有者の１人が持分を放棄した。
②　相続人なくして死亡した。

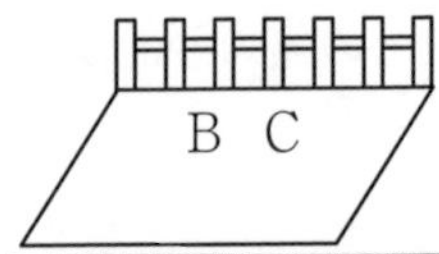

Ａの持分は、他の共有者ＢＣに帰属する。

2．マンション等の場合

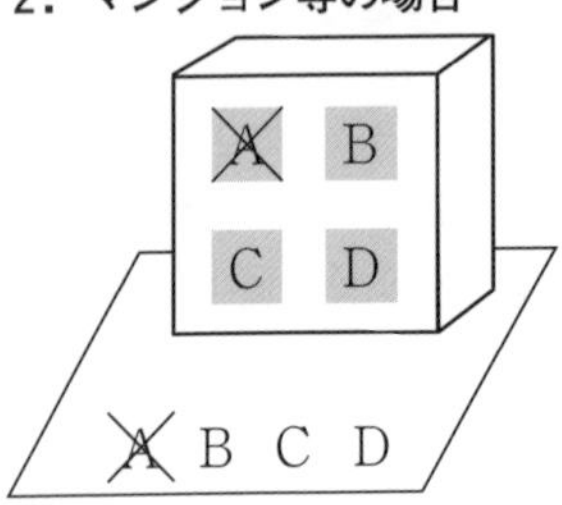

➡

①　専有部分・敷地利用権を放棄した。
②　相続人なくして死亡した。

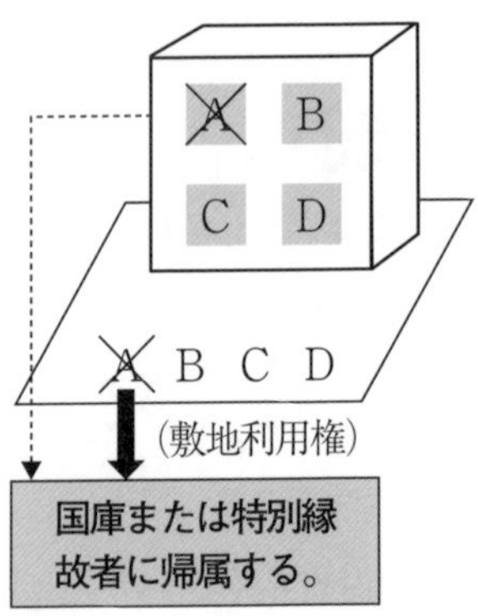

国庫または特別縁故者に帰属する。

専有部分と敷地利用権の権利者が分かれる結果となれば、区分所有法でいう「専有部分と敷地利用権の一体性」から適当でなくなる。

４．敷地権

登記した敷地利用権で、**分離処分ができない**もののことを、不動産登記法で特に**敷地権**という。

整理　用語の定義のまとめ

用語	定義
区分所有権	構造上・利用上独立した各住戸部分などの建物の部分を目的とする所有権をいう。
区分所有者	区分所有権の所有者をいう。
専有部分	一棟の建物に構造上区分された数個の部分を独立して住居、店舗、事務所または倉庫その他の建物としての用途に供することができる部分
共用部分	①　**法定共用部分（登記不可）** （ア）共用部分である建物の部分 （イ）共用部分としての建物の附属物 ②　**規約共用部分（第三者に対抗するには登記が必要）**
占有者	区分所有権者以外の専有部分の占有者【例】賃借人
敷地利用権	専有部分を所有するための建物の敷地に関する権利 【例】所有権、地上権、賃借権等
敷地権	**敷地利用権のうち登記された権利で、専有部分と一体化された権利** 【例】所有権、地上権、賃借権

【例】専有部分 301 号室の区分所有者の持つ権利

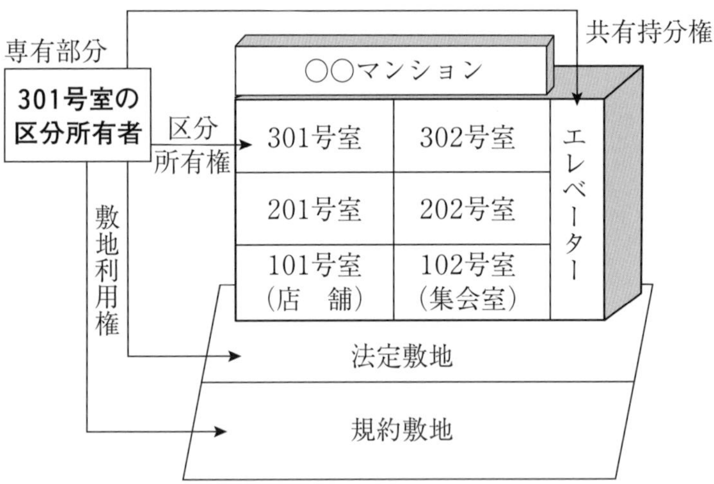

専有部分 301 号室の区分所有者は、301 号室に「区分所有権」、エレベーターに「共有持分権」、法定・規約敷地に「敷地利用権」を有している。

第2節 管理者・管理組合法人

重要度 マ 特A 主 特A

Introduction

区分所有建物では、共用部分、敷地および附属施設の保存・管理に関する行為で共同の利益に関するものは、原則として区分所有者全員が共同で行うことになるが、常時その保存・管理を行うべき者（管理者）を定めることができることになっている。この者は、その管理組合の業務執行者として位置づけることができるのである。

この節では「管理者」、「管理組合」そして管理組合が法人化した「管理組合法人」について学習することになる。

❶ 管理者

そもそも共用部分等の管理を行うのは、区分所有者全員であるが、実際に全員で共同して行うのは困難である。そこで、管理を円滑に行うためには、特定の者に権限を与えて管理を行わせるのがよい。

「管理者」とは、本法の規定により、**建物の保存・管理を行うために選任**され、その**就任を承諾した者**である。

【管理者の権限等】

(1) **管理者の選任・解任（25条）**

管理者[①]は、**「規約に別段の定めがなければ」**[②]、区分所有者および議決権の各過半数による**「集会の決議」によって選任・解任**される（同1項）。つまり、区分所有者は、管理者を選任でき、期間の中途でも解任できる。**管理者の選任は任意**であるので、あまりに区分所有者が少なければ、管理者を置く必要がない。また、管理者は、「集会の決議」や「規約の変更手続き」を必要とせずに自由に辞任できる。

先生からのコメント

①「管理人」とは別だ。管理人は、受付･清掃･照明器具取替え等の業務を行うが、「管理者」のように本法の規定は適用されない。

②**規約に別段の定めを置けば**、「集会の決議によらず、**理事会で行う**」とすることもできる。また、「規約で**特定の者を管理者と定める**場合」、「規約で**選出方法を定める**場合」が考えられる。

もし、**管理者に「不正な行為」**※１その他その**「職務を行うに適しない事情」**※２**がある**場合、**各区分所有者**（単独）は、裁判所にその**解任を請求できる**（同２項）。たとえ、管理者の解任の議案が、**集会で否決されたとしてもできる。**

なお、**管理者には、資格制限がない**ので、**区分所有者以外の者からでも選任**できる。また、**個人・法人いずれでもよい**し、**１人に限らず、複数でもよい。**

複数の場合、**それぞれが単独で行為**ができるが、その管理者間の権限や職務の分担等については、集会の決議、または規約で定めることになる。

※１　**不正な行為：**管理者の善管注意義務に違反し、区分所有者の全部または一部に損害をこうむらせる故意による行為。

※２　**職務を行うに適しない事情：**管理者の病気や長期不在など。

(2) **管理者の職務権限（26条）**

①　**管理者**は、「共用部分や区分所有者全員の共有に属する敷地および附属施設を**保存**③（これらの滅失・損傷を防止して現状の維持を図る）」し、**「集会の決議を実行**④**」**し、「規約で定めた行為」をすることについて**権利および義務を負う**（同１項）。

先生からのコメント

③たとえば、エレベーターの点検・階段室等の破損個所の小修繕等をいい、各区分所有者もできるし管理者もできる。

④たとえば、共用部分の清掃のために人を雇うことが集会の決議で決められれば、管理者は、被用者を決め雇用契約を結ぶことができる。

②　**管理者**は、上記①の職務に関し、**区分所有者全員を代理**する⑤。共用部分についての損害保険契約に基づく保険金額ならびに共用部分等について生じた損害賠償金および不当利得による返還金の請求および受領も同様である（同2項）。

先生からの
コメント

⑤管理者の代理権について
（ア）管理者は、区分所有者の「団体」を代理・代表するものではない。
（イ）管理者は、区分所有者の代理人として法律行為を行い、この法律行為の効果は区分所有者の全員に帰属する。
（ウ）管理者は、代理行為の際、「管理組合等」の名を示す必要がある。

③　**訴訟追行権**

訴訟に際し、区分所有者全員の名で行うことは、なかなか大変であろう。そこで管理者は、**「規約または集会の決議」**により、上記①および②（保険金・共用部分等についての損害賠償金・不当利得による返還金の請求・受領）の職務に関して区分所有者のために、**原告または被告となる**ことができる（同4項）。ただし、管理者の地位にあれば、当然、その訴訟追行権をもつわけではない。また、**「規約または集会の決議」**によれば、**管理者以外の者を訴訟追行者とする**ことができる。

規約**により原告または被告となったとき**は、遅滞なく、区分所有者にその旨を通知しなければならない（同5項）。つまり、いつ原告・被告になったかを明らかにする必要がある。

Step Up　管理者の訴訟追行について

（ア）管理者は**区分所有者全員**のために訴訟を追行するのであり、「区分所有者のうちの一部の者」のためではない。ただし、管理費の滞納者に支払請求する場合、その者は除外される。また、「管理組合」のためでもない。

（イ）【例】管理者が区分所有者を代理して締結した契約上の債務の履行を求める訴え
・損害保険金請求訴訟
・共用部分等の補修等の工事の不履行に基づく損害賠償請求訴訟
・共用部分の不法占拠者に対する明渡し請求訴訟

・管理費の支払い請求訴訟
・金銭債権とされる瑕疵担保責任に基づく損害賠償請求訴訟
・不当利得返還請求訴訟　等

（ウ）管理者が**自己の名で訴訟当事者**になることで、区分所有者の代理人となるのではない。

（3）管理者の行為の効果（26条3項）

管理者がその職務の範囲内で第三者とした行為の効果は、**区分所有者に帰属**することになる。**規約で管理者の代理権に制限**行使できる事項・範囲・行使方法等についての制限**を加えた**場合であっても、これを**善意の第三者**に**対抗できない**⑥。

先生からのコメント

⑥「善意の第三者」とは、区分所有者以外の者で、その制限について知らず、その制限によって利益を害される者をいい、この者に対し、たとえば、集会の決議で、「特定の共用部分について管理者は代理権を有しない」と決めても、対抗できない。

（4）管理所有（27条）

共用部分については、原則として区分所有者全員の共有とされるし、一部区分所有者のみの共用に供されるべきことが明らかな共用部分については、これを共用すべき区分所有者の共有とされるが、これら共用部分の所有関係は、規約で別段の定めができ、区分所有者のうち、特定の者を所有者と定めることができる。

つまり、**管理者**⑦は、**規約に特別の定め**があるときは、**共用部分**⑧**を単独所有する**ことができる（同1項）。

規約で共用部分の所有者と定められた区分所有者または管理者のことを管理所有者というが、この管理所有者は、管理に必要な範囲内⑨でしか所有権の行使ができない⑩。

規約の特別の定めにより共用部分を所有する管理者は、共用部分を保存、改良するため**必要な範囲内**において、他の区分所有者の**専有部分**または**自己の所有に属しない共用部分の使用を請求**できる（同2項、6条2項）。

先生からのコメント

⑦管理者となる者は、区分所有者か区分所有者以外の者かを問わない。管理者でない区分所有者以外の者を所有者と定めることはできない。

⑧**「敷地」「共用部分以外の附属施設」**については、**管理者を所有者と定めることはできない**ので注意しよう。

⑨管理のための所有であるから、譲渡・担保権設定は含まれず、賃貸も原則制限される。

⑩たとえば、共用部分を管理者が所有する旨は、規約で定められたことにより公示され、移転登記はされない。

(5) **管理者の行為による区分所有者の責任等（29条）**

管理者が、職務の範囲内で、第三者との間にした行為⑪につき、区分所有者がその責に任ずべき割合⑫（同１項）	原則	専有部分の床面積の割合による。
	例外	**規約で**、管理に関する経費につき、**負担の割合が定められている**ときは、**その割合**による⑬
特定承継人の責任（同２項）		第三者が、区分所有者に対して有する債権は、**前区分所有者と**共に**その特定承継人に対しても行う**ことができる。

先生からのコメント

⑪たとえば、エレベーター等の共用部分の修繕のために区分所有者を代理して修繕業者と請負契約を締結するなどである。これに対し、「管理者の職務の範囲外の行為」については、区分所有者は、第三者に対し責任を負わない。たとえば、「管理者が、集会の決議に基づかずに階段室をエレベーター室に改造するため請負業者との間で契約するなどの共用部分の変更を行った」場合等である。ただし、「管理者の職務権限が消滅しているにもかかわらず取引を行った場合で、管理者と取引をした第三者が善意・無過失」なら、区分所有者が責任を負うことになる（民法110条、112条）。

⑫管理者は、その職務に関して区分所有者を代理するので、その効果は各区分所有者に、共用部分の持分の割合に応じて帰属する。

⑬分譲マンションでは、規約により定めることが多い。たとえば規約により金額をもって定めることになっていれば、その金額を各区分所有者の割合に引き直したものが、区分所有者の責任の割合となる。

Step Up　委任の規定の準用（28条）

この**法律**および**規約に定める**もののほか、管理者の権利義務は、**委任に関する規定に従う。**

【例①】管理者が、死亡・破産手続開始の決定・後見開始の審判を受けると、委任契約は終了する（民法653条）。

【例②】管理者には、善管注意義務があり、違反した場合、法的な責任を問われる（民法644条、415条）。管理者の責に帰すべき事由がない場合には、法的責任を負う必要がない。

【例③】任期途中の管理者を集会によって解任するためには、正当事由の存在を必要としない。なぜなら、民法上、委任は各当事者がいつでも解除できるからである（民法651条1項）。

【例④】管理者が訴訟等に「要する費用」・「要した費用」は、弁護士費用を含めて、各区分所有者に対し、「前払い」・「償還」請求できる。

❷ 管理組合

区分所有者は、**全員**で、建物、その敷地、附属施設の管理を行うための団体（以下管理組合という）を構成[14]し、この法律の定めるところにより、**集会を開き、規約を定め、管理者を置くことができる。「一部共用部分」**をそれらの**区分所有者が管理するときも、同様**である（3条）。

この団体は、法人化されないとそのものの名義の登録が認められないなど、実務上不都合が残る。

先生からのコメント

⑭団体でありながら、法律上の主体と認められていないものを「権利能力なき社団」という。なお、**区分所有者が1人**しか存在しない段階では、**管理組合は存在しない。**

❸ 管理組合法人

管理組合に法人格が与えられると、どのような効果があるのだろうか？　たとえば、その理事を選任して、法人を代表させ、一元的に管理行為をさせることができる。

管理組合が法人となるメリットとしては、管理組合法人名義で不動産登記ができたり、団体財産と個人財産の区別が明確にできたり、法人登記により、組織内容が公示され、取引の安全が図れることがあげられる。

1．成　立（47条）

(1) **成立要件**

管理組合は、次の要件を備えることによって**法人**[15]**となることができる**（47条1項）。なお、区分所有者の数が30人未満の管理組合でも法人化はできるが、一般社団・財団法人法（平成18年法律48号）によると、社員2人以上が必要であるとしている。

先生からのコメント

⑮法人格取得のメリット

- 法人として権利・義務の主体となれるので、対外的（第三者との取引関係）においても、対内的（団体と区分所有者の関係）においても、法律関係が明確となる。
- 団体財産と個人財産との区分が明確となる。つまり、団体財産としての不動産登記、預金等の行為が、管理組合法人名義でできる。
- 法人の存在や代表者等が公示され、第三者としては安心して取引ができる。

① **区分所有者および議決権の各3/4以上の多数による集会の決議**（特別決議）**で、法人となる旨およびその名称・事務所を定める。**

法人の事務所は、区分所有建物の所在地でも、それ以外でもよく、数個あってもよい。この場合、そのうち1つを主たる事務所とする必要がある。なお、定款の作成は不要である。

② **主たる事務所の所在地で、法人登記をする。**

区分所有建物の所在地で法人登記をするのではない。この法人は、営利法人・公益法人のいずれでもなく、一般社団法人である。

Step Up　管理組合法人に関して登記すべき事項※1〜5
（47条3項、組合等登記令2条2項）

①　**目的・業務**※1
②　**名　称**
③　**事務所**
④　**代表権を有する者の氏名**※2**、住所および資格**
⑤　**共同代表の定めがあるときは、その定め**

※1　管理の目的物である建物を所在および番号等で特定したうえ、これらの事項を証する書面を添付しなければならない。

※2　登記事項は、組合等登記令2条2項による。**代表権を有する理事は登記事項**だが、代表権を有しない理事や監事は登記事項ではない。

※3　管理組合法人に関して登記すべき事項は、登記した後でなければ、第三者に対抗することができない（区分所有法47条4項）。

※4　「組合の設立の登記」➡　設立に必要な手続が終了した日から**2週間以内**に、主たる事務所の所在地においてしなければならない（組合等登記令2条1項）。

※5　「変更の登記」➡　組合は、前記①〜⑤の事項に変更を生じたときは、主たる事務所の所在地においては**2週間以内**に、変更の登記をしなければならない（同令3条1項）。

(2) 管理組合法人の成立前の**集会の決議、規約および管理者の職務の範囲内の行為**※は、**管理組合法人につき、効力を生じる**（47条5項）。

※　法人成立前は、その効果が区分所有者全員に帰属するが、法人成立後は、管理組合法人に帰属する。

(3) **管理組合法人**は、その事務に関し、**区分所有者を代理**する。**損害保険契約に基づく保険金額ならびに共用部分等について生じた損害賠償金および不当利得による返還金を請求**し、**受領**できる※（47条6項）。

※　法人成立前は、管理者が区分所有者を代理するが、法人成立後は、管理組合法人自体が代理する。理事は、管理組合法人を代表するのであり、代理するのではない。

(4) **代理権に加えた制限**

管理組合法人の代理権に加えた制限は、善意の第三者に対抗できない（47条7項）。**理事**の代理権に加えた制限も、善意の第三者に対抗できない（49条の2）。理事は、規約または集会の決議によって禁止されていないときに限り、特定の行為の代理を他人に委任できる（49条の3）。

(5) **管理組合法人**は、規約または集会の決議により、その事務（保険金額・損害賠償金・不当利得による返還金の請求および受領を含む）に関し、区分所有者のために、**原告または被告となることができる**（47条8項）。

(6) **管理組合法人**は、**規約により原告または被告となったとき**は、遅滞なく、**区分所有者にその旨を通知**しなければならない。この場合には、集会の招集に関する規定（35条2項～4項）を準用する（47条9項）。

(7) **管理組合法人の住所**は、その主たる事務所の所在地にあるものとされる（47条10項、一般社団法人および一般財団法人に関する法律4条)。また、**管理組合法人**は、代表理事がその職務を行うについて第三者に加えた**損害賠償責任を負う**（47条10項、一般社団法人および一般財団法人に関する法律78条)。また、この場合、不法行為をした当該**代表理事**も第三者に対する**損害賠償責任を負う**（民法709条)。

(8) 区分所有者全員の代理人である管理者の存在は、管理組合法人とは相容れないものであるため、**管理者**（25条～29条）等の規定は、**管理組合法人には適用されない**（47条11項）。

Step Up　財産目録・区分所有者名簿（48条の2）

① 管理組合法人は、**設立のとき**および**毎年1月から3月までの間に財産目録を作成**し、常にこれをその主たる事務所に**備え置かなければならない**。ただし、特に事業年度を設けるものは、設立のときおよび毎事業年度の終了のときに財産目録を作成しなければならない（1項）。

② 管理組合法人は、**区分所有者名簿を備え置き**、区分所有者の変更があるごとに必要な変更を加えなければならない（2項）。

2．理事（49条）・監事（50条、51条）

<table>
<tr><td></td><td colspan="2">理　事⑯
➡ 執行・代表機関</td><td>監　事⑰
➡ 法人の財産状況・理事の業務状況を監視する内部機関</td></tr>
<tr><td>設　置</td><td colspan="3">必ず置かなければならない（員数の制限なし。選任については特別決議によらなくてよい）。法人化されていない管理組合については、区分所有法上規定がないので、任意に設置できる。</td></tr>
<tr><td rowspan="3">権　限</td><td>原則</td><td>① 管理組合法人を代表し、その業務を執行する権限を有する（49条3項）。
② 理事が数人（数の制限なし）
➡ 各自管理組合法人を代表する（同4項）。</td><td rowspan="3">① 法人の財産の状況の監査（50条3項1号）
② 理事の業務執行状況の監査（同2号）
③ 財産の状況・業務の執行について、法令・規約に違反し、または著しく不当な事項があると認めるときは、集会に報告（同3号）
④ ③の報告をするため必要があるときは集会を招集（同4号）
⑤ 管理組合法人と理事（代表権ある理事）との「利益が相反する事項」⑱については、管理組合法人を代表する⑲（51条）。</td></tr>
<tr><td>例外1</td><td>代表理事の選任ができる（同5項）。
① 規約または集会の決議による方法
② 規約による理事の互選による方法</td></tr>
<tr><td>例外2</td><td>「共同代表」を定めることができる（同5項）。
規約または集会の決議による方法</td></tr>
<tr><td rowspan="2">任　期</td><td>原則</td><td colspan="2">2年（定めない場合）</td></tr>
<tr><td>例外</td><td colspan="2">規約で3年以内において別段の期間を定めたときは、その期間となる（49条6項）。たとえば、任期を1年と定めることもできる。</td></tr>
<tr><td>欠　員</td><td colspan="3">① 理事・監事が欠けた場合
② 規約で定めた理事・監事の員数が欠けた場合
➡ 任期満了または辞任により退任した理事・監事は、新たに選任された理事・監事が就任するまで、なおその職務を行う（49条7項）。
解任・死亡・破産手続開始の決定・後見開始の審判を受けた理事は、職務続行義務がない。</td></tr>
</table>

先生からのコメント

⑯**理事について：**

（ア）「理事に事故があり理事会に出席できない場合、その配偶者または一親等の親族に限り、代理出席できる」旨の規約の有効性。

【判例】理事に事故がある場合に限定し、被選任者の範囲を理事の配偶者または一親等の親族に限って、当該理事の選任に基づいて、理事会への代理出席を認めるものであれば、管理組合の理事への信任関係を害するものとはいえない。

（イ）**仮理事の選任（49条の4第1項）**

理事が欠けた場合、事務が遅滞することにより損害を生ずるおそれがあるときは、裁判所は、利害関係人または検察官の請求により、**仮理事を選任**しなければならない。

（ウ）**理事になりうる資格**

区分所有法上では特に定められておらず、区分所有者以外の者で管理について専門知識を持つ者を理事として選任してよい。「一般社団法人および一般財団法人に関する法律65条1項1号」の規定によれば、理事の資格は、自然人に限られ、法人はなれないと考えられている。なお、未成年者・被保佐人は、保護者の同意があれば、理事になれる。

（エ）**理事が数人ある場合の管理組合法人の事務（49条2項）**

規約に別段の定めがないときは、**理事の過半数**で決する。

（オ）**理事の代表**

代理人のように本人（法人）と相対立する地位になく、代表である理事の行為が法人の行為となる点で代理と異なる。他方、法人は、代表である理事の行為によって直接に権利・義務を取得する点で代理と酷似する。

⑰**監事**は、**理事または管理組合法人の使用人と兼ねてはならない**（50条2項）。自分で自分を監査することになり、意味がないからである。また、これ以外の資格については、理事と同様に考えられている。

⑱たとえば、管理組合法人所有の土地を理事が買う場合、この売買価格が適当であっても、この取引は利益相反事項と考えられる。逆に、理事が法人に無利息・無担保の金銭貸付けをする等の行為なら、利益相反事項とはならず、理事が法人を代表する。

⑲数人の理事が共同して管理組合法人を代表する場合、他の理事ではなく、監事が法人を代表すると解されている。なお、各自代表権を有する理事が数人ある場合、理事の１人と管理組合法人との間に利益相反事項があれば、他の理事が法人を代表すると解されている。

Step Up　事務の執行（52条）

管理組合法人の事務※1は、**「この法律に定めるもの」**※2のほか、すべて**「集会の決議」**によって行う。

※1　建物・敷地・附属施設の管理を行ううえで、区分所有者の団体として必要な一切の事務をいい、集会の決議内容に従って行う。

※2　次の3つをいう。

・個別的に集会の決議事項として定めている事項（特別決議・普通決議）

・規約でのみ定めることを認め、集会で決することができない事項

【例】規約共用部分・共用部分負担または利益収取の割合等

・管理組合法人において、規約をもってしても定めることができない事項

【例】管理所有

ただし、「次の事項を除いて」は、規約で、理事その他の役員が決するものとすることができる。

①　この法律に集会の決議につき、特別の定数が定められている事項（特別決議による）

②　義務違反者に対する差止請求訴訟の提起に関する事項（普通決議による）

＊「保存行為」は、上記にかかわらず、当然に理事等が決することができる。

3．区分所有者の責任（53条）

(1) 管理組合法人が、たとえば銀行から融資を受けてマンションの修繕工事を実施した場合、**管理組合法人**が、管理費、修繕積立金等として収受した金銭その他の財産をもって**その融資残額を完済できない**ときは、**各区分所有者**は、原則としてその融資残額について**共用部分の共有持分の割合で分割した弁済の責任を負う**（同1項本文、14条）。したがって、その融資残額につき**自己の財産をもって完済**したときは、**各区分所有者に対し、その求償ができない**（同1項）。

(2) たとえば銀行が、その融資残額につき管理組合法人の財産に対して行った**強制執行がその効を奏しなかった**場合も、**各区分所有者**は、原則としてその融資残額について**共用部分の共有持分の割合で分割した弁済の責任を負う**（同2項）。しかし、**区分所有者**が、**管理組合法人に資力があり、かつ、執行が容易であることを証明**したときは、その融資残額の**弁済の責任を免れる**（同3項）。

4．特定承継人の責任（54条）

区分所有者からその専有部分を譲り受けた者（特定承継人）は、管理組合法人の債務について、当該区分所有者が負うべき責任（53条）と同一の**責任を負う**。

Step Up　管理組合法人の解散事由（55条1項）

管理組合法人は、次の①～③によって解散する。

① **建物**（一部共用部分を共用すべき区分所有者で構成する管理組合法人にあっては、その共用部分）**の全部の滅失**
② **建物に専有部分がなくなったこと**
③ **集会の決議**

解散した管理組合法人の財産は、規約に別段の定めがある場合を除いて、14条に定める割合（共用部分の持分の割合）と同一の割合で各区分所有者に帰属する（56条）。

＊　区分所有者が1人になったことは、解散事由にはあたらないので注意。

整理　マンション管理組合のしくみ

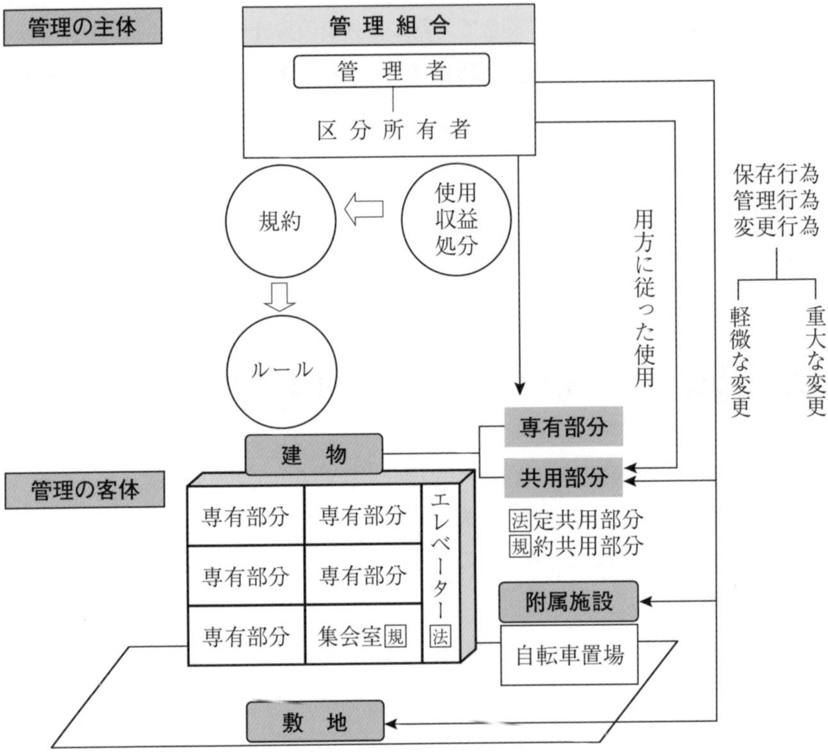

第3節 集会および規約

重要度 マ 特A 主 特A

❖ Introduction ❖

「集会」は、区分所有者全員により組織される管理組合の最高意思決定機関である。

一方「規約」は、管理組合の根本・最高規則であり、区分所有者全員が拘束されるものである。この「規約」で定められる事項は、必ず規約で定めなければならない性質のものと集会の決議などで定めることができる性質のものとがある。

❶ 集 会

区分所有者は、全員で、建物、その敷地および附属施設の管理を行うための団体を構成し、本法の定めるところにより、「集会」を開くことができる（3条）。この「集会」は、区分所有者の団体の最高意思決定機関である。

建物等の管理については、原則としてこの「集会」の決議により決定されるが、例外として、後述する「書面または電磁的方法による決議（45条）」、「公正証書による規約の設定（32条）」がある。

１．集会の招集（34条）

<table>
<tr><td rowspan="3">集会の招集権者</td><td rowspan="2">管理者等あり</td><td>原則</td><td>管理者等</td></tr>
<tr><td>例外</td><td>　区分所有者の 1/5 以上で議決権の 1/5 以上を有する者は、原則として、管理者等に対し、会議の目的たる事項を示して、集会の招集を請求できる。ただし、この定数は、規約で減じることができる（同３項）。</td></tr>
<tr><td>管理者等なし</td><td colspan="2">　区分所有者の 1/5 以上で議決権の 1/5 以上を有する者は、原則として、集会を招集できる。ただし、この定数は、規約で減じることができる（同５項）。
　管理者等が選任されていない場合、毎年１回の集会開催の義務はない。</td></tr>
</table>

集会の招集義務	**管理者等**（管理組合法人については、「理事」をいう。以下同じ）は、少なくとも**毎年１回集会を招集**しなければならない（同１項・２項）。 いつでも集会を招集でき、回数に制限はない。ただし、後述の**９．事務の報告**との関係で、毎年１回は招集する。

ケーススタディ　２

【集会招集の考え方】

２週間以内にその請求日から**４週間以内**の日を会日とする集会の招集の通知が発せられなかったときは、その**請求をした区分所有者**は、集会を**招集**できる（同４項）。

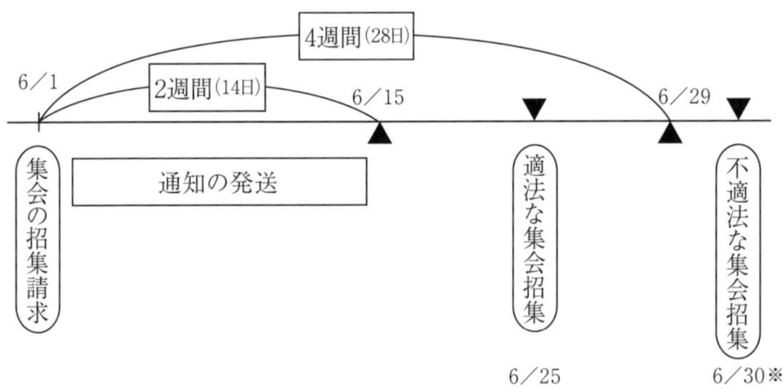

※「不適法な集会招集」とは、次のケースをいう。
①「２週間以内」に招集通知が発せられなかった。
②　２週間以内に招集通知が発せられたが、「４週間以内」の日を会日としなかった。

2．集会招集の通知（35条）

(1) 招集通知の発信時期等（同1項）

原則	集会の**招集通知**は、会日より少なくとも1**週間前**に、「会議の目的たる事項（集会の議題）」を示して、各区分所有者に発しなければならない①。
例外	1週間という期間は、**規約で伸縮**（伸長・短縮）することができる②。

先生からのコメント

①招集通知

（ア）**建替え決議等**を会議の目的とする集会の招集通知は、会日より少なくとも**2ヵ月前**。

（イ）規約の設定・変更・廃止等の場合は、会議の目的たる事項を通知するだけでなく、後述(5)のとおり、「その議案の要領」も通知しなければならない（同5項）。

（ウ）賃借人など専有部分の占有者に対して通知する必要はない。

しかし、一定の占有者には、利害関係があると集会に出席して意見を述べる権利があるので、建物の見やすい場所に掲示する必要がある。

②**建替え決議等**の場合、期間は、規約で**伸長**できる。

(2) 専有部分の共有者に対する通知

専有部分が数人の共有に属するときは、この通知は議決権を行使すべき者（その者がないときは、共有者の1人）にすれば足りる（同2項）。

(3) 通知場所（同3項）

区分所有者が管理者等に対して、集会の通知を受ける場所を	通知していた場合	**通知していた場所に通知**する。
	通知していなかった場合	区分所有者の所有する**専有部分が所在する場所に通知**する。

① この通知は、**通常それが到達すべき時に、到達**したものとみなされる。つまり、通知が延着しても、また現実に区分所有者に到達しなくても、招集の通知が適法にされたことになる。

② 前記の通知をしていた場合でも、区分所有者が専有部分に現に居住していたり、また、通知をしなかった場合でも、区分所有者が現に居住する建物外の場所が判明していれば、そこへ通知してもよい。

(4) **掲示による通知（同4項）**

次のいずれかの場合には、**規約に特別の定め**があれば、**掲示により通知**できる。

建物内に住所を有する区分所有者	**建物内の見やすい場所に掲示**してすることができる。 掲示事項は明示されてないが、通知事項と同様に考えてよい。
管理者等に対して通知場所を通知していない区分所有者	

① この通知は、**その掲示をした時に、到達**したものとみなされる。

② 建物内に住所を有しない者で、その通知場所を通知した区分所有者には、その場所にあてて個別に通知する必要がある。

(5) **重要な決議事項の場合の通知（同5項）**

集会で、次の決議をしようとする場合には、集会の招集通知に、その**議案の要領**（決議内容についての案を要約したもの）**を通知**しなければならない。

① **共用部分の変更**（軽微変更を除く）
② **規約の設定・変更・廃止**
③ **建物の大規模滅失の場合の復旧**
④ **建替え**
⑤ **団地規約の設定についての各棟の決議事項**
⑥ **団地内の建物の建替え承認決議事項**

3．招集手続の省略（36条）

集会は、**区分所有者全員の同意**があるときは、**招集の手続を経ないで開催**できる。つまり、区分所有者にあらかじめ通知された事項でなくても、決議することができる。

なお、この同意については、規約や集会の決議の形式をとる必要もないし、書面による必要もない。

4．決議事項の制限（37条）

原則	集会においては、あらかじめ**通知した事項（35条規定）に限られる**（同1項）。
例外	①　**規約に別段の定め**（集会であらかじめ通知した事項でなくても決議できるという定め）があれば、特別決議による事項以外の事項については、**通知していない事項も決議できる**（同2項）。 ②　**招集手続が省略された**場合（36条規定）は、この**制限はされない**。なぜなら、招集通知自体がないのにこれらを適用しても、意味がないからである。

5．議　事（39条）

(1) 決議事項の要件（同1項）

<table>
<tr><td>原則</td><td colspan="2">区分所有者および議決権の各過半数の賛成で決める。</td></tr>
<tr><td rowspan="3">例外</td><td colspan="2">規約に別段の定めがある。</td></tr>
<tr><td rowspan="2">この法律による</td><td>区分所有者および議決権の各4/5以上の賛成で決める。</td></tr>
<tr><td>区分所有者および議決権の各3/4以上の賛成で決める。</td></tr>
</table>

(2) 書面・電磁的方法・代理人による議決権行使（同2項・3項）

原則	区分所有者自ら**集会に出席して行使**する。
例外	①　**書面で行使**する[③]。 ②　**電磁的方法で行使**する。 ③　**代理人を選任して行使**する[④]。

先生からのコメント

③議事について賛否を記載した書面を集会の招集権者に提出する。委任状の提出は該当しない。これは上記表中の③「代理人を選任して行使する」による。

④代理人について

（ア）資格については、特に制限はないが、規約によって一定範囲の者に限定することは許されている。

（イ）代理人による議決権行使は、区分所有者本人から代理権を授与された代理人が集会に出席して議決権を行使する。

６．議決権行使者の指定（40条）

専有部分が数人の共有に属するときは、共有者は、**議決権を行使すべき者１人**を定めなければならない。

７．議　長（41条）

原則	**管理者等**または**集会を招集した区分所有者**※**の１人が議長**となる。
例外	①　**規約に別段の定め**がある場合。 ②　集会において、議長について**別段の決議**があった場合。

※　管理者がいなくて、区分所有者の1/5以上、議決権の1/5以上を有する者により集会が招集された場合の、集会を招集した区分所有者

８．議事録（42条）

(1) 集会の議事については、**議長**は、書面または電磁的記録により、**議事録を作成**しなければならない（同１項）。

(2) 議事録には、**議事の経過の要領**※1および**その結果**※2を記載し、または記録しなければならない（同２項）。

※1　議題、議案、討議の内容・表決方法等の「要点」のこと。
※2　表決の結果、可決か否決か。

(3) **議事録が書面で作成されているとき**は、「**議長および集会に出席した区分所有者の２人**（つまり３人）」が、これに**署名**しなければならない（同３項）。

(4) **議事録が電磁的記録で作成されているとき**は、当該電磁的記録に記録された情報については、**議長および集会に出席した区分所有者の２人が行う法務省令で定める署名に代わる措置**を執らなければならない（同４項）。

(5) 議事録は、規約と同様、保管・閲覧および保管場所の掲示の対象となる（同５項、33条）。

９．事務の報告（43条）

管理者等は、集会において、**毎年１回**一定の時期に、その事務に関する**報告をしなければならない**。

10．占有者の意見陳述権（44条）

(1) 区分所有者の承諾（黙示でもＯＫ）を得て専有部分を**占有する者**（賃借人等）[※1・2]は、会議の目的たる事項について**利害関係を有する場合、集会に出席して意見を述べる**⑤ことができる（同1項）。

※1　家族など区分所有者と同居する者は、占有者ではない。
※2　占有者でも、区分所有者の代理人として議決権を行使するために、集会に出席することができる。

先生からのコメント

⑤占有者は、代理人となる場合以外、議決権は行使できないことに注意しよう。

(2) 上記(1)の場合には、集会を招集する者は、各区分所有者に招集の通知を発した後、遅滞なく、集会の日時、場所および会議の目的たる事項を建物内の**見やすい場所に掲示**しなければならない（同2項）。

ケーススタディ　3

Ａが、管理組合に管理者Ｂが置かれているマンションの1戸を、その区分所有者と賃貸借契約を締結して占有している。

この場合、Ｂは、Ａに対し、その居住場所に集会の通知をしなければならないのだろうか。

↓

集会を招集する者は、**占有者**Ａに対し、**通知をする必要はない**。

11．書面・電磁的方法による決議⑥（45条）

(1) この法律・規約により集会において決議をすべき場合、**区分所有者全員の承諾**⑦**がある**ときは、**書面・電磁的方法による決議**ができる。ただし、**電磁的方法による決議に係る区分所有者の承諾**については、**法務省令で定めるところ**によらなければならない（同1項、施行規則5条）⑧。

(2) この法律・規約により集会において決議すべきものとされた事項について、区分所有者**全員の書面・電磁的方法による合意があった**場合、書面・電磁的方法による

決議があったものとみなされる（同２項）⑨。

(3) この法律･規約により集会において決議すべきものとされた事項について、**書面・電磁的方法による決議**は、**集会の決議と同一の効力を有する**。

(4)「この**書面・電磁的方法による決議に係る書面**」や「上記(1)(2)の**電磁的方法が行われる場合に当該電磁的方法により作成される電磁的記録**」については、後述する❷**規約**と同様、保管・閲覧および保管場所の掲示の対象となる（同４項、33条）。

(5) 集会に関する規定は、書面または電磁的方法による決議について準用する。

先生からのコメント

⑥「書面・電磁的方法による**決議**」とは、集会を開催しないで決議があったことにするものである。これに対し、「書面・電磁的方法による議決権**行使**」とは、集会に出席できない区分所有者にそのチャンスを与えるものである。区別しておこう。

⑦「承諾」は、個々の決議についてその議案を提示してそれぞれ得る必要がある。あらかじめ決議全般について包括的に承諾を得ることはできない。

⑧一定の事項について、集会を開催せず、決議のやり方を「書面・電磁的方法による決議」にする際、あらかじめ区分所有者全員の承諾を必要とするという規定である。つまり、このやり方に切り替えた場合、区分所有者全員の承諾があれば、集会を開催しないで、「書面・電磁的方法による決議」により、普通決議または特別決議を行うことができる。これにより、小規模マンションなど、集会開催場所を確保することが容易でない場合でも、区分所有者の意思を反映できる。

⑨たとえば、マンション分譲において、分譲業者が分譲契約時にあわせて、規約（案）についての合意を各区分所有者から個別に書面等で取り付け、全員の合意書面等が調ったところで規約を成立させるケース。

12．集会の決議事項

集会の議事は、原則として「区分所有者および議決権」⑩の**各過半数**で決するが、重大なものについては、次のような特別な規定がある。

先生からのコメント

⑩**「区分所有者」**とは、区分所有者の頭数のことをいう。

「議決権」（38条）とは、決議に参加する権利で、次のように考えられている。

原則	**専有部分の床面積の割合**による。
例外	**規約による別段の定め**（各区分所有者の所有する住戸１戸につき各１個とするなど）があれば、それによる。

以上のように、区分所有者の数以外に議決権をも決議要件としたのは、建物等の管理または使用については、各区分所有者の持分の大きさを考慮する必要があるからである。

(1) 区分所有者および議決権の**各4/5以上**の賛成を必要とするもの

これは、**建物の建替え決議**（62条１項）**のみ**である。

(2) 区分所有者および議決権の**各3/4以上**の賛成を必要とするもの

次のものは、その重大性から、規約で、それ以外の方法による旨定めることはできない。

① **規約の設定・変更・廃止**（31条１項）
　区 3/4以上 ➡ 変更不可 ※１・２
　議 3/4以上 ➡ 変更不可

② **管理組合法人の設立**（47条１項）・解散※３（55条２項）

③ 義務違反の区分所有者に対する**「専有部分の使用禁止請求」**（58条２項）および**「区分所有権の競売請求」のための提訴**（59条２項）

④ 義務違反の占有者に対する**「契約解除請求」**および**「占有者に対する専有部分の引渡し請求」の提訴**（60条２項）

⑤ 建物価格の**1/2を超える滅失（大規模滅失）の場合の復旧決議**（61条５項）

⑥ **共用部分の重大変更**（区分所有者の定数のみ、規約で過半数まで減じてよい）（その形状または効用の著しい変更を伴わないものを除く）（17条１項）

※1　この定数については、規約で別段の定めができない。
※2　「一部共用部分の区分所有者の1/4超の者または一部共用部分の区分所有者の議決権の1/4超の議決権を有する者」が反対できる権利を残しておく趣旨である。
※3　管理組合法人の解散事由のうち、「建物（一部共用部分を共用すべき区分所有者で構成する管理組合法人の場合は、その共用部分）の全部滅失」・「建物に専有部分がなくなったこと」については、集会の決議が不要であり、管理組合法人は、当然に解散する（55条1項）。

(3) 区分所有者および議決権の**各過半数**の賛成を必要とするもの

① 管理者の選任、解任
② 義務違反者または義務違反の占有者に対する行為の差止請求の提訴
③ 建物価格の**1/2以下の滅失（小規模滅失）**の場合の復旧決議
④ **共用部分の軽微変更**（その形状または効用の著しい変更を伴わないもの）
⑤ 共用部分の管理
⑥ その他

❷ 規　約

「規約」とは、区分所有者が全員で、建物、その敷地および附属施設の管理を行うために構成する団体が、組織活動を行うためのルールであり、もちろん、電磁的記録により作成することもできる。区分所有法では、区分所有者相互間の事項について、規約で定めることを認め、区分所有者の団体の私的自治を認めた。「規約」の使い方は、次のケースが考えられる。

① 区分所有法で原則を定める場合に、「規約」で細則を定める。
② 区分所有法に定めがあっても、区分所有法が許容する場合は、「規約」で別段の定めをする。
③ 区分所有法に規定がない場合に、「規約」で定める。

1．規約で定めることができる事項（30条1項・2項）

(1) 建物・敷地・附属施設の管理または使用に関する区分所有者相互間の事項 ＊1　**建物** 「専有部分に属する配管について定期的に点検・補修を行い、共同の管理に服せしめる旨の規約」「専有部分を居住以外の目的で使用することを禁止する規約」「動物の飼育を禁止する規約」など。 ＊2　**管理または使用** ①「管理」とは、共用部分の点検･補修、管理費・修繕積立金の負担に関する事項など。 ②「使用」とは、「専有部分の居住目的以外の使用禁止」「敷地内での駐車方法・駐車場使用料の定め」など。 ＊3　**区分所有者相互間の事項** 区分所有者と区分所有者以外の第三者との間の事項を規約で定めることはできないという意味。	原則	**法律に定めるもののほか、規約で定めることができる。** ※ **「法律に定めるもの」**には「絶対的規約事項」と「相対的規約事項」がある。 ➡ 後述 Step Up 参照
	例外	**強行規定に反するような規約は定めることができない。**

<table>
<tr><td>(2) 一部共用部分に関する事項</td><td>原則</td><td>一部共用部分の区分所有者が、規約で定めることができる。</td></tr>
<tr><td>【例】上層階専用と中低層専用の一部共用部分たる２つのエレベーターがあった場合
⬇
大規模修繕・機種の更新
➡ 右記①に該当し、区分所有者全員の規約で定める。

日常の管理（清掃・小規模修繕）・使用方法
➡ 一部の区分所有者の規約で定めることができる。</td><td>例外</td><td>一部共用部分の区分所有者が、規約で定めることができない場合
① 区分所有者全員の利害に関係するとき
＊ たとえば、「一部共用部分の外装が建物全体の外観に影響を与える場合の当該部分の外装」「一部共用部分であるエレベーター昇降機の機種の更新が区分所有者全員に影響を与える場合におけるその更新」など。
② 区分所有者全員の規約に定めがあるとき
＊ 一部共用部分の日常の管理など区分所有者全員の利害に関係しない事項でも、建物全体の管理を円滑に行うために全員の規約で定められる。この場合、一部の区分所有者が、これと別の規約を設定したり、全員の規約を変更・廃止できない。
＊ 本法に特別の規定がない限り、規約を定めるにあたり、「区分所有者以外の者」の権利を害せない。
一部の区分所有者以外の区分所有者は、「区分所有者以外の者」に該当する。たとえば、一部共用部分の階段室または通路の一部をごみ置場として使用することを一部の区分所有者の規約で定めた場合、そこに隣接する他の区分所有者に影響を与えるときは、その者の権利を害することになるので、定められない。</td></tr>
<tr><td colspan="3">(3) (1)(2)の規約は、専有部分・共用部分または建物の敷地・附属施設（建物の敷地・附属施設に関する権利を含む）につき、これらの形状、面積、位置関係、使用目的および利用状況ならびに区分所有者が支払った対価その他の事情を総合的に考慮して、区分所有者間の利害の衡平が図られるように定めなければならない（30条３項）。

(4) (1)(2)のように規約で定める場合、区分所有者以外の者の権利を害せない。

(5) 規約は、書面または電磁的記録（電子的方式、磁気的方式その他人の知覚によっては認識することができない方式で作られる記録であって、電子計算機による情報処理の用に供されるものとして一定のものをいう）により作成しなければならない。</td></tr>
</table>

Step Up「規約で定めることができる事項」とは……………………………

(1) 絶対的規約事項・相対的規約事項

絶対的規約事項に関する条文例
① 4 条2項（規約共用部分の定め） ② 5 条1項・2項 ③11条2項（管理所有） ④14条4項（共用部分の共有持分の割合） ⑤17条1項 ⑥18条2項 ⑦19条 ⑧22条1項（専有部分の敷地利用権の分離処分を認める定め） ⑨25条1項 ⑩26条1項 ⑪27条1項 ⑫28条 ⑬29条1項 ⑭34条3項 ⑮35条1項・4項 ⑯37条2項 ⑰38条、39条1項 ⑱49条6項 ⑲52条1項 ⑳61条4項
相対的規約事項に関する条文例
① 7 条1項 ②26条4項（管理者への訴訟追行権の付与） ③33条1項、42条5項、45条4項 ④49条5項（管理組合法人の代表理事または共同代表の定め）

(2) 強行規定（当事者間の合意にかかわらず適用される規定）に反する規約の例

① 管理所有者は、共用部分の重大変更ができないが、これをできるように変えること

② 集会の招集請求に必要な「区分所有者の1/5以上で議決権の1/5以上」という定数を増加させること

③ 建物の建替え決議に必要な「区分所有者および議決権の各4/5以上」という要件を変えること

④ 特別決議に必要な「区分所有者および議決権の各3/4以上」という要件を変えること

⑤　共用部分の重大変更において、「区分所有者および議決権の各3/4以上」という要件のうち、議決権数を変えること

2．規約の設定・変更・廃止（31条1項）

原則として「集会の決議」で行うが、例外規定として、「**❶集会11．書面・電磁的方法による決議**」（45条）と公正証書による規約設定の特例（32条）がある。

(1) **規約**※1とは、区分所有者相互間のルールであり、原則として**区分所有者および議決権の**各3/4以上※2**の多数による集会の決議**で、**設定・変更・廃止**をすることができる。

※1　「使用細則等」と「規約」の関係

たとえば、敷地の一部を一定数の区分所有者のための駐車場として使用するために使用権を認めることがあり、その使用権が認められる区分所有者の選定方法やその使用料については、使用細則・協定書・細則・規則等の名称で定めることができる。

この「使用細則等」は、区分所有建物の規約以外の定めであるが、「規約に基づいて」定められるものと「規約に基づかない（集会の決議等）で」定められるものがある。この「使用細則等」という名称が付されていても、これを規約として定める旨が明らかなら「規約」の規定に従う。

※2　定数を規約で増減できない。

(2) **規約の設定・変更・廃止が、「一部の区分所有者の権利に特別の影響**※1･2**」を及ぼす場合**は、その者の承諾を得なければならない。

※1　その影響が区分所有者全体に一律に及ぶ場合、個々の区分所有者の承諾は必要ない。たとえば、居住用マンション専有部分の使用について居住目的以外の使用を禁止する旨の規約や動物の飼育を禁止する旨の規約などは、その影響が区分所有者全体に一律に及ぶので、区分所有者の中に専有部分の営業目的での使用希望者や動物の飼育希望者がいても、その区分所有者の承諾は得なくてよい。あくまで、多数者の意思により少数者の権利が制限・否定されないよう配慮したものである。

【判例】動物の飼育を禁止することは、飼い主の身体的障害を補完する意味を持つ盲導犬の場合のように何らかの理由によりその動物の存在が飼い主の日常生活・生存にとって不可欠な意味を有する特段の事情がある場合を除いて、「特別の影響」にはあたらないと判断された（東京高判平6．8．4）。したがって、マンションの専有部分内で犬が飼育されている場合でも、犬を飼育している区分所有者の承諾を得ることなく、犬の飼育を禁止する内容に規約を改正できる。

※2　マンション分譲業者が、区分所有者に対して、専有部分の区分所有権や共用部分の共有持分および敷地の共有持分を分譲したが、一部の区分所有者に対しては、それらとともに敷地の**駐車場の専用使用権**を分譲した。この場合の専用使用権および専用使用料に関する最高裁判所の判決は次の通りである（最判平10．10．30）。

【判例①】「特別の影響を及ぼすべきとき」とは、規約の設定、変更等の必要性および合理性とこれによって**一部の区分所有者が受ける不利益とを比較衡量**し、当該区分所有関係の実態に照らして、その**不利益が区分所有者の受忍すべき限度を超えると認められる**場合をいう。

【判例②】**駐車場の専用使用権**は、区分所有者**全員の共有**に属するマンション**敷地の使用に関する権利**である。したがって、分譲後は、**管理組合と専用使用権者との関係**においては、法の規定の下で、**規約および集会決議による団体的規制に服すべき**ものである。

【判例③】**管理組合**は、法の定める手続要件に従い、**規約または集会決議**をもって、**専用使用権者の承諾を得ることなく使用料を増額**できる。 【判例④】**規約の設定・変更等**をもって、**増額された駐車場の使用料**が、増額の必要性および合理性が認められ、かつ、当該区分所有関係において**社会通念上相当な額**であると認められる場合、**専用使用権者**は、当該**駐車場の使用料の増額を受忍すべき**である。

3．一部共用部分に関する事項についての区分所有者全員の規約の設定・変更・廃止（31条2項）

一部共用部分に関する事項については、**区分所有者全員の利害に関係しない**ものについて、**区分所有者全員の規約で定める**ことができ、これを**集会の決議で決定**できる。 しかし、一部の区分所有者のみの所有に属するものについて、これらの者の意思を考慮しないとすることは不適当である。
①　**一部共用部分の区分所有者**の1/4を超える**者が反対したときはできない。** （または） ②　**一部共用部分の区分所有者の議決権**の1/4を超える**議決権を有する者が反対したときはできない。**

4．公正証書による規約設定の特例（32条）

「最初」※1 **に建物の専有部分の「全部を所有する者」**※2・3 **（分譲業者等）**は、**公正証書**⑪により、**規約を設定**できる。	①　**規約共用部分に関する定め**（4条2項） ②　**規約敷地に関する定め**（5条1項） ＊　①②は、分譲前にその定めの有無・内容を確認することが一般的である。 ③　**敷地利用権の分離処分ができる旨の定め**（22条1項ただし書） ＊　中高層マンション等では、事実上適用される例は少ない。しかし、棟割り長屋的構造（タウンハウス・テラスハウス等）では、この規約を設定することも可能である。 ④　**敷地利用権の持分割合**（22条2項ただし書） ＊　原則は、専有部分の床面積の割合によるが、持分割合に端数が生じ、計算がめんどうな場合では、この規約を設定することが多い。 ＊　「共用部分の持分に関する定め」は上記①～④に含まれない。
※1　いったん専有部分が複数の区分所有者に帰属後、専有部分の全部を取得した者はダメ。 ※2　区分所有権は成立したが、その各専有部分が、まだ個別の区分所有者に帰属しない段階でその全部を所有している者のこと。 ※3　「所有する者」が規約を設定できるので、一般的には建物の完成前や区分所有権成立前はできないが、専有部分の全部を所有することを条件に設定することは許されると考えられている。	

先生からのコメント

⑪「公正証書」とは、私法上の権利関係の事実について、公証人役場で作成された文書のことで、証明力が高いのでトラブル回避に役立てることができる。

5．規約の保管・閲覧⑫（33条）

(1) 保管（同1項）	① **管理者等あり**		**管理者等が保管**しなければならない。 管理組合法人については、「理事が管理組合法人の事務所において」保管する。
	② **管理者等なし** ＊ 管理者を置いていないとき、解任等で欠けているとき		**規約または集会の決議により定められた次の者が保管**しなければならない。 **・建物を使用している区分所有者** ・その**代理人** 【例】賃借人・区分所有者と同居している者等
(2) 閲覧（同2項）	**「利害関係人」からの請求があったとき** ＊ 区分所有者、賃借人、区分所有権を取得・賃借しようとする者、管理業務の受託者、担保権者等	原則	**規約の閲覧**（規約が電磁的記録で作成されているときは、当該記録された情報の内容を一定方法により表示したものの当該規約の保管場所における閲覧）**を拒めない。**
		例外	**「正当な理由がある場合」は、拒める。** ＊ 管理業務の日時以外の請求など
(3) 保管場所の掲示（同3項）	**建物内の「見やすい場所」に掲示**しなければならない。 ＊ 管理組合所定の掲示場、集会室・管理人室・建物の出入口など。この掲示義務に反しても、過料には該当しない。 ＊ 規約そのものを掲示するのではない。		

先生からのコメント

⑫「集会の議事録」「書面・電磁的方法による決議の書面」「電磁的方法により作成される電磁的記録」においても、保管・閲覧義務および保管場所の掲示義務があるが、「事務に関する報告書」については、これらの義務が定められていないので注意しよう。

6．規約・集会の決議の効力（46条）

(1) **規約および集会の決議**は、区分所有者はもちろん、区分所有者の**包括承継人**（相続、合併等により権利義務を一切承継する者）、**特定承継人にもその効力が及ぶ**（同1項）。

(2) **占有者**は、建物またはその敷地もしくは附属施設の**使用方法**について、**区分所有者**が規約または集会の決議に基づいて**負う義務と同一の義務を負う**（同2項）。

整理　「集会の決議」等で定めることができる事項

規約で定められる事項のなかで、「集会の決議」でも定めることができる主な規約事項は、次のとおりである。

① 先取特権の目的対象となる債権（7条1項）
② 管理者の訴訟追行権（26条4項）
③ 管理組合法人における代表理事の選任（49条4項）
④ 議事録（42条5項）、書面または電磁的方法による決議の書面・電磁的記録（45条4項）、規約（33条1項）の保管者（管理者等なしの場合）

第4節 義務違反者に対する措置

重要度 マ 特A 主 A

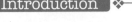

Introduction

区分所有者または占有者が、区分所有法6条1項に定める共同の利益に反する行為等をした場合、民法の規定に基づいて、その義務違反者に対して損害賠償請求等をすることができる。

しかし、民法の規定だけでは不十分な場合もあるので、この節では本法律に基づき、どのような措置をとることができるかを学習する。

❶ 区分所有者の権利義務等（6条）

1．区分所有者等の義務

区分所有者は、「**建物の保存に有害な行為**」※1、建物の管理または使用に関して区分所有者の「**共同の利益に反する行為**」※2 **をしてはならない**（6条1項）。これは、占有者にも準用される（3項）。

※1　**建物の保存に有害な行為**：建物の一部を取り壊して、建物全体の安定性を弱めるような、建物全体に物的侵害を加える行為。

※2　**共同の利益に反する行為**：行為の必要性の程度や他の区分所有者が被る不利益の態様・程度の諸事情を比較考量して決することになる（判例）。たとえば、特定の区分所有者が専有部分内で騒音を発生させ、直下の居住者とトラブルになっている場合でも、このような個人的トラブルは、共同の利益に反する行為とまではいえない。

2．区分所有者と相隣関係（区分所有者の権利）

区分所有者は、「その専有部分または共用部分を保存し、または改良する」※1ため「**必要な範囲内**」※2で、**他の区分所有者の専有部分**または「**自己の所有に属さない共用部分**」※3**の使用を請求**できる。この場合に、他の区分所有者が損害を受けたときは、その償金を支払わなければならない（6条2項）。

※1　たとえば、他の区分所有者との境界にある壁・床・天井内部の電気・水道等の配線・配管を修理したり増設したりすること。

※2　区分所有者が行う保存・改良工事にとって必要最小限の場所的範囲をいう。

※3　区分所有者の一部の共用に供される建物の部分や附属の建物で、共有持分権がないもの。

❷ 義務違反者に対する措置の内容

1．区分所有者に対して

(1) 行為の停止等の請求

共同の利益に反する行為をした者またはその行為をする恐れがある者に対して、他の区分所有者全員[①]または管理組合法人は、違反行為の停止[②]、行為結果の除去[③]、行為予防[④]の必要な措置を求めることができる（57条1項）。

先生からのコメント

①各区分所有者が個別に権利を行使できない。これは、裁判上の請求についてのことであり、事実上の請求は、個別に権利の行使ができる。
②たとえば、毎晩のカラオケ騒音を止めさせる。
③たとえば、廊下に常時私物を置いて廊下を不当使用している者に除去させる。
④たとえば、専有部分を改装しようとする者に耐力壁の撤去・加工を禁止する。

(2) 使用禁止請求

他の区分所有者全員または管理組合法人は、違反者が所有する専有部分の使用を禁止[⑤]できる（58条1項）。

この請求要件は、次の２つを満たした場合である。

① 義務違反行為による区分所有者の共同生活上の障害が著しい場合
② 行為の停止等の請求では、区分所有者の共同生活の維持を図ることが困難である場合

つまり、①の要件を満たし、行為の停止等の請求でその障害を除去し共同生活を回復・維持できれば、使用禁止請求は認められない、という要件であるが、必ずしも行為の停止等による請求を経なくても、①かつ②を満たせば使用禁止請求は認められる。たとえば、暴力団抗争をしている暴力団が事務所として使用しているケースなどが該当する。

先生からのコメント

⑤専有部分が使えないということは、共用部分・敷地・附属施設も使えないということを意味する。もちろん、区分所有者の家族も使えない。

(3) 競売請求

他の区分所有者全員または管理組合法人は、違反者の区分所有権および敷地利用権を強制的に競売※[1・2]にかけることができる（59条１項）。

この請求要件は、次の２つを満たした場合である。

① 義務違反行為による区分所有者の共同生活上の障害が著しい場合
② 行為の停止等・使用禁止請求・７条に基づく先取特権の実行としての専有部分の競売等では、区分所有者の共同生活の維持を図ることが困難である場合⑥

※１　判決に基づく競売の申立ては、その判決が確定した日から６ヵ月を経過したときはできない（59条３項）。区分所有者の地位を長期間不安定な状態にしておくのは適当でないし、判決によって共同利益背反行為が改められることもあり、それに対し６ヵ月経過後の競売申立ては許されない。

※２　この競売においては、競売を申し立てられた区分所有者またはその者の計算において買い受けようとする者は、買受けの申出ができない（59条４項）。

先生からのコメント

⑥たとえば、行為の停止等の請求で充分であるにもかかわらず、いきなり競売請求はできない。つまり、条文上、前記（1）（2）によっても共同生活の維持を図れない場合であり、たとえば、使用禁止請求の一時的排除で足りる場合、競売請求はできない。

2．占有者に対して

主に賃借人、使用借人、同居人、不法占拠者、マンションの一住戸内の一部屋だけの賃借者、附属建物たる車庫の賃借人などであり、建物の共用部分や敷地のみの占有者は、ここでいう「占有者」ではない。

(1) 行為の停止等の請求※1

区分所有者の全員または管理組合法人は、違反行為の停止等を求めることができる（57条4項）。

(2) 契約解除・引渡し請求※1・2

区分所有者の全員または管理組合法人は、賃貸借契約等の契約を解除し、専有部分の引渡しを請求（占有者の立退きを請求）できる（60条1項）。

この請求要件は、次の２つを満たした場合である。

①　義務違反行為による区分所有者の共同生活上の障害が著しい場合 ②　行為の停止等の請求では、区分所有者の共同生活の維持を図ることが困難である場合

たとえば、住居専用部分と店舗専用部分からなる両者の区画が明確な複合用途型マンションで、賃借人が住居専用部分を会社の事務所として使用している場合、この要件に該当する。

※1　この請求を行うにあたり、事前に、賃貸している区分所有者の同意を得る必要はない。

※2　判決に基づき専有部分の引渡しを受けた者（管理組合法人または管理者等）は、遅滞なく、その専有部分を占有する権原を有する者（通常は、専有部分の所有者）に、これを引き渡さなければならない（60条3項）。

3．各請求の関係

(1) 当初から行為の停止等の請求では共同生活の維持を図れないのなら、行為の停止等の請求の訴訟を経ずに、使用禁止請求や競売請求の訴訟提起が認められる。

(2) 競売請求は、必ずしも使用禁止の請求を経なくても認められる。

(3) 契約解除および引渡し請求は、必ずしも行為の停止等の請求を経なくても認められる。

❸ 措置の方法

次のケースを見てみよう。

ケーススタディ　4

Aは、マンションの区分所有者Bからその専有部分を賃借しているが、他の区分所有者からの停止の請求を無視して、数年にわたりバルコニーで野鳩の餌付けおよび飼育をし、著しい悪臭、騒音等を生じさせたため、B以外の区分所有者全員は、AB間の**賃貸借契約の解除**およびAの**賃借部分の引渡しの請求**を行うこととなった。

この場合、**どれだけの多数で決議**しなければならないのだろうか。また、この請求は、**裁判上で行う必要**があるのだろうか。

区分所有者および占有者への 行為の停止等の請求	区分所有者への使用禁止請求・競売請求 占有者への契約解除・引渡し請求
裁判外でも裁判上でもOK	**必ず訴えをもって行う**
裁判外 ➡ 各区分所有者が単独でできる※1。 **裁判上**※2 ➡ 区分所有者および議決権の**各過半数**※3の決議でできる。	訴えを提起※4するにあたって、区分所有者および議決権の**各3/4以上**の多数による集会の決議を要する。
原告として訴えを提起する権利は、管理組合が法人化されていない場合は他の区分所有者全員に、法人化されている場合は法人（理事が代表）にある。この権利を行使する要件が「集会の決議」である。	

※1　各区分所有者が、共同利益背反行為をした区分所有者および占有者に対して、自己の物権や人格権に基づいて個別に請求できる。たとえば、マンション1階の上方の外壁（共用部分）に設置された看板について、共有持分権から生ずる物権的請求権に基づいて、その撤去を求めるケースなど。

※2　管理者または集会で指定された区分所有者は、集会の決議によって、他の区分所有者の全員のために訴訟提起できる。この「訴訟追行権」は、第2節❶**管理者**（2）**管理者の職務権限**③の訴訟追行権（26条4項）とは別で、あらかじめ規約で管理者に授権しておくことはできないが、規約で管理者の事務と定め、集会の決議を経て行使できるものである。

※3　これは、管理に関する事項について行使されるものであり、区分所有権を奪うものではないので、緩い要件となっている。

※4　これは、区分所有権を奪うことになるので、厳しい要件となっている。

❹ 弁明の機会⑦

次の①②の場合には、集会の決議前に、あらかじめ、区分所有者に対し、③の場合には、占有者に対し、弁明（言い訳を述べること）の機会を与える必要がある。なぜなら、これらの請求は、区分所有権・利用権などを実質的に奪うことになるからである。

① 使用禁止請求（58条3項）
② 競売請求（59条2項）
③ 占有者への契約解除・引渡し請求（60条2項）

先生からのコメント

⑦**行為の停止等の請求**においては、**弁明の機会は不要**である。また、**「占有者への契約解除・引渡し請求」**においては、**占有者に弁明の機会**を与えればよく、区分所有者には与えなくてもよい。

整理　義務違反者に対する措置

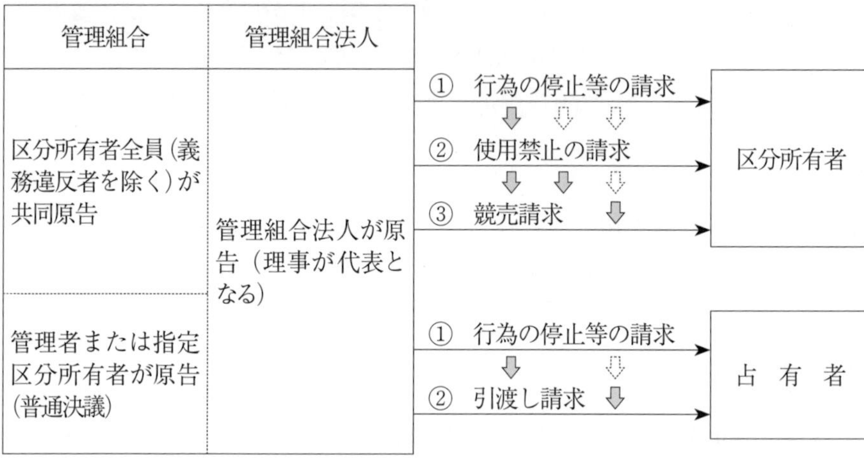

第5節 区分所有建物の復旧・建替え

重要度 マ A 主 B

❖ Introduction ❖

地震や火災などで区分所有建物の一部が滅失したり、老朽化した場合、どうしたらよいのだろうか。

この節では、これらの場合の手続について学習する。

❶ 復 旧（61条）

「復旧」とは、滅失※部分を原状（滅失前の状態）に回復するという意味である。専有部分・共用部分によって、次のように分類できる。

「復旧」と「変更」とは別であり、「変更」とは、滅失前と別の状態にすることである。

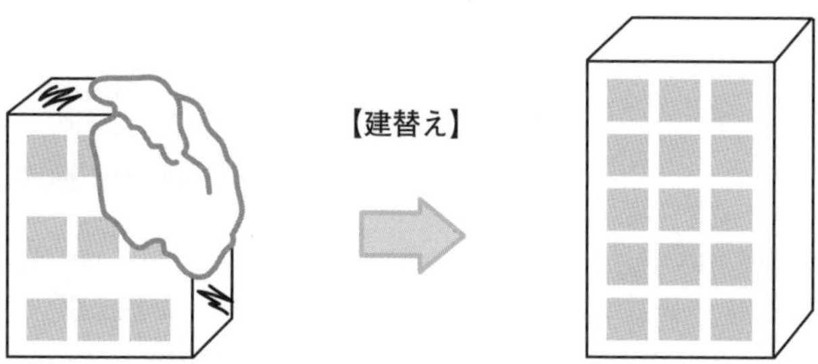

※　**滅失**：火災・地震・風水害・土砂崩れ・ガス爆発・自動車飛込みなど、偶発的な物の消滅である。このため、復旧するのに、その部分を新たに作り直す必要がある場合をいう。区分所有法では、「損傷」と「滅失」とを別個にとらえ、「損傷」については、共用部分の管理の規定（第1節❸**共用部分 3．共用部分の権利関係**(5)**共用部分の管理等**18条）によって対処すべきと考えられている。「一部朽廃」の場合、建物が偶然の事故によるものではなく、予測や対策が可能である。よって、「一部朽廃」については、18条の規定による。

1．専有部分

各自で直して負担する。

＊　共用部分の復旧・建替えについての集会の決議が専有部分の復旧にわたる場合でも、その決議に賛成した区分所有者のみが専有部分の復旧について拘束を受ける。

2．共用部分

<table>
<tr>
<td rowspan="8">(1) 小規模滅失（61条1項）
建物価格の1/2以下の滅失
「基準」①
一部滅失の時点において、その滅失程度が「滅失前の状態における建物全体の価格」と「一部滅失後の状態における建物全体の価格」とを比較し、後者が前者の1/2を上まわる。
【例】
10億円 前 ―滅失→ 後 5億円を上まわる</td>
<td rowspan="7">原則</td>
<td>①　各区分所有者は、各自で直すことができる。</td>
</tr>
<tr><td>＊　たとえば、専有部分と共用部分がどのような比率で滅失したかは問わない。</td></tr>
<tr><td>②　①により共用部分を復旧した者は、他の区分所有者に、復旧に要した金額を共用部分の持分の割合に応じて償還請求できる（同2項）。</td></tr>
<tr><td>＊　規約で「償還請求権を認めない旨の定め」はできる。</td></tr>
<tr><td>③　上記②の場合、裁判所は、償還請求を受けた区分所有者の請求により、償還金の支払い時期につき、相当の期限を許与できる（同13項）。</td></tr>
<tr><td>＊　小規模の場合に限られる。なぜなら、1/2を超える滅失の場合、復旧に多額の費用がかかり、共用部分を復旧するか否かは、個別判断ではなく集会での特別な判断に委ねるべきだからである。</td></tr>
<tr><td style="display:none"></td></tr>
<tr>
<td>例外</td>
<td>次の場合は、各自で直すことはできない。
①　復旧の決議（普通決議）をした場合②
②　建替え決議をした場合②
③　団地内の建物の一括建替え決議をした場合</td>
</tr>
<tr>
<td rowspan="2">(2) 大規模滅失（同5項）
【例】建物の価格が、滅失前10億円が滅失後5億円未満になった。</td>
<td colspan="2">共用部分については、各自で直すことは認められず、復旧の決議（特別決議）で復旧できる。
この際の集会の議事録には、その決議についての各区分所有者の賛否をも記載し、または記録しなければならない※（同6項）。</td>
</tr>
<tr>
<td colspan="2">※　議事録には、議事の経過の要領・その結果を記載する（42条）。
ここでは、特別記載事項として、各区分所有者の賛否を記載する。つまり、下記「3．買取請求」におけるその請求権の主体と相手方を明確にするためである。</td>
</tr>
</table>

先生からのコメント

①(1)と(2)を「建物の価格」を基準に分けているので、どちらか判断できない場合もある。たとえば、建物の物理的滅失部分は1/2以下でも、滅失程度が建物価格の1/2超が考えられる。費用と時間があれば、不動産鑑定士に依頼する方法もあるが、簡易判定マニュアル（日本不動産鑑定協会カウンセラー部会）によることもある。たとえば、「一部滅失前の状態における建物全体の価格」とは、建物の再調達価格から経年減価を差し引いた額とし、「滅失した部分の価格」とは、復旧に必要な補修費用の見積額によるが、後者が前者の1/2以下であれば、小規模滅失、1/2超であれば、大規模滅失と考えるのである。

②(1)において、「復旧・建替え決議が否決または復旧しない旨の決議がされた場合の扱い」

各区分所有者は、個別に共用部分の復旧工事ができるのだろうか。

建替え決議案が否決された場合はできるが、復旧決議が否決された場合は、原則としてできないと考えられている。

３．買取請求

(1) 買取指定者なしの場合

①　大規模滅失の復旧の決議があった場合、その決議の日から**２週間を経過**したときは、**決議に賛成した区分所有者**（その承継人を含む。以下「決議賛成者」という）**以外の区分所有者**※1は、決議賛成者の全部または一部に対し、建物およびその敷地に関する権利※2を**時価**※3**で買取請求**※4・5できる③（同７項前段）。

※1　集会で反対投票をした者、議決権を行使しなかった者、承継人。

※2　専有部分、共用部分に対する共有持分、専有部分を所有するための敷地に関する権利等。

たとえば、建物の一部滅失により、専有部分を失った区分所有者も、共用部分に対する共有持分、専有部分を所有するための敷地に関する権利はあると解され、請求できる。

※3　「時価」とは、一部滅失の状態での価格をいう。評価方法は、特に法律上決められていない。

※4　全部の買取請求であり、一部のみの買取請求ではない。

※5　この請求権は形成権であり、一方的意思表示により相手方との間に売買契約が成立する。

先生からのコメント

③たとえ少数派であっても、区分所有関係から離脱し、復旧に要する費用を負担しなくてよい自由を認めるべきだからである。

② この場合、その請求を受けた**決議賛成者**は、その**請求の日から2ヵ月以内**に、他の決議賛成者の全部または一部に対し、決議賛成者以外の区分所有者を除いて算定した各共有者の持分割合に応じて、当該建物およびその敷地に関する権利を**時価で買取請求**できる（同7項後段）。

(2) **買取指定者ありの場合**

① **大規模滅失の復旧の決議の日から2週間以内**に、決議賛成者がその**全員の合意**により建物およびその敷地に関する権利を**買い取ることができる者を指定**し、かつ、その指定された者（以下**「買取指定者」**という）がその旨を**決議賛成者以外の区分所有者に対して書面で通知**したときは、その通知を受けた区分所有者は、買取指定者に対してのみ、建物およびその敷地に関する権利を**時価で買取請求**できる（同8項）。

② 買取指定者は、①の書面による通知に代えて、通知を受けるべき区分所有者の**承諾**を得て、**電磁的方法により**買取指定者の指定がされた旨を**通知**できる。この場合、当該買取指定者は、当該書面による通知をしたものとみなされる（同9項）。

③ 買取指定者が買取請求に応じた売買代金債務の全部または一部の弁済をしないときは、決議賛成者（買取指定者となったものを除く。以下同じ）は、**連帯してその債務の全部または一部の弁済の責めに任ずる**。ただし、決議賛成者が買取指定者に資力があり、かつ、執行が容易であることを証明したときは、この限りでない（同10項）。

(3) **買取請求をするか否かを確答すべき旨の催告**

① **大規模滅失復旧決議の集会を招集した者**（買取指定者の指定がされているときは、当該買取指定者）は、**決議賛成者以外の区分所有者に対し**、**4ヵ月以上**の期間を定めて、買取請求をするか否かを確答すべき旨を**書面で催告**できる（同11項）。

② 集会を招集した者は、①の書面による催告に代えて、区分所有者の**承諾**を得て、**電磁的方法により**買取請求をするか否かを確答すべき旨を**催告**できる。この場合、集会を招集した者は、当該書面による催告をしたものとみなされる（同12項）。

③ 催告を受けた区分所有者は、催告時に定められた期間を経過したときは、買取請求できない（同13項）。

(4) 建物の価格の1/2を超える滅失があったときは、その滅失した日から**6ヵ月以内**※に**大規模滅失の復旧決議、建替え決議、団地内の建物の一括建替え決議がない**ときは、各区分所有者は、他の区分所有者（管理組合ではない）に対し、建物およびその敷地に関する権利を**時価で買取請求**できる（同14項）。

※ 後述する被災区分所有法では、「政令の施行の日から起算して1年以内に」としている。

(5) 裁判所は、上記(1)(2)(4)により、償還もしくは買取りの請求を受けた区分所有者、買取りの請求を受けた買取指定者または(2)②の債務について履行の請求を受けた決議賛成者の請求により、償還金または代金の支払いにつき、相当の期限を許与できる（同15項）。

＊ 買取請求を受ける者は、自分の意思に関係なく時価による代金等の支払いを要求される立場になるので、このような規定がある。

❷ 建替え（62条・63条）

「建替え」とは、建物を取り壊して再建するという意味であるから、建物が現に存在していることが前提となる。建物が全部滅失している場合には、建替えに関する規定は適用されない。

1．建替え決議

(1) 要　件（62条）

集会においては、区分所有者および議決権の各**4/5以上**の多数で、**建物を取り壊し**、かつ、①**当該建物の敷地**、②**その一部の土地**、③**当該建物の敷地の全部の土地**、④**一部を含む土地**に新たに建物を建築する旨の決議（以下「建替え決議」という）ができる（同1項）。

なお、集会の議事録には、その決議についての各区分所有者の**賛否をも記載**または**記録**しなければならない（同8項、61条6項）。

ケーススタディ　5

新たな再建建物の敷地が、**従前建物の敷地と一部でも重なっている土地**であれば、建替えができる。

① **従前の敷地と同一の敷地を、再建建物の敷地とする**

従前の敷地＝再建建物の敷地

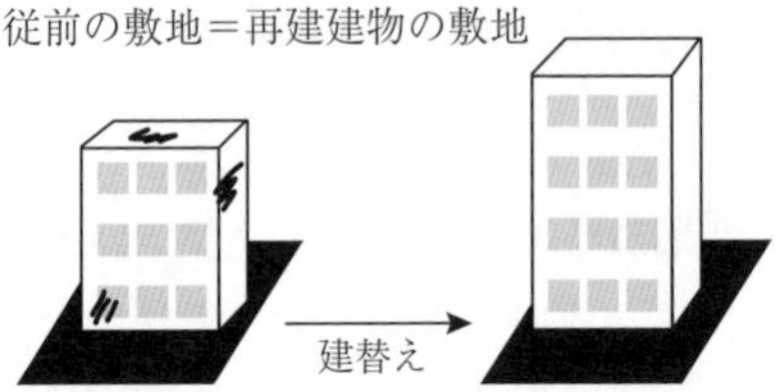

② **従前の敷地の一部を、再建建物の敷地とする**

従前の敷地の一部＝再建建物の敷地

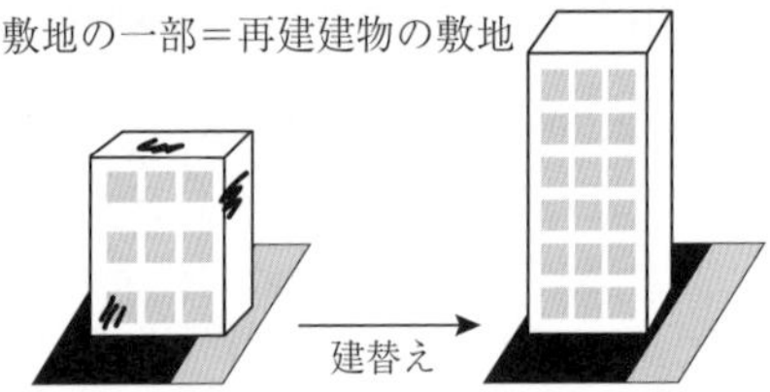

③ **従前の敷地を、再建建物の敷地の一部とする**

従前の敷地＝再建建物の敷地の一部

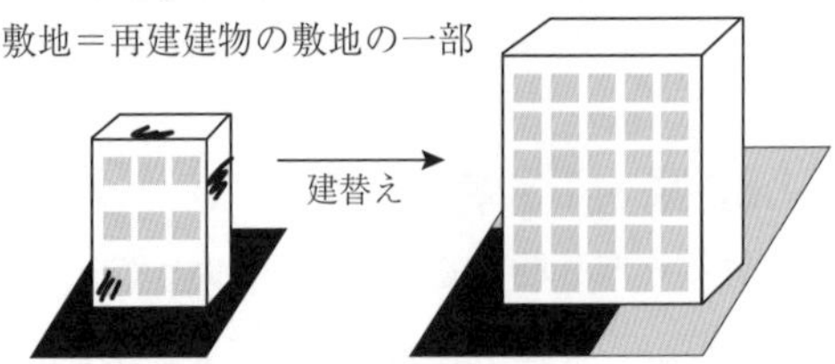

④ **従前の敷地の一部を、再建建物の敷地の一部とする**

従前の敷地の一部＝再建建物の敷地の一部

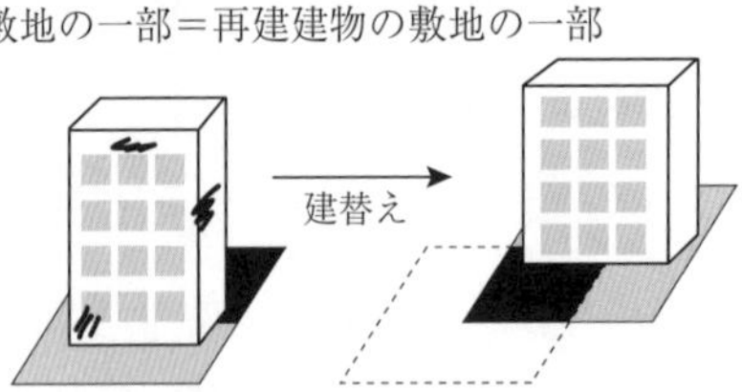

以上、４つのケースがあり、いずれのケースも、**建替えができる。**

ケーススタディ　6

甲マンション（**同一床面積の13の専有部分**からなり、**Aが５戸、Bが３戸、Cが２戸、D・E・Fが各１戸を所有**し、規約において、**各専有部分は一の議決権を有する**ものとされている）の建替えについて、ＡＢＣＤＥが賛成した場合、その**建替え決議**はできるのであろうか（建替えに係るその他の要件は満たしているものとする）。

↓

建替え決議ができるのは、区分所有者および議決権の各4/5以上の多数の賛成がある場合である。

そこで、区分所有者の4/5と議決権の4/5を、それぞれ計算により求める。

まず**区分所有者**は、ＡＢＣＤＥＦの**６人**であるから、
区分所有者の4/5は、６（人）×4/5＝24/5＝4.8（人）である。

次に、**議決権**は、Ａが５、Ｂが３、Ｃが２、Ｄ・Ｅ・Ｆがそれぞれ１ずつ有するから、**議決権総数は13**である。

議決権の4/5は、13×4/5＝52/5＝10.4である。

したがって、建替え決議ができるのは、**区分所有者の５人以上**および**議決権の11以上の賛成**がある場合である。

ＡＢＣＤＥが賛成した場合は、

区分所有者数５
議決権数（５＋３＋２＋１＋１）＝12

となる。

以上により、このケースの場合、**建替え決議ができる**。

(2) 定める事項（62条2項）

①　**新たに建築する建物（再建建物）の設計の概要** 具体的に、その設計の概要を示す必要がある。建築費用の算定・区分所有権の帰属に関する事項の決定をする。 ②　**建物の取壊しおよび再建建物の建築に要する費用の概算額** 建替え決議時点での見積額の総額をいう。 ③　**②の費用の分担に関する事項** 区分所有者となる者が、建替えの費用をどのように分担するかについて定める。分担額そのものを示さなくてもよいが、費用分担方法や基準は明示する。 ④　**再建建物の区分所有権の帰属に関する事項** ①で示される各専有部分が誰に帰属するか、帰属の結果、その対価をどのように精算するかについて、その決定の仕方、基準を定める。

＊　③④の事項は、各区分所有者の衡平を害しないように定めなければならない（同３項）。
つまり、再建建物において取得すべき専有部分の床面積は、現存建物において、区分所有者が有する専有部分のそれに比例する方法、建替え費用の分担は、再建建物において取得すべき専有部分の床面積の比率に従う方向で定める。

(3) 建替え決議を会議の目的とする集会を招集するときは、**集会の招集の通知**は、集会の会日より少なくとも**２ヵ月前**に発しなければならない。ただし、この期間は**規約で伸長**できる（62条４項）。

(4) 建替え決議を会議の目的とする集会の**招集通知**には、**議案の要領**のほか、**次の事項をも通知**しなければならない（62条５項）。

①　**建替えを必要とする理由** ②　**建物の建替えをしない**場合における当該**建物の効用の維持・回復**（建物が通常有すべき効用の確保を含む）**をするのに要する費用の額・その内訳** ③　**建物の修繕に関する計画が定められている**ときは、**当該計画の内容** ④　**建物につき修繕積立金として積み立てられている金額**

(5) 建替え決議を会議の目的とする集会を招集した者は、当該集会の会日より少なくとも**１ヵ月前まで**に、当該招集の際に通知すべき事項について区分所有者に対し説明を行うための**説明会を開催**しなければならない（62条６項）。

(6) この説明会の開催については、集会の招集通知に関する規定、区分所有者全員の同意があるときの招集手続の省略の規定が準用される。ただし、**招集通知**は、会日より少なくとも**１週間前**に発するのが原則であり、規約で**伸長できる**が、**短縮できない**（62条７項）。

(7) 建替えに参加するか否かを回答すべき旨の催告（63条）

① **集会を招集した者**は、**遅滞なく**、建替え決議に賛成しなかった区分所有者（その承継人を含む）に対し、**建替えに参加するか否かを回答**※1・2**すべき旨を書面で催告**する（同1項）。

② 集会を招集した者は、①の書面による催告に代えて、区分所有者の**承諾**を得て、**電磁的方法により**建替え決議の内容により建替えに参加するか否かを回答すべき旨を催告できる。この場合、当該集会を招集した者は、当該書面による催告をしたものとみなされる（同2項）。

③ 催告日から2ヵ月以内**に回答**※3**しなかった区分所有者**は、建替えに**参加しない旨を回答**したものとみなされる（同3項・4項）。

※1　回答は、口頭でも書面でもよい。
※2　一度不参加の回答をした者でも、2ヵ月の期間内なら撤回して参加の回答ができる。逆はダメ。
※3　2ヵ月経過後に参加の回答はできない。

④ **売渡し請求（同5項）**

請求できる者	・建替え決議に**賛成した各区分所有者**（承継人も含む） ・建替えに**参加する旨を回答した各区分所有者**(承継人も含む) ・買受指定者※ ※　この者に、建替え不参加者に対する区分所有権および敷地利用権の売渡し請求事務を行わせる。一般に建替え事業に参加するデベロッパー。
請求される者	建替えに**参加しない旨を回答した区分所有者**(その承継人※を含む) ※　包括承継人・特定承継人の双方が含まれる。 建替え決議があった後に、〔この区分所有者から敷地利用権のみを取得した者(その承継人を含む)〕(区分所有者でない敷地利用権者)の敷地利用権についても、同様である。つまり、この者は区分所有者でないため、集会で行った建替え決議に拘束されず、この者に対する売渡し請求権を行使できなくなることも考えられる。そこで、建替え決議後に建替え不参加の区分所有者が敷地利用権のみ譲渡した場合、譲受人(承継人)に対し、敷地利用権の売渡し請求ができる。不参加者による売渡し請求の妨害を防止するためである。
期　　間	建替えに参加するか否かの催告の回答期間満了日から2ヵ月以内（2ヵ月経過後2ヵ月以内）
請求内容	区分所有権および敷地利用権を**時価**※で売渡し請求できる。 ※「売渡し請求権の行使当時における客観的取引価額」をいう。この「時価」や「マンションの明渡し・移転登記」について争いがあれば、最終的には民事訴訟により解決することになる。

＊　売渡し請求すると、請求した時点で売買契約が成立する（形成権）。

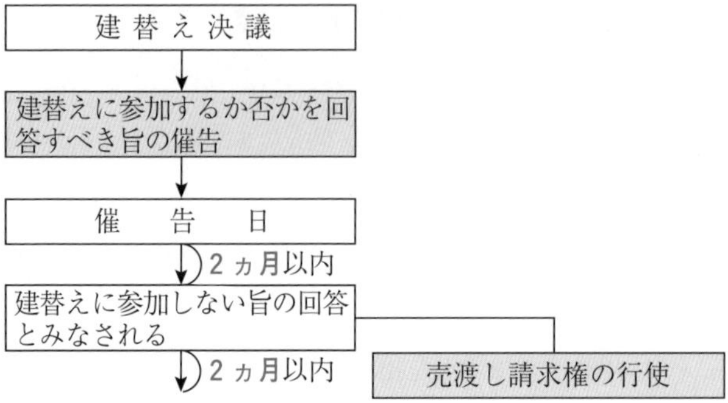

⑤　**明渡しの期限の許与（同６項）**

状　　況	「建物の明渡しによりその生活上著しい困難を生じるおそれがあり」、かつ、「建替え決議の遂行に、はなはだしい影響を及ぼさない」と認めるべき顕著な事由があるとき※ ※　つまり、即時明渡しの強制により、現実の利益が著しく損なわれる恐れを考慮して、期限を許与できる制度である。たとえば、高齢者や病弱者を想定している。
請求できる者	建替えに参加しない旨を回答した区分所有者※ （売渡し請求の相手となった区分所有者） ※　包括承継人は含まれるが、特定承継人は含まれない。
請 求 先	裁判所
措置の内容	代金（当事者の協議による）の支払いまたは提供※1の日から**１年を超えない**範囲内において、建物の**明渡しにつき「相当の期限」**※2**を許与**できる。 ※1　代金受領を拒否される場合を想定した表現である。 ※2　明渡し義務者は、この期限まで使用を継続しながら移転先を探すことになる。

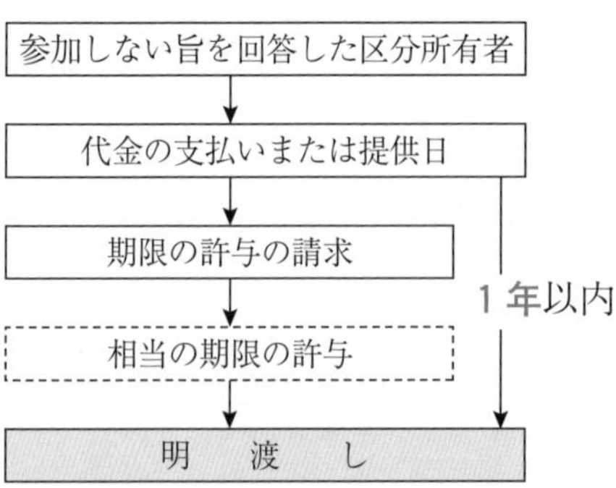

⑥　**再売渡し請求（同７項）**

状　　況	**「正当な理由」**※1**がない**にもかかわらず、**建替え決議の日から２年以内**に「建物の**取壊しの工事に着手**」※2**しない**とき （つまり、売渡し請求権を行使して不参加者の区分所有権等を強制的に買い取ったまま建替えの実行に着手しない状況にあるときのこと） ※１　③の期限経過後も、明渡しを直ちに求めることが適切でない建替え不参加者がいる場合等 ※２　取壊しの現実の作業に着手することをさす。
請求できる者	売渡し請求権を行使され、区分所有権または敷地利用権を売り渡した者
請求される者	区分所有権または敷地利用権を現在有する者※ ※　売渡し請求権を行使した者が譲渡したときは、その「譲受人」となる。
期　　間	建替え決議の日から**２年の期間満了日から６ヵ月以内**
方　　法	買主（建替え参加者等）が支払った代金に相当する金銭※を提供する。 ※　代金受領後の利息は計算しない。
請求内容	売り渡した区分所有権および敷地利用権を**売渡し請求**できる。 ただし、建物の取壊しの工事に着手しなかったことにつき、「正当な理由」があるときは、請求できない。

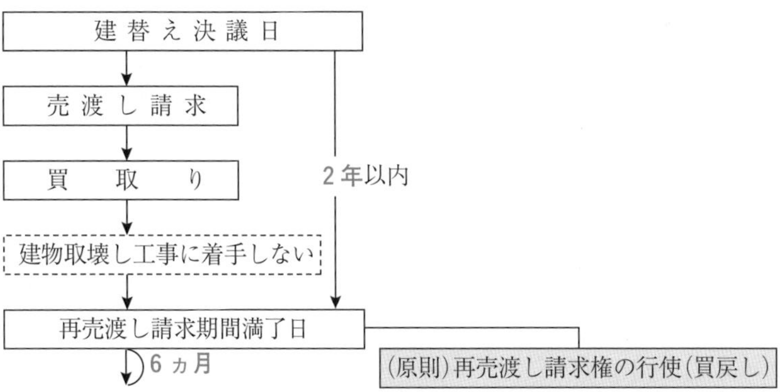

あくまでも、取壊し工事未着手のまま２年経過の場合に限り認められるものであり、次の場合は要件に合致しない。

・取壊し後、敷地が第三者に売却され、建替えができなくなった場合

➡ 建替え不参加者は、この規定による再売渡し請求に基づき、敷地利用権を取り戻せない。

・取壊し後、再建建物が何ら建築されず、２年を経過した場合

➡ 建替え不参加者は、この規定による再売渡し請求に基づき、敷地利用権を取り戻せない。

⑦　建物の取壊しの工事に着手しなかったことにつき「正当事由がある場合」において、建物の**取壊し工事の着手を妨げる理由がなくなった日から６ヵ月以内**にその着手をしないときは、再売渡しの請求ができる。

この場合、区分所有権または敷地利用権を売り渡した者は、建物の取壊しの工事の着手を妨げる理由がなくなったことを「知った日から６ヵ月」または「その理由がなくなった日から２年」のいずれか早い時期までに、買主が支払った代金に相当する金銭をその区分所有権または敷地利用権を現在有する者に提供して、これらの権利を売り渡すべきことを請求できる（同８項）。

(8) **建替えに関する合意（64条）**

次の者およびその承継人は、建替えを行う旨の合意をしたものとみなされる。

①　建替え決議に賛成した各区分所有者
②　建替え決議の内容により建替えに参加する旨を回答した各区分所有者
③　区分所有権または敷地利用権を買い受けた各買受指定者

整理　復旧・建替え決議

(1) 大規模滅失の復旧決議

反対者等 ―買取請求→ 賛成者等

(2) 建替え決議

賛成者等 ―売渡し請求→ 不参加者等

第6節 団 地

重要度 マ 特A 主 B

Introduction

一般的に使われる「団地」という言葉は、法律上の用語として特に定義されたものではなく、多数の建物が同一区画内に存在する場合に、それらの建物や敷地を総称するものとして用いられている。
これに対し、本法上の「団地」とは、どのような要件が満たされて、はじめて成立することになるのだろうか。
この節では、団地の要件や形態等について学習する。

❶ 団地建物所有者の団体（65条）

団地の規定は、数棟のマンション等が敷地等を共有している場合を想定して定められていると考えられている。

1. 団地としての要件

(1) **一団の土地の区域内に数棟の建物**※**がある**こと

※　5節までの「建物」は一棟の区分所有建物をさしていたが、6節では一戸建て建物も「建物」に含まれる。

(2) その**区域内の土地または附属施設（これらに関する権利を含む）**が、それらの**建物の所有者（区分所有建物にあっては、区分所有者）の共有に属する**こと

上記 (1)(2) の要件を2つとも満たしたものが、区分所有法でいう**「団地」**[①]となる。

先生からのコメント

①ここでいう「団地」には、建物・土地・附属施設のいずれもが単独所有となっているケースや賃貸用の公営団地を含まない。また、区分所有建物だけでなく一戸の建物も対象となることに注意しよう。

２．団地の形態

(1)　一戸建て建物のみで土地（通路等）を共有、敷地は単独所有のケース

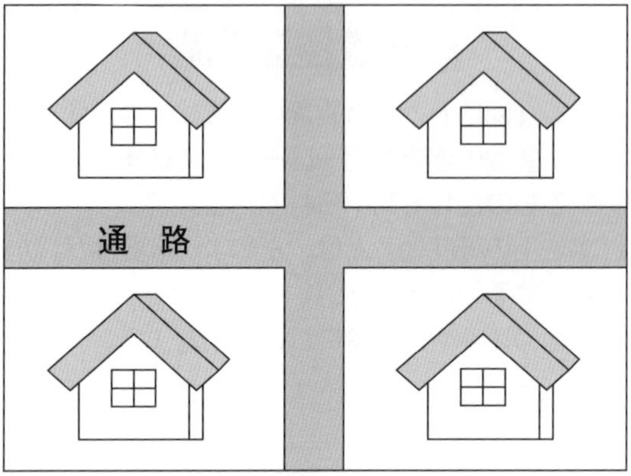

(2)　一戸建て建物のみで附属施設（集会所等）を共有、敷地は単独所有のケース

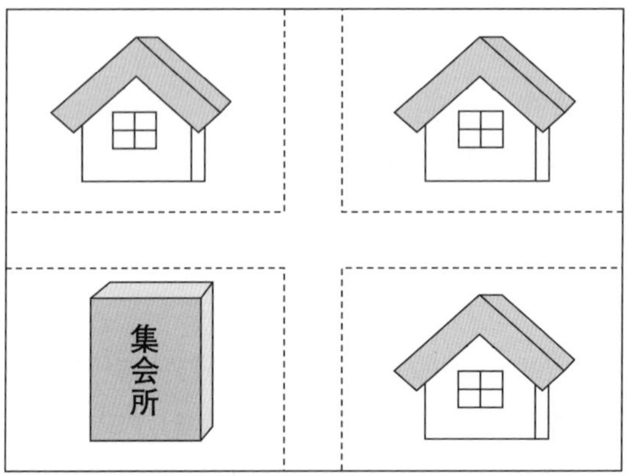

(3) 区分所有建物のみで附属施設（集会所等）を共有、各棟の敷地は、各棟が単独所有のケース

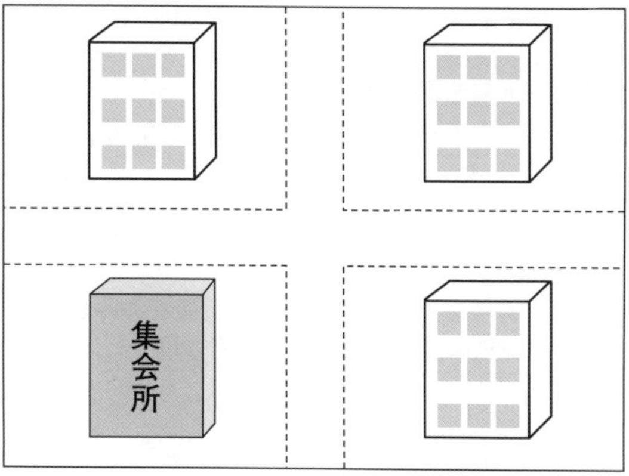

(4) 区分所有建物と一戸建て建物が混在していて、土地（通路等）を共有、各棟の敷地は、各棟が単独所有

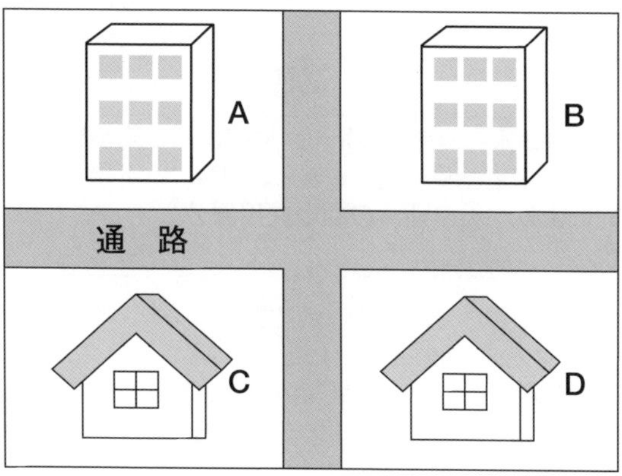

ケーススタディ　7

① 一団地内にA・Bの区分所有建物とC・Dの一戸建て建物があり、A～Dまでの建物所有者がその団地内の土地（団地敷地または団地内の通路など）を共有している場合

A～Dの建物所有者は、**全員で**、共有する土地の管理を行うための**団体を当然に構成**し、この**団体が共有する土地について管理**を行う。

↓

② 団地内の**A・Bの各区分所有建物**（主として共用部分）**の管理**は、**各棟の区分所有者の団体**が行う。

また、**一棟（A棟またはB棟）の区分所有者のみが共有する土地**または**附属施設**は、当該**棟の区分所有者の団体で管理**を行う。

↓

③ ①②の区分所有建物、区分所有者のみが共有する土地・附属施設についても、規約の定めで、団地全体の管理に服させることはできる。**→後述❹参照**

これに対し、団地内の建物であっても、区分所有建物でない**C・Dの建物**および**これらの建物所有者のみの共有に属する土地**または**附属施設**（C・Dの共有の通路、C・Dの共有の車庫）については、**団地の共同管理の対象とならない**。

↓

④ **A棟またはB棟内の専有部分**や団地内にある**附属施設たる独立の建物**Eが、団地建物所有者全員の共有に属し、当然に①の団体の管理に服する場合、**団地規約により**、①の**団体の団地共用部分**とすることができる。**→後述❸参照**

＊「建物の区分所有の規定」と「団地の規定」について、団地内に存する区分所有建物についても、第1節～第5節の規定が適用される。

ただし、③のケース（規約で団地全体の管理に服させる場合）は、「団地の規定」によって団地建物所有者全員が団体を構成して管理を行うことになるので、各建物ごとの団体での管理対象から除外される。

しかし、「敷地利用権」「義務違反者に対する措置」「復旧および建替え」等の規定は、団地という単位では適用されず、団地内の各建物ごとに適用される。

3．団　体

団地内建物の所有者（**「団地建物所有者」**という）は、全員で、その団地内の土地、附属施設および専有部分のある建物の管理を行うための団体を構成する。そして、この

法律の定めるところにより、**集会**を開き、**規約**を定め、および**管理者**を置くことが**できる**。この団体は、**「団地管理組合」**と呼ばれるが、団地管理組合が成立しても、棟管理組合も存続し、両者は併存の関係にある。

❷ 団地管理と区分所有に関する規定との関係（66条）

団地の管理には、建物の区分所有に関する規定の一部が準用される。

1．団地の管理に、区分所有に関する規定が準用されるもの

次に掲げる事項は、団地全体に及ぼしたほうがよいと考えられるものである。

(1)	① 先取特権（7条） ② 先取特権の特定承継人の責任（8条）
(2)	共用部分の変更、管理等（17条～19条）②
(3)	① 管理者の選任および解任（25条）③ ② 管理者の権限（26条）④ ③ 管理者の権利義務に関する委任の規定の準用（28条）
(4)	区分所有者の責任等（29条）
(5)	規約および集会についての規定（30条1項・3項～5項、31条1項、33条～46条）⑤⑥
(6)	管理組合法人（47条～56条の7）

先生からのコメント

【準用例】

②団地建物所有者の団体は、その管理に服すべき対象物の管理について、原則として団地の集会の決議により決する。➡ 17条（共用部分の変更）、18条（共用部分の管理）

③団地建物所有者の団体は、その集会により団地の管理者を選任・解任できる。➡ 25条1項（管理者の選任・解任）

④管理者は、当然に法定権限を有する。➡ 26条（管理者の権限）

⑤上記②について、団地の規約で定めることもできる。➡ 30条1項（規約事項）

⑥集会の決議・規約は、この団体の構成員である団地建物所有者全員を拘束する。➡ 46条1項（規約・集会の決議の効力）

２．団地の管理に、区分所有に関する規定が準用されない主なもの

次の事項は、必ずしも団地全体に及ぼす必要がないので、団地内の区分建物についても、**「区分所有建物ごと」に適用**される。これらの事項に関する集会の決議は、団地管理組合の集会では決議できない。

敷地利用権 ＊　団地内の区分所有建物以外の建物（戸建て）については、分離処分を禁止できないから。	①　分離処分の禁止（22条） ②　分離処分の無効主張の制限（23条） ③　民法255条の適用除外（24条）
共用部分の管理所有（11条２項、27条）	
共用部分の持分の割合（14条）	
義務違反者に対する措置（57条～60条） ＊　義務違反者に対し、使用禁止・競売請求ができるのは、１棟の建物内では区分所有者が相互に密接な関係があるからであり、これを団地内の区分所有者間にまで及ぼすのは適当でないから。	
復旧および建替え（61条～64条） ＊　建物の復旧・建替えについては、１棟の建物の区分所有者のみの決定に委ね、その費用負担についても、その者のみにさせるのが適当だから。	
規約共用部分、規約敷地（4条２項、5条１項）	

ケーススタディ　8

団地（３棟のマンションで構成され、各団地建物所有者が敷地を共有している）**の管理**において、団地建物所有者および議決権の各4/5以上の多数があれば、建替え決議ができるのだろうか。

建替えの規定は、**各区分所有建物ごとに適用**されるので、このケースの場合、**建替え決議はできない**。

❸ 団地共用部分の諸規定（67条）

<table>
<tr><td colspan="2">団地共用部分の登記
（1項）</td><td>建物の区分所有関係における規約共用部分の制度にならい、「一団地内の附属施設たる独立の建物や区分所有建物の専有部分たりうる部分」※は、団地の規約により、団地共用部分とすることができる。
この場合、その旨の登記をしなければ、第三者に対抗できない。
※　団地内に存在し、かつ、附属施設たる独立した建物または区分所有建物の専有部分たりうる部分で、土地ではない。</td></tr>
<tr><td colspan="2">公正証書による団地規約の設定（2項）</td><td>団地共用部分を定める規約は、原則として団地の集会の決議によるか、団地建物所有者全員の書面による合意により設定することになる。
しかし、一団地内の数棟の建物全部を所有する者は、公正証書により、単独で、団地共用部分を定める団地規約を設定することができる。</td></tr>
<tr><td rowspan="5">団地共用部分（3項）</td><td>共有関係
（11条1項本文・3項準用）</td><td>団地共用部分は、団地建物所有者全員の共有※に属する。
※　たとえば、甲棟の一部の区分所有者と乙棟の一部の区分所有者の共有に属する附属施設たる建物などは団地共用部分とはできない。</td></tr>
<tr><td>使用（13条準用）</td><td>団地建物所有者は、団地共用部分をその用方（法）に従って使用できる。</td></tr>
<tr><td>持分の割合
（14条準用）</td><td>共有者の持分は、原則として各共有者の有する建物または専有部分の床面積の割合による。
ただし、団地規約で、別段の定めができる。</td></tr>
<tr><td>持分の処分
（15条準用）</td><td>共有者の持分は、団地共用部分について有する建物または専有部分の処分に従う。</td></tr>
<tr><td>処分の禁止
（15条準用）</td><td>共有者は、原則として団地共用部分についての持分をその有する建物または専有部分と分離して処分できない。
「この法律に別段の定め」※があればできる。
※　規約によって共有持分の割合を変更するのに伴い、その持分の一部の移転が行われるケースをいう。</td></tr>
</table>

❹ 団地規約の設定の特例（68条）

【趣旨】

一団地内に数棟の建物があり、その団地内の土地・附属施設がそれらの団地建物所有者の共有に属する場合	➡	団地建物所有者は、**当然に、「全員」で**、その共有に属する土地・附属施設を**管理**する。

これに対し、

団地内の**「一部」**の建物所有者の共有に属する団地内の土地・附属施設、団地内の専有部分のある建物の場合	➡	当然には団地建物所有者「全員」の管理対象物とはならない。

しかし、この場合でも、団地建物所有者「全員」の管理対象物として、団地全体で管理が必要なケースもある。

そこで、団地内の**「一部」**の建物所有者の共有に属する「団地内の土地・附属施設」「団地内の専有部分のある建物」について、**規約**により、**団地建物所有者「全員」の管理対象物とできる**ものとし、その規約の設定手続について特例が置かれた。

1．団地規約の設定・変更・廃止

団地建物所有者および議決権の各 3/4 以上の多数による団地の集会の決議で行う。

2．団地管理組合の管理の対象物

<table>
<tr><th>管理の対象物</th><th colspan="2">手続等</th></tr>
<tr><td>団地建物所有者の共有に属する団地内の土地および附属施設（これらに関する権利を含む）</td><td colspan="2">当然に団地管理組合（団地建物所有者全員）の管理対象となる。
団地規約で定める必要はない。</td></tr>
<tr><td rowspan="2">団地内の一部の建物の所有者（区分所有者を含む）の共有に属する団地内の土地または附属施設（専有部分のある建物以外の建物の所有者のみの共有に属するものを除く）
※　なぜなら、戸建ての所有者のみの共有に属するものは、団地全体の管理に服させる必要性が乏しいからである。</td><td rowspan="4">団地規約により管理対象にできる。</td><td>特別多数決議を得たうえ、団地内の「土地または附属施設」の全部につき、共有者の 3/4 以上でその持分の 3/4 以上を有する者の同意が必要となる。</td></tr>
<tr><td>※「同意」としたのは、これらの物の共有が民法の共有の規定になるケースもあり、その場合、集会の決議によることにはなじまない。たとえば、A棟・B棟の倉庫は、区分所有法でいう共有扱いとなるが、A棟の建物所有者の一部の者とB棟の建物所有者の一部の者との共有であれば、民法でいう共有となり、集会の決議という表現はふさわしくないということになる。</td></tr>
<tr><td rowspan="2">団地内にある区分所有建物
＊　棟単位の集会決議がすべて成立しないと、区分所有建物に関する団地の規約を定めることができない。
＊　戸建ては対象にできない。そもそもその管理は、その各所有者が自らすべきものだからである。</td><td>特別多数決議を得たうえ、各棟の管理組合の集会において、区分所有者および議決権の各 3/4 以上の多数による決議が必要となる。
区分所有建物の一部共用部分に関する事項について決議する場合、その事項が当該「区分所有者全員の利害に関係しないもの」※であれば、当該一部共用部分を共用すべき区分所有者の 1/4 を超える者または議決権の 1/4 を超える議決権を有する者の反対があるときは、その決議ができない（2項）。</td></tr>
<tr><td>※　上層階の住戸部分の専用に供される出入口・階段・エレベーター等の管理維持等。</td></tr>
</table>

「団地内にある一戸建て建物」「一部の建物の所有者の単独所有に属する土地・附属施設」は、管理対象とすることができない。

＊1　**甲団地の管理組合が、乙および丙団地の共有敷地（通路等）または共有附属施設（車庫・倉庫等）を管理する場合**

【例①】A～D棟で敷地を共有する団地で、A棟・B棟の区分所有者のみで倉庫を共有し、C棟・D棟の区分所有者のみで車庫を共有している場合
　倉庫・車庫の管理等について、A～D棟全体の団地規約で定めるには、A～D棟の区分所有者全員で構成される集会で**1.**の特別多数決議を必要とし、加えて倉庫については、A棟・B棟、車庫については、C棟・D棟の**同意**を得る必要がある。

【例②】A棟・B棟の区分所有者のみで敷地を共有し、C棟・D棟の区分所有者のみで敷地を共有している場合

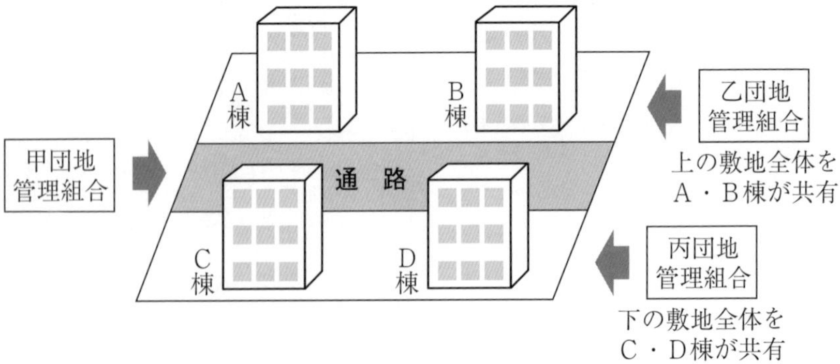

A棟・B棟の区分所有建物の共有者の**3/4以上**で持分の**3/4以上の同意**　＋　C棟・D棟の区分所有建物の共有者の**3/4以上**で持分の**3/4以上の同意**

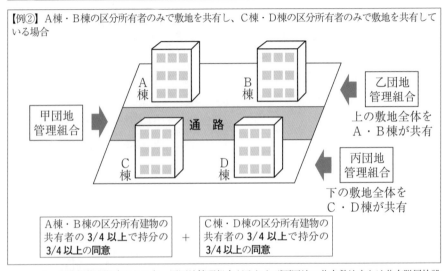

➡ 団地規約が設定されると、甲団地管理組合が乙および丙団地の共有敷地または共有附属施設を管理できる。

＊2　**甲団地の管理組合が、A～D棟まで管理する場合**

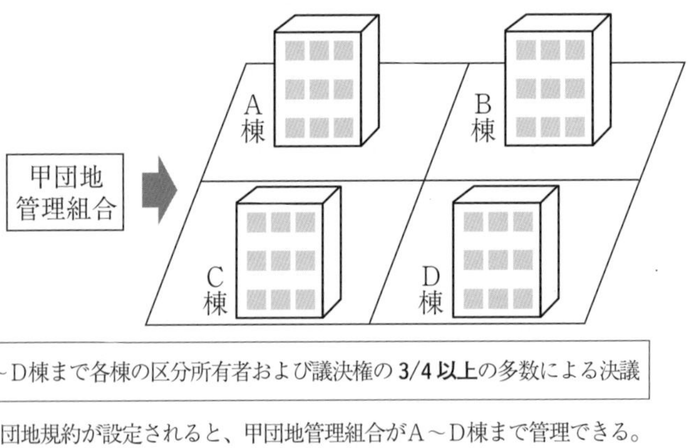

A～D棟まで各棟の区分所有者および議決権の**3/4以上**の多数による決議

➡ 団地規約が設定されると、甲団地管理組合がA～D棟まで管理できる。

❺ 団地内建物の建替え承認決議※（69条）

団地内建物について、建物の所在する土地が共有である場合、建替えには、土地の共有者全員の承諾が必要であった（民法251条）。しかし、建替えにあたり土地共有者全員の承諾が必要となると、団地内の建物の建替えは実現できなくなるおそれがある。

そこで、次のように議決権（土地の持分の割合による）の3/4以上の多数決によって、建物の**建替えを承認**できるようになっている（69条1項）。

※　**建替え承認決議：**土地共有者の集会によって、土地上の建物の建替えを承諾する決議をいい、土地上の建替えの対象となる建物を「特定建物」という。

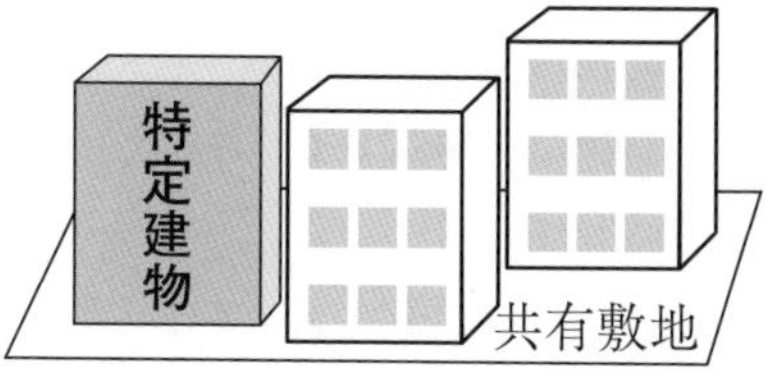

(1) **一団地内にある数棟の建物**（団地内建物）**の全部または一部が専有部分のある建物**であり、かつ、その**団地内の特定の建物**（特定建物）**の所在する土地**（これに関する権利を含む）**が当該団地内建物の団地建物所有者**（団地建物所有者）**の共有に属する**場合

⬇

次の要件に該当する場合で、当該土地（これに関する権利を含む）の団地管理組合または団地管理組合法人の集会において**議決権の**3/4以上の多数による承認の決議（建替え承認決議）を得たとき

① **特定建物が専有部分のある建物**である場合は、その**建替え決議**またはその**区分所有者の全員の同意があること**（同1号）。

② **特定建物が戸建て等である場合**は、その**所有者の同意がある**こと（同2号）。

⬇

当該特定建物の団地建物所有者は、当該特定建物を取り壊し、かつ、当該土地またはこれと一体として管理もしくは使用をする団地内の土地（当該団地内建物の団地建物所有者の共有に属するものに限る）に新たに建物を建築できる（同1項）。

(2) 土地の共有者が建替え承認決議を行う場合、各団地建物所有者の**議決権**割合は、規約に別段の定めがある場合であっても、当該**特定建物の所在する土地**（これに関する権利を含む）**の持分の割合**による（同２項）。

(3) 当該**特定建物の団地建物所有者**は、建替え承認決議においては、原則としてこれに**賛成する旨の議決権の行使**をしたものとみなされる（同３項）。

(4) 建替え承認を決議するための集会については、**集会の招集の通知**は、当該集会の会日より少なくとも**２ヵ月前**に、**議案の要領**のほか、**新たに建築する建物の設計の概要**（当該建物の当該団地内における位置を含む）をも示して発しなければならない。ただし、この期間は、規約で**伸長できる**（同４項）。

(5) 建替え承認決議を行う場合、一部を建て替えることにより、他の建物に**特別の影響を及ぼす**べきときは、次の区分に応じてそれぞれに定める者が**建替え承認決議に賛成**しているときに限り、**当該特定建物の建替えができる**（同５項）。

① 他の建物が**専有部分のある建物である**場合は、建替え承認決議を行う集会において**他の建物の区分所有者全員の議決権の 3/4 以上**の議決権を有する区分所有者（同１号）
② 他の建物が**戸建て等である**場合は、**その所有者**（同２号）

(6) 当該**特定建物が２以上**あるときは、当該２以上の特定建物の団地建物所有者は、**各特定建物の団地建物所有者の合意**により、当該２以上の特定建物の建替えについて**一括して建替え承認決議に付する**ことができる（同６項）。

(7) 上記(6)の場合、当該特定建物が専有部分のある建物であるときは、当該特定建物の建替えを会議の目的とする建替え決議（62条１項）の集会において、当該特定建物の区分所有者および議決権の**各 4/5 以上**の多数で、当該２以上の特定建物の建替えについて**一括して建替え承認決議に付する旨の決議**ができる。この場合、その決議があったときは、当該特定建物の団地建物所有者（区分所有者に限る）の(6)の**合意があった**ものとみなす（同7項）。

6 団地内の建物の一括建替え決議（70条）

団地内建物については、複数の棟について、一括して建替えの決議をすることができるようになっている。

一括建替えにより、住戸数を増やしたり、高層化することが容易になり、区分所有者の出費を抑えるというメリットも期待できる。

一括建替え決議とは、次のように、**団地内建物につき一括して、その全部を取り壊し、**一定の土地に、**新たに建物を建築する旨の決議**である。

(1) 次の場合、当該団地内建物の団地管理組合または団地管理組合法人の集会において、当該**団地内建物の区分所有者および議決権の**各4/5以上の多数で、当該団地内建物につき一括して、その全部を取り壊し、かつ、当該団地内建物の敷地（これに関する権利を除く。以下同じ）もしくはその一部の土地または当該団地内建物の敷地の全部もしくは一部を含む土地（これらの土地を再建団地内敷地という）に新たに建物を建築する旨の決議（以下一括建替え決議という）ができる。

① 団地内建物の**全部が専有部分のある建物**であること

② 団地内建物の**敷地**（団地内建物が所在する土地および規約により団地内建物の敷地とされた土地をいい、これに関する権利を含む。以下同じ）**が当該団地内建物の区分所有者の共有に属する**こと

③ 団地内建物について**団地規約が定められている**こと

つまり、団地管理組合の規約により、その管理の対象とされている必要がある。

ただし、当該団地集会において、当該各団地内建物ごとに、**それぞれその区分所有者および議決権の**各2/3以上のものがその**一括建替え決議に賛成**していることが必要である。

(2) 一括建替え決議における各団地建物所有者の**議決権**は、規約に別段の定めがある場合であっても、当該団地内建物の**敷地の持分の割合**によるものとする。

(3) 団地内建物の一括建替え決議においては、次の事項を定めなければならない。

① 再建団地内敷地の一体的な利用についての**計画の概要**
② 新たに建築する建物（以下再建団地内建物という）の**設計の概要**
③ 団地内建物の全部の取壊しおよび再建団地内建物の建築に要する**費用の概算額**
④ ③に規定する**費用の分担に関する事項**
⑤ 再建団地内建物の**区分所有権の帰属に関する事項**

整理　団地としての要件

① **一団の土地の区域内に数棟の建物**があること。
② **その区域内の土地または附属施設（これらに関する権利を含む）**が、それらの建物の所有者（区分所有建物では区分所有者）の**共有**に属すること。

上記①②の要件を２つとも満たしたものが、区分所有法でいう「**団地**」となる。

第7節 罰則

重要度 マ C 主 B

Introduction

区分所有法上の罰則として、「過料」という行政罰がある。
この節では、どのような場合に該当すればこの対象になるのかを学習する。

罰則の種類とその適用

(1) 20万円以下の過料（71条）

次に該当する場合には、その行為をした管理者・理事・規約を保管する者・議長・清算人は、過料に処せられる。
＊ 監事は、過料対象者ではない。

① 規約、議事録または書面決議による合意書面（団地において準用される場合を含む。以下同じ）もしくは電磁的記録の**保管をしなかった**とき（管理者・理事）①
② 正当な理由がないのに、①の書類または電磁的記録に記録された情報の内容を一定方法により表示したものの**閲覧を拒んだ**とき（管理者・理事・規約を保管する者）②
③ **議事録を作成せず**、または議事録に**記載・記録すべき事項を記載・記録せず**、もしくは**虚偽の記載・記録をした**とき（議長）
④ 事務の報告をせず、または虚偽の報告をしたとき（管理者・理事）
⑤ 管理組合法人についての政令で定める登記を怠ったとき（理事・清算人）
⑥ 管理組合法人に関する財産目録を作成せず、または財産目録に不正の記載・記録をしたとき（理事）
⑦ 理事・監事が欠けた場合または規約で定めたその員数が欠けた場合に、その選任手続を怠ったとき（理事）
⑧ 管理組合法人において、債権申出または破産手続開始の申立ての公告を怠り、または不正の公告をしたとき（清算人）
⑨ 管理組合法人において、破産手続開始の申立てを怠ったとき（清算人）
⑩ 管理組合法人において、裁判所が行う解散・清算の監督に必要な検査を妨げたとき（清算人）

＊ 本人の義務違反により科されるものであり、管理組合・管理組合法人の財産から支出するものではない。

(2) 10万円以下の過料（72条）

管理組合法人でないものは、その名称中に管理組合法人という文字を用いてはならないが（48条2項）、この規定に違反した者は、過料に処せられる。
＊ 過料対象者は、特定の地位にある者ではない。

先生からのコメント

①規約等の保管義務違反

・管理者等あり　➡　違反した管理者等には、過料がある。

・管理者等なし　➡　33 条 1 項本文のみを対象にしていることから、その者が規約等の保管義務に違反しても、過料はない。

＊　過料制裁ほどの行為ではないからである。

②規約等の閲覧拒絶

・管理者等あり　➡　規約等の保管、集会の議事録、45 条 4 項書面・電磁的記録により記録された情報の内容を表示したものの閲覧を拒絶すれば、過料がある。

・管理者等なし　➡　その者が規約等を保管している以上、正当の理由なくその閲覧を拒絶すれば、過料がある。

＊　現実に規約等を保管しているのに、閲覧拒絶は許せないからである。

第2章

被災区分所有建物の再建等に関する特別措置法（被災マンション法）

第1節 被災マンション法

1 総　則（1条）

重要度 マ C 主 C

Introduction

区分所有建物が一部滅失した場合、区分所有法の規定により、復旧や建替えを行うことができるが、全部が滅失した場合、区分所有法は適用できなくなってしまう。

その結果、敷地に対する権利関係だけが残り、区分所有建物を再建するためには、民法による共有物の変更となり、共有者全員の合意が必要となるので、なかなか再建にこぎつけないという問題が生じていた。

そこで、この不都合を解消するため本法が定められ、平成25年6月26日に一部改正して施行された。この節では、この法律の内容について学習するが、最終的には、区分所有法の内容と比較しておさえてほしい。

① 法の目的（1条）

この法律は、大規模な火災、震災その他の災害により、その全部が**「滅失」**※**した区分所有建物の再建**およびその**敷地の売却**、その**一部が滅失した区分所有建物およびその敷地の売却**ならびに当該**区分所有建物の取壊し**等を容易にする特別の措置を講ずることにより、被災地の健全な復興に資することを目的とする。

※　**滅失**：物理的に建物が滅失した場合だけでなく、社会的・経済的にみて、建物全体としての効用が失われた場合を含む。

2 区分所有建物の全部が滅失した場合における措置（2条～6条）

重要度　マ A　主 C

Introduction

改正前、区分所有建物が滅失した場合に、この敷地を売却するには、全員の同意を必要としていた。そのため、再建をしにくかった。

そこで、大規模な災害により滅失した区分所有建物の敷地について、4/5以上の多数により売却を実現する決議（①敷地売却決議、②敷地に区分所有建物を再建する「再建決議」）の制度が創設された。

❶ 敷地共有者等集会等（2条）

大規模な火災、震災その他の災害で政令で定めるもの（以下**政令指定災害**※1という）により、区分所有法に規定する専有部分が属する一棟の建物（以下「区分所有建物」という）の**全部が滅失**した場合※2、その建物に係る敷地利用権が、数人で有する所有権その他の権利であったときは、その権利（以下**敷地共有持分等**※3という）を有する者（以下**敷地共有者等**という）は、その政令の施行日から**3年**①が経過する日までの間は、この法律の定めるところにより、**集会を開き**、および**管理者を置く**ことができる。

※1　**政令指定災害**：東日本大震災（東北地方太平洋沖地震およびこれに伴う原子力発電所の事故による災害）が定められている。

※2　その災害により区分所有建物の一部が滅失した場合（区分所有法61条1項本文の場合を除く）、当該区分所有建物が取壊し決議（被災区分所有法11条1項）または区分所有者（区分所有法2条2項）全員の同意に基づき取り壊されたときを含む。

※3　**敷地共有持分等**：敷地共有持分・借地権準共有持分をいう。

先生からのコメント

①この「3年」は、除斥期間（一定期間が経過すると権利が消滅してしまう期間）であり、民法で学習した時効期間とは違い、時効の更新によってふり出しに戻ることは認められない。

❷ 敷地共有者等集会に関する区分所有法の規定の準用等（3条）

1．準用（3条1項）

主に次の項目については、**区分所有法の規定が準用**される。

(1) **敷地共有者等集会における招集の手続**

①　集会招集（区分所有法34条1項・3項～5項）
②　集会招集の通知〔1週間前〕（35条1項本文）
③　専有部分が数人の共有に属する場合の通知相手（35条2項）
④　通知場所（35条3項）
⑤　議案の要領の通知（35条5項） 　管理者がないときは、議決権の1/5以上を有する敷地共有者等は、敷地共有者等集会を招集できる。なお、この定数を規約で減ずることはできない。
⑥　招集手続の省略等（36条）

(2) **議事および議決権の行使**

議決権は、原則として**敷地共有者等**が集会に出席して**行使**する。もし、敷地共有者等が、敷地共有持分を譲渡していれば、この集会における議決権を有しない。なお、「書面」行使や「代理」行使もできるが、「代理」行使において、この代理人が敷地共有者等である必要はない。

①　議決権（38条） 　各敷地共有者等の議決権は、敷地共有持分等の価格の割合による。
②　議事（39条） 　敷地共有者等集会の議事は、特別措置法に別段の定めがない限り、議決権の過半数で決する。
③　議決権行使者の指定（40条）

(3) **議長**（41条）

集会を招集した敷地共有者等の1人が集会の議長となる。

(4) **議事録の作成**

議事録は、議長が作成し、議長および集会出席の敷地共有者等2名が署名する（42条1項・2項）。議事録の保管者は、議長でもよいが、必ずしも議長が保管者となるのではなく、集会の決議で初めて保管者が決まる。区分所有法には、規約の保管場所の掲示義務があるが（33条3項）、再建集会の議事録では、区分所有建物がないので、準用していない。

(5)「議事録等」の保管および閲覧（33条1項本文・2項）

議事録等は、管理者が保管しなければならない。ただし、管理者がないときは、敷地共有者等またはその代理人で敷地共有者等集会の決議で定めるものが保管しなければならない。

(6) 書面または電磁的方法による決議（45条1項）

2．掲示による招集通知（3条2項）

敷地共有者等集会を招集する者が、敷地共有者等（区分所有法35条3項により招集通知を受けるべき場所を通知したものを除く）の所在を知ることができない場合、招集通知は、滅失した区分所有建物に係る建物の敷地（区分所有法2条5項の建物の敷地）内の**見やすい場所に掲示**してできる。

3．掲示による招集通知の効力（3条3項）

掲示による招集通知は、**掲示をした時に到達**したものとみなされる。ただし、敷地共有者等集会を招集する者が、当該敷地共有者等の所在を知らないことについて**過失**があったときは、**到達の効力を生じない**。

❸ 再建決議等（4条）

1．再建決議（4条1項）

敷地共有者等集会においては、**「敷地共有者等」**の**議決権の**4/5以上の多数で、滅失した区分所有建物に係る区分所有法に規定する建物の敷地もしくはその一部の土地または当該建物の敷地の全部もしくは一部を含む土地に建物を建築する旨の決議（以下「再建決議」という）ができる※。

※　集会における議決要件は、出席者数をベースにしていないが、議事（区分所有法39条）が準用されているので、原則として敷地共有持分等の価格の過半数（再建決議は4/5以上）でなければ決定できないと考えられている。再建決議では、建物全部が滅失しているので、居住利益は考慮する必要がなく、敷地またはその利用権を共有する者の間の敷地の利用に関する利害関係の調整をすればよいのである。

2．再建決議において定める事項（4条2項）

再建決議においては、各敷地共有者等が再建に参加するか否かを明確に判断できるように、計画が具体的に作成され、次の事項を定め、敷地共有者等に通知されている必要がある。

①　新たに建築する建物（再建建物）の設計の概要
②　再建建物の建築に要する費用の概算額
③　②の費用の分担に関する事項
④　再建建物の区分所有権の帰属に関する事項

※　③④の事項は、各敷地共有者等の衡平を害しないように定めなければならない（4条3項）。

3．敷地共有者等集会の通知等

(1) 再建決議事項を会議の目的とする敷地共有者等集会を招集する場合、**敷地共有者等集会の通知**は、当該敷地共有者等集会の会日より少なくとも**2ヵ月前**に発しなければならない。この場合、区分所有法35条1項本文の集会招集通知（1週間前）は、準用されない（4条4項）。

(2) 敷地共有者等集会の通知をする場合、**議案の要領**のほか、**再建を必要とする理由をも通知**しなければならない（4条5項）。

4．説明会の開催

(1) 敷地共有者等集会を招集した者は、当該敷地共有者等集会の会日より少なくとも**1ヵ月前**までに、当該招集の際に**通知すべき事項**について、敷地共有者等に対し、説明を行うための**説明会を開催**しなければならない（4条6項）。

(2) 説明会の開催については、次の**規定が準用される**（4条7項）。

①　集会招集の通知（区分所有法35条1項本文）
②　専有部分が数人の共有に属する場合の通知相手（35条2項）
③　通知場所（35条3項）
④　招集手続の省略等（36条）
⑤　前述❷ **2.**（被災区分所有法3条2項）
⑥　前述❷ **3.**（3条3項）

5．敷地共有者等集会の議事録（4条8項）

再建決議をした敷地共有者等集会の**議事録**には、その決議についての各敷地共有者等の**賛否**をも記載し、または記録しなければならない。

6．再建決議に関する一定規定の準用（4条9項）

再建決議があった場合、次の**規定が準用される**。

再建の決議に賛成しなかった敷地共有者等に対し、

①　再建に参加するか否かを回答すべき旨を書面で催告（区分所有法63条1項～3項）

　再建決議があったときは、敷地共有者等集会を招集した者は、遅滞なく、再建決議に賛成しなかった敷地共有者等（被災区分所有建物の再建等に関する特別措置法2条に規定する敷地共有者等をいう）（その承継人を含む）に対し、再建決議の内容により再建に参加するか否かを回答すべき旨を書面で催告しなければならない。

②　敷地共有持分等を時価で売り渡すべきことを請求（63条4項前段）

　催告を受けた日から2ヵ月が経過したときは、再建決議に賛成した各敷地共有者等もしくは再建決議の内容により再建に参加する旨を回答した各敷地共有者等（これらの者の承継人を含む）またはこれらの者の全員の合意により敷地共有持分等（特別措置法2条に規定する敷地共有持分等をいう）を買い受けることができる者として指定された者（以下「買受指定者」という）は、期間の満了の日から2ヵ月以内に、再建に参加しない旨を回答した敷地共有者等（その承継人を含む）に対し、敷地共有持分等を時価で売り渡すべきことを請求できる。

③　再売渡し請求（正当事由がない場合 ➡ 63条6項、ある場合 ➡ 63条7項）

④　再建に関するみなし合意（64条）

❹ 敷地売却決議等（５条）

１．敷地売却決議

(1) 敷地共有者等集会においては、**敷地共有者等の議決権**の4/5以上の多数で、敷地共有持分等に係る土地（これに関する権利を含む）を売却する旨の決議（以下**「敷地売却決議」**という）ができる（５条１項）。

(2) **敷地売却決議で定める事項**（５条２項）。

①　**売却の相手方となるべき者の氏名・名称**
②　**売却による代金の見込額**

２．敷地売却決議に関する一定規定の準用（５条３項）

敷地売却決議については、次の**規定が準用される**。

①　敷地共有者等集会の通知等（被災区分所有法４条４項・５項）
②　説明会の開催（４条６項）
③　説明会の開催の準用（４条７項）
④　敷地共有者等集会の議事録（４条８項）
⑤　４条９項で準用する再建決議に関する一定の規定（区分所有法63条１項～３項・４項前段・６項・７項、64条） 敷地売却決議に賛成した各敷地共有者等、敷地売却決議の内容により売却に参加する旨を回答した各敷地共有者等および敷地共有持分等を買い受けた各買受指定者（これらの者の承継人を含む）は、敷地売却決議の内容により売却を行う旨の合意をしたものとみなす。

❺ 敷地共有持分等に係る土地等の分割請求に関する特例（６条）

再建決議を可能とするため、民法の共有に関する規定にかかわらず、再建決議の準備に必要な一定期間、敷地共有者等が敷地等の分割請求をできないものとした。民法では、分割請求権を原則として認め、不分割の特約があれば、その期間を５年とし、更新も同様とした。この規定が適用されると、再建を望まない者は、敷地等の分割請求ができることになり、建物の再建が不可能となるケースがある。そこで、このような事態を避けるため、敷地共有者等が敷地等の分割を請求できることを一定期間禁止した。

1．全部が滅失した場合（6条1項）

原則※1	政令指定災害により、**全部が滅失**した区分所有建物に係る敷地共有者等は、民法256条1項の規定（各共有者は、いつでも共有物の分割請求ができる）にかかわらず、「その政令の施行日から**1ヵ月**※2を経過する日の翌日以降当該施行の日から起算して**3年**を経過する日まで」の間は、原則として敷地共有持分等に係る土地またはこれに関する権利について、**分割の請求ができない**。
例外	「**1/5を超える**議決権を有する敷地共有者等が、分割の請求をする場合」、「再建決議・敷地売却決議、団地内の建物が滅失した場合における一括建替え等決議（18条1項の決議）ができないと認められる顕著な事由（都市計画の決定により、再建できないことが明らかな場合等）がある場合」は、分割請求できる。

※1　原則

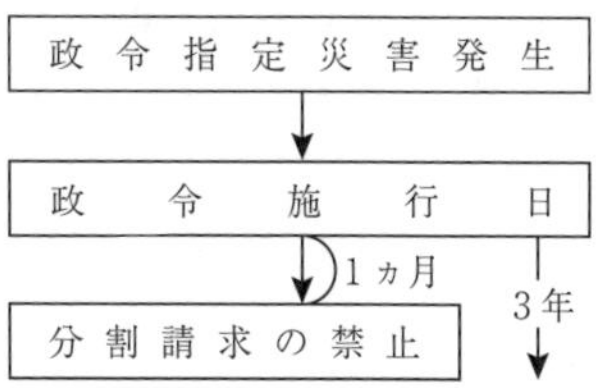

※2　「猶予期間設置」理由

① 1ヵ月間の猶予を認めて敷地共有者等の選択ができるようにした。

② そもそも、この禁止の具体的なねらいは、再建計画の策定中に敷地等の分割が生じ、変更しなければならなくなるのを避けるためであり、早い時期であれば分割を禁止しなくても支障はない。

2．一部が滅失した場合（6条2項）

原則	政令指定災害により、区分所有建物の**一部が滅失**した場合、当該区分所有建物が、取壊し決議（11条1項の決議）または区分所有者全員の同意に基づき取り壊されたときは、当該区分所有建物に係る敷地共有者等は、民法256条1項の規定にかかわらず、その政令の施行日から**3年**を経過する日までの間は、原則として敷地共有持分等に係る土地またはこれに関する権利について、**分割の請求ができない**。
例外	上記**1．全部が滅失した場合**（6条1項ただし書）**が準用される**。

3 区分所有建物の一部が滅失した場合における措置（7条～12条）

重要度 マ B 主 C

❖ Introduction ❖

改正前、区分所有建物が重大な被害を受けた場合に、この建物の取壊しや売却を実現するには、全員の同意を必要としていた。そのため、再建には困難をともなっていた。

そこで、大規模な災害により重大な被害を受けた区分所有建物について、4/5以上の多数により取壊しや売却を実現する決議（①建物を取り壊す「取壊し決議」や、②建物をその敷地とともに売却する「建物敷地売却決議」）の制度が創設された。

❶ 区分所有者集会の特例（7条）

政令指定災害により、区分所有建物の**一部が滅失**した場合、区分所有者は、その政令の施行日から1年を経過する日までの間は、被災区分所有法および区分所有法の定めるところにより、**区分所有者集会**（区分所有法34条の規定による集会）**を開く**ことができる。

❷ 区分所有者集会の招集通知に関する特例（8条）

(1) 政令の施行日から1年以内の日を会日とする**区分所有者集会を招集**する場合、集会招集の通知（区分所有法35条1項）については、**通知場所**（同3項）と**掲示による通知**（同4項）の規定は、**適用されない**（被災区分所有法8条1項）。

(2) 集会招集の通知は、区分所有者が、政令指定災害が発生した時以後に管理者に対して**通知を受けるべき場所を通知**した場合、**その場所**に宛ててすれば足りる。この場合、この通知は、通常それが到達すべき時に到達したものとみなされる（8条2項）。

(3) 区分所有者集会を招集する者が、区分所有者（通知を受けるべき場所を通知したものを除く）の**所在を知ることができない**場合、集会招集の通知は、当該区分所有建物またはその敷地内の**見やすい場所に掲示**してできる（8条3項）。この場合、当該通知は、原則として、掲示をした時に到達したものとみなされるが、区分所有者集会を招集する者が当該区分所有者の所在を知らないことについて過失があったときは、到達の効力を生じない（同4項）。

(4) 集会招集の通知をする場合、会議の目的たる事項が、次の決議事項であるときは、その**議案の要領をも通知**しなければならない（8条5項）。

①　**建物敷地売却決議**（9条1項） ②　**建物取壊し敷地売却決議**（10条1項） ③　**取壊し決議**（11条1項）

❸ 建物敷地売却決議等（9条）

1．建物敷地売却決議

(1) 前述❶**区分所有者集会の特例**の場合、区分所有建物に係る敷地利用権が数人で有する所有権その他の権利であるときは、区分所有者集会において、**区分所有者、議決権および当該敷地利用権の持分の価格**の**各4/5以上**の多数で、当該区分所有建物およびその敷地（これに関する権利を含む）を売却する旨の決議（以下「**建物敷地売却決議**」という）ができる（9条1項）。

(2) 建物敷地売却決議においては、次の事項を定めなければならない（9条2項）。

①　**売却の相手方となるべき者の氏名・名称** ②　**売却による代金の見込額** ③　**売却によって各区分所有者が取得できる金銭の額の算定方法に関する事項**

※　③の事項は、各区分所有者の衡平を害しないように定めなければならない（9条3項）。

(3) 決議事項を会議の目的とする**区分所有者集会を招集**する場合、集会招集通知（区分所有法35条1項）の規定にかかわらず、当該区分所有者集会の会日より少なくとも**2ヵ月前**に発しなければならない（被災区分所有法9条4項）。

　この場合、集会招集通知をするときは、前記❷(4)の議案の要領のほか、次の事項をも通知しなければならない（同5項）。

①	**売却を必要とする理由**
②	**復旧または建替えをしない理由**
③	**復旧に要する費用の概算額**

2．説明会の開催

(1) 区分所有者集会を招集した者は、当該区分所有者集会の会日より少なくとも１ヵ月前までに、当該招集の際に通知すべき事項について、区分所有者に対し説明を行うための**説明会を開催**しなければならない（９条６項）。

(2) 説明会の開催については、次の**規定が準用される**（９条７項）。

①	集会招集の通知（区分所有法35条１項本文）
②	専有部分が数人の共有に属する場合の通知相手（35条２項）
③	招集手続の省略等（36条）
④	前述❷(2)（被災区分所有法８条２項）
⑤	前述❷(3)（８条３項・４項）

(3) 建物敷地売却決議をした区分所有者集会の**議事録**には、その決議についての各区分所有者の賛否をも記載し、または記録しなければならない（９条８項）。

3．建物敷地売却決議に関する一定規定の準用

建物敷地売却決議については、次の**規定が準用される**。

①	再建に参加するか否かを回答すべき旨を書面で催告（区分所有法63条１項～３項）
②	敷地共有持分等を時価で売り渡すべきことを請求（63条４項）
③	再売渡し請求（正当事由がない場合、63条６項）
④	再売渡し請求（正当事由がある場合、63条７項）
⑤	再建に関するみなし合意（64条）

❹ 建物取壊し敷地売却決議等（10条）

1．建物取壊し敷地売却決議

(1) 前述❸**1．建物敷地売却決議**(1)の場合、区分所有者集会において、**区分所有者、議決権および敷地利用権の持分の価格**の**各4/5以上**の多数で、当該区分所有建物を

取り壊し、かつ、これに係る建物の敷地（これに関する権利を含む）を売却する旨の決議（**「建物取壊し敷地売却決議」**という）ができる（10条１項)。

(2) 建物取壊し敷地売却決議においては、次の事項を定めなければならない（10条２項)。

① **区分所有建物の取壊しに要する費用の概算額**
② ①の**費用の分担に関する事項**
③ **建物の敷地の売却の相手方となるべき者の氏名・名称**
④ **建物の敷地の売却による代金の見込額**

2．建物取壊し敷地売却決議に関する一定規定の準用（10条３項）

建物取壊し敷地売却決議については、次の**規定**が**準用**される。

① 前述❸**建物敷地売却決議等１．建物敷地売却決議**(2)※～**２．説明会の開催**（9条３項～８項)
② 再建に参加するか否かを回答すべき旨を書面で催告（区分所有法63条１項～３項) 取壊し決議があったときは、区分所有者集会を招集した者は、遅滞なく、取壊し決議に賛成しなかった区分所有者（その承継人を含む）に対し、取壊し決議の内容により取壊しに参加するか否かを回答すべき旨を書面で催告しなければならない。
③ 敷地共有持分等を時価で売り渡すべきことを請求（63条４項)
④ 再売渡し請求（正当事由がない場合、63条６項)
⑤ 再売渡し請求（正当事由がある場合、63条７項)
⑥ 再建に関するみなし合意（64条)

❺ 取壊し決議等（11条）

1．取壊し決議

(1) 前述❶**区分所有者集会の特例**の場合、区分所有者集会において、**区分所有者および議決権**の各4/5以上の多数で、当該区分所有建物を取り壊す旨の決議（以下**「取壊し決議」**という）ができる（11条１項)。

(2) 取壊し決議においては、次の事項を定めなければならない（11条２項)。

① **区分所有建物の取壊しに要する費用の概算額**
② ①の**費用の分担に関する事項**

2．取壊し決議に関する一定規定の準用（11条3項）

取壊し決議については、前述❹ **2．建物取壊し敷地売却決議に関する一定規定の準用**①～⑥の**規定が準用される**。

❻ 建物の一部が滅失した場合の復旧等に関する特例（12条）

区分所有建物の**一部が滅失**した場合、区分所有法の規定の適用では、「建物の一部が滅失（大規模滅失）した日から**6ヵ月以内**に復旧決議、建替え決議または団地内建物の一括建替え決議がないときは、各区分所有者は、他の区分所有者に対し、建物およびその敷地に関する権利を時価で買い取るべきことを請求できる」※1としている。

しかし、政令指定災害があった場合、6ヵ月以内に復旧決議または建替え決議等を行うことは困難であろう。そこで、「その滅失に係る災害を定める**政令の施行の日から起算**して**1年以内に**」とし、特定の時期に延長している※2。

したがって、買取請求権行使の始期は、一部滅失の日から6ヵ月経過する日の翌日ではなく、政令の施行日から1年が経過する日の翌日となる。

※1　この請求権は、売渡し請求権ではない。
※2　政令で定める災害においては、全般的な状況から、見通しを立てるのにさまざまな障害が考えられるからである。

4 罰　則（19条）

重要度 マ C 主 C

Introduction

改正前、区分所有法では、議事録等の保管をしなかった場合は罰則（過料）の対象であっても、被災区分所有法にあっては、罰則の対象外だった。しかし、改正後は、被災区分所有法でも、罰則の対象になった。

なお、罰則については、従来から「20万円以下の過料」と規定されており、改正後も、この金額に変更はない。

区分所有法と被災区分所有法の共通点・相違点に注目し、学習を進めよう。

次のいずれかに該当する場合には、その行為をした者は、**20万円以下の過料**に処せられる。

1 罰　則（19条）

(1) 規約、議事録または書面決議による合意書面もしくは電磁的記録の**保管をしなかった**とき

(2) 議事録等の保管をする者が、利害関係人からの請求があったにもかかわらず、正当な理由がないのに、議事録等の**閲覧を拒んだ**とき

(3) 敷地共有者等集会または団地建物所有者等集会の議長が、**議事録を作成せず**、または議事の経過の要領およびその結果を議事録に記載・記録すべきであるにもかかわらず、それらの**事項を記載・記録せず**、もしくは**虚偽の記載・記録をした**とき

整理　罰則の種類

区分所有法	20万円以下の過料※
	10万円以下の過料
被災区分所有法	20万円以下の過料※

※「集会の議事録、書面決議の書面等の閲覧義務違反」、「集会議事録の不作成または虚偽記載」については、共通している。

第3章

マンションの建替え等の円滑化に関する法律（マンション建替え等円滑化法）

第1節 総則

重要度 マ B 主 C

❖ Introduction ❖

まずは、この法律の目的と定義をしっかりおさえよう。

❶ 目的（1条）

この法律は、次のような内容を定めることにより、マンションにおける良好な居住環境の確保および地震によるマンションの倒壊、老朽化したマンションの損壊その他の被害からの国民の生命・身体・財産の保護を図り、もって国民生活の安定向上と国民経済の健全な発展に寄与することを目的とする。

① マンション建替事業
② 除却する必要のあるマンションに係る特別の措置
③ マンション敷地売却事業
④ 敷地分割事業

❷ 定義（2条、区分所有法2条）

マンション	2以上の区分所有者が存する建物で人の居住の用に供する専有部分のあるものをいう。
マンションの建替え	現に存する1または2以上のマンションを除却するとともに、当該マンションの敷地（これに隣接する土地を含む）にマンションを新たに建築することをいう。
再建マンション	マンションの建替えにより新たに建築されたマンションをいう。
施行者	マンション建替事業を施行する者をいう。
施行マンション	マンション建替事業を施行する現に存するマンションをいう。
施行再建マンション	マンション建替事業の施行により建築された再建マンションをいう。
マンション敷地売却	現に存するマンションおよびその敷地（マンションの敷地利用権が借地権であるときは、その借地権）を売却することをいう。
マンション敷地売却事業	この法律で定めるところに従って行われるマンション敷地売却に関する事業をいう。

売却マンション	マンション敷地売却事業を実施する現に存するマンションをいう。
敷地分割	団地内建物（区分所有法69条1項の規定による団地内建物をいい、その全部または一部がマンションであるものに限る）の団地建物所有者（区分所有法65条の規定による団地建物所有者をいう）の共有に属する当該団地内建物の敷地またはその借地権を分割することをいう。
敷地分割事業	この法律で定めるところに従って行われる敷地分割に関する事業をいう。
分割実施敷地	敷地分割事業を実施する団地内建物の敷地をいう。
区分所有者	区分所有権を有する者をいう。
専有部分	区分所有権の目的たる建物の部分をいう。
共用部分	専有部分以外の建物の部分、専有部分に属しない建物の附属物および区分所有法4条2項の規定により共用部分とされた附属の建物をいう。
マンションの敷地	マンションが所在する土地および区分所有法5条1項の規定によりマンションの敷地とされた土地をいう。
敷地利用権	専有部分を所有するための建物の敷地に関する権利をいう。

❸ 国および地方公共団体の責務（3条）

国および地方公共団体は、マンションの建替えまたは除却する必要のあるマンションに係るマンション敷地売却（以下「マンションの建替え等」という）の円滑化を図るため、必要な施策を講ずるよう努めなければならない。

❹ 基本方針（4条）

国土交通大臣は、マンションの建替え等の円滑化に関する基本的な方針を定め、これを公表している。

❺ 施行者（5条）

(1) **個人施行者**

(2) **マンション建替組合**

組合は、**法人**としなければならない（6条1項）。

第2節 マンション建替事業

重要度 マ A 主 B

❖ Introduction ❖

老朽化したマンションの増加により、市街地の環境悪化等が懸念される。そこで、マンションの建替え等の円滑化を促進するため、どのような事業のしくみになっているのかをおさえよう。

❶ 個人施行者の認可までの手続

1. 要件（5条2項）

マンションの区分所有者またはその同意を得た者は、1人で、または数人共同して、当該マンションについてマンション建替事業を施行することができる。

2. 認可までの手続（45条～49条）

規準・規約・事業計画の策定
⬇
事業計画について関係権利者の同意
⬇
知事に認可の申請
⬇
知事の認可・公告

(1) **規準・規約**

- 1人施行の場合 ➡ 規準
- 数人共同施行の場合 ➡ 規約

なお、規準または規約には、次の①～⑨（規準にあっては、④～⑥を除く）に掲げる事項を記載しなければならない（46条）。

① **施行マンションの名称およびその所在地**
② **マンション建替事業の範囲**
③ **事務所の所在地**

④　**事業に要する経費の分担に関する事項** ⑤　**業務を代表して行う者を定めるときは、その職名、定数、任期、職務の分担および選任の方法に関する事項** ⑥　**会議に関する事項** ⑦　**事業年度** ⑧　**公告の方法** ⑨　その他

(2) **事業計画の策定**

事業計画には、次の事項を記載しなければならない（47条1項)。

①　**施行マンションの状況** ②　**その敷地の区域およびその住戸の状況** ③　**施行再建マンションの設計の概要およびその敷地の区域** ④　**事業施行期間** ⑤　**資金計画** ⑥　その他

(3) **関係権利者の同意**

認可を申請しようとする者は、その者以外に施行マンションとなるべきマンションまたはその敷地(**隣接施行敷地**※1を含む)について権利を有する者があるときは、原則として事業計画についてこれらの者の**同意**を得なければならない（45条2項本文)。

この場合、施行マンションとなるべきマンションまたはその敷地（隣接施行敷地を含む）について権利を有する者のうち、

① 「区分所有権、敷地利用権、敷地の所有権および借地権ならびに借家権**以外の権利**」(以下**「区分所有権等以外の権利」**という）**を有する者**※2（担保権者等）から同意を得られないとき ➡ その同意を得られない理由を記載した書面を添付して申請することができる。

② その者を確知することができないとき ➡ 確知することができない理由を記載した書面を添えて、認可を申請することができる（同3項)。

※1　隣接する土地を合わせて施行再建マンションの敷地とする場合における当該土地のこと。
※2　**「区分所有者」、「敷地利用権者」、「敷地の所有者」、「借地権者」、「借家権者」**
➡ **必ず同意**を得なければならない。

(4) **認可・公告**

知事（市の区域内では**市長**。以下「知事等」という）は、申請が認可基準に適合しているときは、その**認可**をしなければならず、その旨を**公告**する（48条、49条1項）。

3．規準・規約・事業計画の変更（50条1項）

規準、規約または事業計画を変更しようとする場合も同様の手続により、**知事等の認可**を受けなければならない。

4．施行者の変動（51条1項・2項）

一般承継※1、特定承継※2があった場合、その承継人は施行者となる。

※1　相続・合併等
※2　区分所有権または敷地利用権の全部または一部を施行者以外の者が承継（一般承継人を除く）

❷ マンション建替組合の認可までの手続

1．組合設立認可までの手続（9条～14条）

建替え決議
↓
定款・事業計画の策定
↓
建替え合意者および議決権の3/4以上の同意
↓
認可の申請（町村の区域内では町村長経由）
↓
事業計画の縦覧（2週間）
↓
意見書の提出（縦覧期間経過後2週間内に知事等へ）
↓
知事の認可・公告（この認可で成立）

(1) **建替え決議**

① 建替え決議

建替え決議は、集会で、区分所有者および議決権の各**4/5以上**の賛成を得て行う

(区分所有法62条)。

② 建替えに関する合意

建替え決議に賛成した各区分所有者、建替え決議の内容により建替えに参加する旨を回答した各区分所有者および区分所有権または敷地利用権を買い受けた各買受指定者（これらの者の承継人を含む）は、建替え決議の内容により建替えを行う旨の合意をしたものとみなされる（区分所有法64条)。

(2) 定款・事業計画の策定、設立の認可（9条1項）

上記（1)②により、建替え決議の内容により建替えを行う旨の**合意をしたものとみなされた者**※1が、**5人以上共同**して、**定款および事業計画**※2**を定め、知事等の認可**を受けて**組合を設立**できる。

※1　マンションの区分所有権・敷地利用権を有する者であって、**その後**に当該建替え決議の内容により当該マンションの**建替えを行う旨の同意をした**者を含む。以下**「建替え合意者」**という。なお、マンション建替組合の設立の認可手続において、マンションの一の占有部分が**数人の共有に属する**ときは、その数人を**1人の建替え合意者**とみなす（同5項)。

※2　事業計画は、建替え決議または一括建替え決議の内容に適合したものでなければならない（10条2項)。

(3) 建替え合意者の同意（9条2項）

組合の設立について、**建替え合意者**の3/4以上の**同意**を得なければならない。この場合、同意した者の議決権の合計が、建替え合意者の議決権の合計の3/4以上であるときに限られる。

(4) 事業計画の縦覧（11条1項）

認可の申請があった場合、原則として、施行マンションとなるべきマンションの敷地（隣接施行敷地を含む）の所在地が**市の区域内**にあれば、**市長**は当該事業計画を2週間**公衆の縦覧に供し**、当該マンションの敷地の所在地が**町村の区域内**にあれば、**知事**は当該**町村長**に、当該事業計画を2週間**公衆の縦覧に供させなければならない**。

(5) 意見書の提出（11条2項・3項）

施行マンションとなるべきマンションまたはその敷地（隣接施行敷地を含む）について権利を有する者は、縦覧に供された事業計画について意見があるときは、**知事等に意見書を提出**できる。

① 意見書の提出期間

縦覧期間満了の日の翌日から起算して**2週間を経過する日までに提出**できる。

② 意見書の採択

知事等は、意見書の提出があったときは、その内容を審査し、次の処理をしなければならない。

・意見書を採択すべきであると認めるとき ➡ 事業計画に必要な修正を加えることを命じる。

・意見書を採択すべきでないと認めるとき ➡ 意見書を提出した者に通知。

(6) 知事等の認可・公告（12条～14条）

知事等は、申請が認可基準に適合していると認める場合はその**認可**をしなければならず、認可をしたときは、遅滞なく**公告**をする。なお**組合**は、**認可によって成立**する。

Step Up 認可の基準（12条）

知事等は、認可の申請があった場合、次のいずれにも該当すると認めるときは、その認可をしなければならない。

① 申請手続が法令に違反するものでないこと

② 定款または事業計画の決定手続または内容が法令等に違反するものでないこと

③ 施行再建マンションの敷地とする隣接施行敷地に建築物その他の工作物が存しないことまたはこれに存する建築物その他の工作物を除却し、もしくは移転することができることが確実であること

④ 施行マンションの住戸の数が、**5戸以上**であること

⑤ 施行マンションの住戸の規模、構造および設備の状況にかんがみ、その建替えを行うことが、マンションにおける良好な居住環境の確保のために必要であること

⑥ 施行再建マンションの住戸の数が、**5戸以上**であること

⑦　施行再建マンションの住戸の規模、構造および設備が、当該住戸に居住すべき者の世帯構成等を勘案して一定基準に適合するものであること
⑧　事業施行期間が適切なものであること
⑨　当該マンション建替事業を遂行するために必要な経済的基礎およびこれを的確に遂行するために必要なその他の能力が十分であること
⑩　その他基本方針に照らして適切なものであること

2．売渡し請求

(1)　みなし不参加回答

建替え決議があったときは、集会を招集した者は、遅滞なく、建替え決議に賛成しなかった区分所有者（その承継人を含む）に対し、建替え決議の内容により建替えに参加するか否かを回答すべき旨を、書面または区分所有者の承諾を得て電磁的方法により催告することになる（区分所有法63条1項・2項）。

区分所有者は、催告を受けた日から2ヵ月以内に回答しなければならず（同3項）、回答しなかった者は、建替えに参加しない旨を回答したものとみなされる（同4項）。

(2)　売渡し請求

組合は、**認可の公告の日**（その日が上記(1)の期間の満了の日前であるときは、当該期間の満了の日）**から2ヵ月以内**①に、建替えに参加しない旨を回答した区分所有者（その承継人を含み、その後に建替え合意者となったものを除く）に対し、区分所有権および敷地利用権を時価で**売渡し請求**できる②。建替え決議等があった後に当該区分所有者から敷地利用権のみを取得した者（その承継人を含み、その後に建替え合意者等となったものを除く）の敷地利用権についても、同様である（15条1項）。

この請求は、**正当な理由がある場合を除き**、建替え決議等の日から**1年以内**③にしなければならない（同2項）。

先生からのコメント

①組合については、行使期間が組合設立の公告の日から２ヵ月以内という特例となっている。
②組合が取得した区分所有権等は、実質的に「保留床」に権利変換されることになるのである。
③組合の設立が遅くなった場合、いつまでも組合に売渡請求権の行使を認めることは、下記(4)でいう再売渡し請求（建替え決議の日から２年以内に建替え工事に着手しない場合、買戻し請求を買い取られた側に認める）との関係から適当でないので、組合が売渡し請求権を行使できる最長の期間を１年以内と制限しているのである。

(3) 期限の許与（15条3項、区分所有法63条6項）

売渡し請求があった場合、建替えに参加しない旨を回答した区分所有者が建物の明渡しによりその生活上著しい困難を生ずるおそれがあり、かつ、建替え決議の遂行にはなはだしい影響を及ぼさないものと認めるべき顕著な事由があるときは、裁判所は、その者の請求により、代金の支払いまたは提供の日から１年を超えない範囲内において、建物の**明渡しにつき相当の期限を許与**できる。

(4) 再売渡し請求（15条3項、区分所有法63条7項・8項）

区分所有権等を売り渡した者は、次の期間内に建物の取壊しの工事に着手しない場合、再売渡し請求ができる。

① 不着手に**「正当な理由」なし** ➡ 決議の日から２年
② 不着手に**「正当な理由」あり** ➡ 着手を妨げる理由がなくなった日から６ヵ月

3．定款・事業計画の変更（34条）

定款・事業計画の変更についても、上記**1．組合設立認可までの手続**と同様の手続により、**知事等の認可**を受けなければならない。

４．組合員と参加組合員

(1) 組合員（16条）

①　組合員となる者

施行マンションの建替え合意者（建替え合意者または一括建替え合意者のことをいう）等〔その承継人（組合を除く）を含む〕は、その加入の意思の有無にかかわらず、**すべて組合の組合員**となる（同１項）。なお、マンションの一の専有部分が数人の共有に属するときは、その数人は**１人の組合員**とみなされる（同２項）。

②　経費の賦課徴収（35条１項・３項）

組合は、その事業に要する経費に充てるため、賦課金として参加組合員以外の組合員に対して金銭を**賦課徴収**できる。また、組合員はこの納付について、相殺をもって組合に対抗できない。

(2) 参加組合員[④]

①　参加組合員となる者（17条）

組合が施行するマンション建替事業に**参加することを希望**し、かつ、それに**必要な資力・信用を有する者**であって、**定款で定められたもの**は、**参加組合員**として、組合の組合員となる。つまり、特別の組合員のことである。

②　負担金・分担金（36条１項・２項、35条３項準用）

参加組合員は、権利変換計画の定めるところに従い取得することとなる施行再建マンションの区分所有権・敷地利用権の価額に相当する額の**負担金**および組合のマンション建替事業に要する経費に充てるための**分担金を組合に納付**しなければならない。また、参加組合員はこの納付について、相殺をもって組合に対抗できない。

先生からの**コメント**

④マンション建替事業では、建築工事などに多額の費用を要したり、建替え対象の建物の規模が大きかったり、高層なものであることが多い。つまり、建築に関する専門知識などが必要となるので、ディベロッパーなどが事業に参画できるようにし、組合がそのノウハウや資金を活用できるようにしているのだ。

5．役員の設置※（20条、21条）

(1) **理事を**3人以上設置

(2) **監事を**2人以上設置

➡上記（1）(2) においては、原則として、組合員（法人ならその役員）のうちから総会で選挙により選任。ただし、特別の事情がある（組合員以外を役員とした方が組合運営が円滑・能率的などの場合）ときは、組合員以外の者のうちから総会で選任可。

(3) **理事長**を**1人**設置➡理事の互選による。

※　役員（理事・監事）の定数は、上記（1）(2) のとおりで、定款で定められることになっている（7条7号)。

6．総　会

(1) 総会の組織（26条）

組合の総会は、総組合員で組織する。

(2) 総会の決議事項（27条）

次の事項は、総会の議決を経なければならない。

①　定款の変更
②　事業計画の変更
③　借入金の借入れおよびその方法ならびに借入金の利率および償還方法
④　経費の収支予算
⑤　予算をもって定めるものを除くほか、組合の負担となるべき契約
⑥　賦課金の額および賦課徴収の方法
⑦　権利変換計画およびその変更
⑧　施行者による管理規約
⑨　組合の解散
⑩　その他定款で定める事項

(3) 総会の招集（28条）

① **理事長**は、**毎事業年度1回通常総会を招集**しなければならない（同1項)。

② **理事長**は、必要があると認めるときは、いつでも、**臨時総会を招集**できる（同2項)。

③　組合員が総組合員の**1/5以上の同意**を得て、会議の目的である事項および招集の理由を記載した書面を組合に提出して**総会の招集を請求**したときは、**理事長**は、その請求のあった日から起算して**20日以内に臨時総会を招集**しなければならない（同3項）。

④　③の場合、**電磁的方法**（電子情報処理組織を使用する方法その他の情報通信の技術を利用する方法であって国土交通省令で定めるものをいう。以下同じ）**により**議決権および選挙権を行使することが**定款で定められている**ときは、組合員は、書面の提出に代えて、当該書面に記載すべき事項を当該**電磁的方法により提供**できる。この場合、当該組合員は、当該書面を提出したものとみなされる（同4項）。

⑤　④による書面に記載すべき事項の**電磁的方法**（国土交通省令で定める方法を除く）**による提供**は、組合の使用に係る電子計算機に備えられた**ファイルへの記録がされた**時に当該組合に到達したものとみなされる（同5項）。

⑥　招集請求があった場合において、理事長が正当な理由がないのに総会を招集しないときは、**監事**は、③の期間経過後**10日以内に臨時総会を招集**しなければならない（同6項）。

⑦　**組合設立認可を受けた者**（組合の設立発起人）は、その認可の公告があった日から起算して**30日以内**に、最初の理事および監事を選挙し、または選任するための**総会を招集**しなければならない（同7項）。

⑧　総会を招集するには、少なくとも会議を開く日の**5日前**までに、会議の日時、場所および目的である事項を組合員に**通知**しなければならない。ただし、緊急を要するときは、**2日前**までにこれらの事項を組合員に**通知**して、総会を招集できる（同8項）。

(4) 総会の議事等（29条）

①　総会は、**総組合員の半数以上**の出席がなければ議事を開くことができず、その議事は、この法律に特別の定めがある場合を除くほか、出席者の議決権の過半数で決し、**可否同数のとき**は、**議長の決するところ**による（同1項）。

②　議長は、総会において選任される（同2項）。

③　議長は、原則、組合員として総会の議決に加わることができない。ただし、特別の議決については、この限りではない（同3項）。

④　総会においては、あらかじめ通知した会議の目的である事項についてのみ議決できる（同4項）。

(5) **特別の議決（30条）**

①　上記 (2)①②の事項のうち重要な事項、(2)⑧⑨の事項は、組合員の議決権および持分割合の**各 3/4 以上**で決する（同1項）。

②　(2)⑦の事項は、組合員の議決権および持分割合の**各 4/5 以上**で決する（同3項）。

(6) **総代会（31条1項）**

組合員の数が**50人を超える**組合は、総会に代わってその権限を行わせるために**総代会を設ける**ことができる。

(7) **総代（32条）**

①　総代は、定款で定めるところにより、組合員が組合員（法人にあってはその役員）のうちから選挙する（同1項）。

②　総代の任期は、**3年**を超えない範囲内において定款で定める。補欠の総代の任期は、前任者の残任期間となる（同2項）。

(8) **議決権・選挙権（33条）**

①　組合員および総代は、定款に特別の定めがある場合を除き、**各1個**の議決権および選挙権を有する（同1項）。

②　組合員は**書面**または**代理人**をもって、「総代」は**書面**をもって、議決権および選挙権を行使できる（同2項）。

③　組合員および総代は、定款で定めるところにより、②の書面をもってする議決権および選挙権の行使に代えて、**電磁的方法により**議決権および選挙権を**行使**できる（同3項）。

④　組合と特定の組合員との関係について議決をする場合には、その組合員は、議決権を有しない（同4項）。

7．マンション建替組合の解散

(1) 解散事由（38条1項）

組合は、次の理由により解散する。

①　設立についての認可の取消し
②　総会の議決
（ア）権利変換期日前に限る。
（イ）借入金があれば債権者の同意が必要。
（ウ）**知事等の認可**が必要。
③　事業の完成またはその完成の不能
（ア）借入金があれば債権者の同意が必要。
（イ）**知事等の認可**が必要。

(2) 公告（38条6項）

知事等は、上記（1）①の取消しをしたとき、②（ウ）、③（イ）の認可をしたときは、遅滞なく、その旨を**公告**しなければならない。

❸ 事業認可の公告～権利変換計画の認可・公告

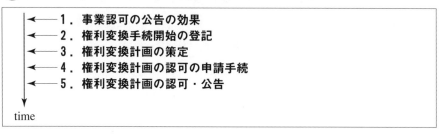

←1．事業認可の公告の効果
←2．権利変換手続開始の登記
←3．権利変換計画の策定
←4．権利変換計画の認可の申請手続
←5．権利変換計画の認可・公告
↓
time

1．事業認可の公告の効果（14条）

(1) 対抗力

① **個人施行者**は、**施行の認可の公告があるまで**は、施行者として、または規準・規約・事業計画をもって第三者に対抗できない（同2項）。

② **組合**は、**設立認可の公告があるまで**は、組合の成立または定款・事業計画をもって、組合員その他の第三者に対抗できない（同2項）。

(2) **権利変換を希望しない旨の申出（56条）**

次の者は、**認可の公告のあった日**から起算して30日以内（以下、「**申出期間**」※という）に、**施行者に申し出る**ことができる。

※　この申出は、いつでもできるわけではないことに注意！

① **施行マンションの区分所有権または敷地利用権を有する者**は、権利の変換を希望せず、金銭の給付を希望する旨を申し出ることができる（同1項）。

ただし、これらの区分所有権または敷地利用権について仮登記、買戻し特約等の登記がなされている場合等は、これらの者の**同意**を得なければ、当該申出はできない（同2項）。

② **施行マンションについて借家権を有する者**（転貸借がなされている場合は、転借人を含む）は、借家権の取得を希望しない旨を申し出ることができる（同3項）。

2．権利変換手続開始の登記（55条）

施行者は、認可の公告があったときは、遅滞なく、登記所に、次の(1)(2)の権利について、**権利変換手続開始の登記を申請**しなければならない。

(1) 施行マンションの区分所有権・敷地利用権（既登記のものに限る）

(2) 隣接施行敷地の所有権・借地権（既登記のものに限る）

⬇ 効果

この登記後は、当該登記に係る「施行マンションの区分所有権・敷地利用権を有する者（組合施行の場合は、組合員に限る）」または「当該登記に係る隣接施行敷地の所有権・借地権を有する者」は、これらの**権利を処分するときに**、**施行者の承認**⑤を必要とする。もし、未承認の場合、その処分は、施行者に対抗できない。

先生からのコメント

⑤施行者が権利変換計画の作成等をする際、施行者が知らない間に、権利の処分が行われることのないように、承認を要するとしているのである。

3．権利変換計画の策定

施行者は、**申出期間の経過後**、遅滞なく、権利変換計画**を定め**、**認可**を受けなければならない（57条1項）。

（1）権利変換計画の策定基準

①　**施行マンションの区分所有権・敷地利用権を有する者に与えられる権利**
権利変換を**希望しない旨の申出**をした場合を**除き**、施行再建マンション**の区分所有権や敷地利用権が与えられる**ように定めなければならない。この場合、相互間の衡平を害しないように定める必要がある（60条1項・2項）。
②　参加組合員（前述**❷マンション建替組合の認可までの手続 4．組合員と参加組合員**（2）参照）**に与えられる権利**
組合の定款により施行再建マンション**の区分所有権・敷地利用権**が与えられるように定められた**参加組合員に対しても**、施行再建マンション**の区分所有権や敷地利用権が与えられる**ように定めなければならない（60条1項）。
③　**施行者に与えられる権利**
①②以外の施行再建マンション**の区分所有権・敷地利用権・**保留敷地※**の所有権や借地権**は、**施行者に帰属**するように定めなければならない（60条3項）。 ※　施行マンションの敷地であった土地で、施行再建マンションの敷地とならない土地のこと。
④　**借家権者（転借権者も含む）に与えられる権利**
①により、施行マンションの区分所有者に与えられることとなる施行再建マンションの部分について、原則として借家権が与えられるように定めなければならない。ただし、施行マンションの区分所有者が権利変換を**希望しない旨の申出**をしたときは、③により施行者に帰属することとなる施行再建マンションの部分について、借家権が与えられるように定めなければならない（60条4項）。
⑤　**担保権等の登記に係る権利が存する場合**
施行マンションの区分所有権または敷地利用権について担保権等の登記に係る権利が存するときは、権利変換計画においては、当該担保権等の登記に係る権利は、その権利の目的たる施行マンションの区分所有権または敷地利用権に対応して与えられるものとして定められた施行再建マンションの区分所有権または敷地利用権の上に存するものとして定めなければならない（61条1項）。

(2) 権利変換計画における審査委員の関与（67条）

施行者は、**権利変換計画を定め**、または**変更**しようとするとき（軽微な変更を除く）は、**審査委員**（後述第4節❹（2）参照）の**過半数の同意**を得なければならない。

4．権利変換計画の認可の申請手続（57条2項）

施行者は、認可を申請しようとする場合、原則として、権利変換計画について、あらかじめ、次の手続により同意を得なければならない。

(1) 個人施行者の場合

施行マンションまたはその敷地（隣接施行敷地を含む）について権利を有する者の**同意**を得なければならない。

(2) 組合の場合

総会の議決を経るとともに施行マンションまたはその敷地について権利を有する者（組合員を除く）および隣接施行敷地がある場合における当該隣接施行敷地について権利を有する者の**同意**を得なければならない。

① 権利変換計画に関する総会の議決に賛成しなかった組合員に対する売渡請求

総会で議決に**賛成しなかった組合員**に対しては、当該**議決があった日から2ヵ月以内**に、区分所有権および敷地利用権を時価で**売渡し請求**できる（64条1項）。

② 権利変換計画に関する総会の議決に賛成しなかった組合員の組合に対する買取請求

総会で議決に賛成しなかった組合員は、当該**議決があった日から2ヵ月以内**に、組合に対し、区分所有権および敷地利用権を時価で**買取請求**できる（64条3項）。

5．権利変換計画の認可・公告

認可の申請は、**知事等**に行う。**施行者**は次のときは、遅滞なくその旨を**公告**し、および関係権利者に関係事項を**書面で通知**しなければならない（68条1項）。

(1) **権利変換計画・その変更の認可を受けた**とき

(2) **軽微な変更をした**とき

❹ 権利変換計画の認可の公告～工事完了

- 権利変換計画の認可の公告
- 1．補償金の支払い
- 2．権利変換期日
- 3．権利変換の登記
- 4．占有の継続
- 5．明渡し期限
- 6．工事完了

time

1．補償金の支払い

施行者は、次の者に対し、**権利変換期日までに補償金の支払い**をしなければならない。

(1) **補償を受けることができる者（75条）**

① 施行マンションに関する権利またはその敷地利用権を有する者で、**権利変換期日**において当該権利を失い、かつ、当該権利に対応して、施行再建マンションに関する権利またはその敷地利用権を与えられないもの※

※（ア）権利変換を希望しない旨の申出をした者
（イ）施行マンションの借家権を有する者で、借家権の取得を希望しない旨を申し出た者
（ウ）上記（ア）（イ）以外で、施行マンションに関する権利を有していた者で、権利変換期日にその権利が消滅する者（使用借権を有していた者等）

② 隣接施行敷地の所有権・借地権を有する者で、**権利変換期日**において当該権利を失い、または当該権利の上に敷地利用権が設定されることとなるもの

(2) **施行マンションの区分所有権等の価額の算定基準（62条）**

認可の公告の日から起算して**30日の期間を経過した日**（申出期間を経過した日）における近傍類似の土地または近傍同種の建築物に関する同種の権利の取引価格等を考慮して定める相当の価額とされる。

(3) 補償金の供託

施行者は、先取特権・質権・抵当権・仮登記・買戻しの特約の登記に係る権利の目的物について**補償金を支払うとき**は、これらの権利者のすべてから供託しなくてもよい旨の申出があったときを除き、その**補償金を供託**しなければならない（76条3項）。これにより、担保権者等の保護を図っているのである。

2．権利変換期日における権利の変換等

(1) 敷地利用権（70条1項）

権利変換期日において、権利変換計画の定めるところに従い、施行マンションの敷地利用権は失われ、**施行再建マンションの敷地利用権**は新たに当該敷地利用権を与えられるべき者**が取得**する。

(2) 施行マンション（71条1項）

権利変換期日において、**施行マンション**は、施行者**に帰属**し、施行マンションを目的とする**区分所有権以外の権利**は、原則として、**消滅**する。

(3) 隣接施行敷地（70条2項）

権利変換期日において、権利変換計画の定めるところに従い、隣接施行敷地の所有権・借地権は、失われ、またはその上に施行再建マンションの敷地利用権が設定される。

① 隣接施行敷地の所有権が消滅し、施行再建マンションの敷地利用権（所有権）になる場合

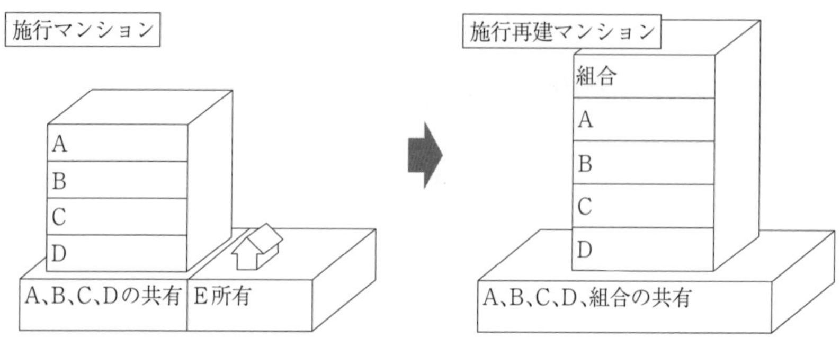

② 隣接施行敷地の借地権が消滅し、施行再建マンションの敷地利用権（借地権）になる場合

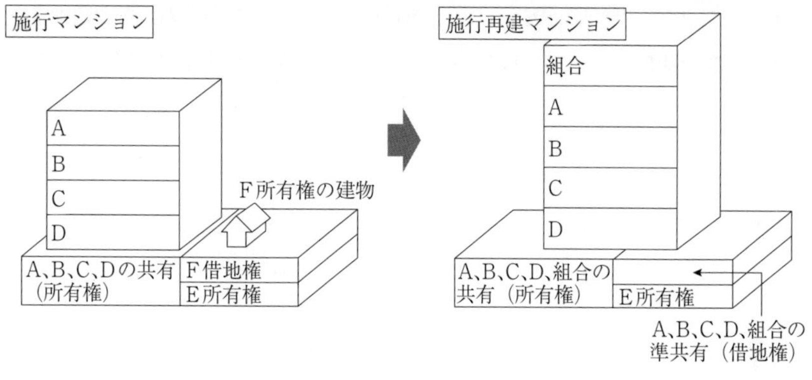

③ 隣接施行敷地の所有権の上に敷地利用権（借地権）が設定される場合

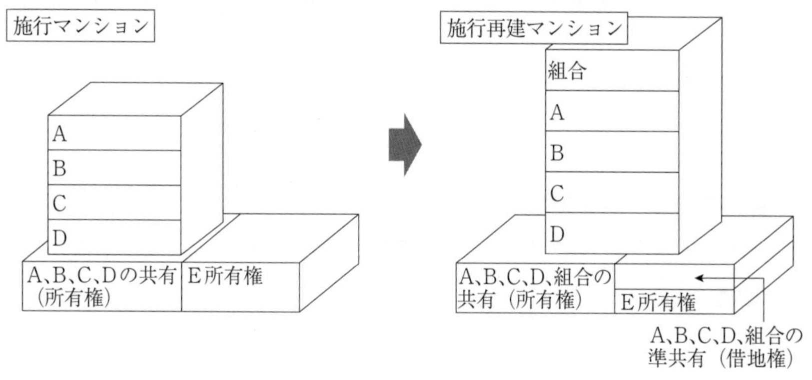

3．権利変換の登記（74条1項）

施行者は、権利変換期日後遅滞なく、**施行再建マンションの敷地**（保留敷地を含む）につき、**権利変換後の土地に関する権利について必要な登記を申請**※しなければならない。

保留敷地を定める場合

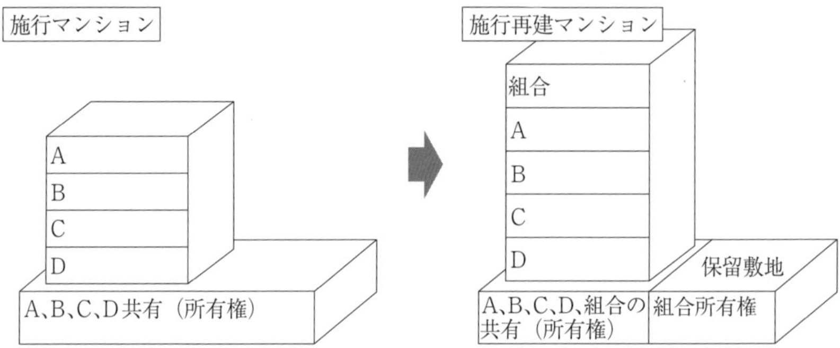

※　従前の土地の表示の登記の抹消・新たな土地の表示の登記を行うべきことについては、定められていない。

4．占有の継続（79条）

従前の権利者等※は、施行者が通知した**明渡し期限まで**は、従前の用法に従い、その**占有を継続**できる。

※　①　失った権利に基づき施行マンションを占有していた者・その承継人
　　②　権利を失い、または敷地利用権を設定された者・その承継人

5．施行マンション等の明渡し（80条）

(1) **明渡し請求（同1項・2項）**

施行者は、権利変換期日後マンション建替事業に係る工事のため必要があるときは、施行マンションまたはその敷地（**隣接施行敷地**を含む）を**占有している者**に対し、期限を定めて、その**明渡しを求める**ことができる。この明渡しの期限は、請求をした日の翌日から起算して30日を経過した後の日でなければならない。

(2) **明渡し（同4項）**

明渡請求があった者は、一定の場合を除き、明渡しの期限までに、施行者に明け渡さなければならない。

6．工事完了後

(1) **建築工事の完了の公告等（81条）**

施行者は、施行再建マンションの建築工事が完了したときは、速やかに、その旨を、**公告**するとともに、施行再建マンションに関し権利を取得する者に**通知**しなければならない。

(2) **施行再建マンションに関する登記（82条）**

施行者は、施行再建マンションの**建築工事が完了**したときは、遅滞なく、**施行再建マンションおよび施行再建マンションに関する権利**について必要な**登記**※**を申請**しなければならない。

※　建物の表示の登記、権利に関する登記（甲区・乙区欄）

(3) **施行再建マンションの区分所有権等の価額等の確定・清算（84条、85条）**

①　価額等の確定

施行者は、マンション建替事業の工事が完了したときは、速やかに、当該事業に要した費用の額を確定するとともに、それぞれの権利の額（施行再建マンションの区分所有権・敷地利用権の価額、施行者が賃貸する施行再建マンションの部分の家賃額）を確定し、各権利者にその確定した額を**通知**しなければならない。

②　清算

施行再建マンションの区分所有権または敷地利用権の価額とこれを与えられた者がこれに対応する権利として有していた施行マンションの区分所有権または敷地利用権の価額とに**差額があるとき**は、**施行者**は、その差額に相当する金額を**徴収**し、または**交付**しなければならない。

(4) **事業の終了**

① **個人施行者**は、マンション建替事業を、事業の完成の不能により廃止し、または終了しようとするときは、その廃止または終了について**知事等の認可**を受けなければならない（54条1項）。

② **組合**は、総会の議決、事業の完成またはその完成の不能により解散しようとするときは、**知事等の認可**を受けなければならない（38条4項）。

❺ 除却の必要性に係る認定等

(1) **除却の必要性に係る認定（102条）**

① マンションの**管理者等**〔区分所有法の規定により選任された管理者（管理者がないときは、「区分所有者集会」において指定された区分所有者）または区分所有法の規定により置かれた理事をいう。後述（2）においても同じ〕は、建築基準法に規定する**特定行政庁**に対し、当該マンションを除却する必要がある旨の**認定を申請**できる（同1項）。

② **特定行政庁**は、①による申請があった場合、当該申請に係るマンションが次のいずれかに該当するときは、その旨の**認定をする**ものとする（同2項）。

(ア) 当該申請に係るマンションが地震に対する安全性に係る建築基準法またはこれに基づく命令・条例の規定に準ずるものとして国土交通大臣が定める基準に適合していないと認められるとき

(イ) 当該申請に係るマンションが火災に対する安全性に係る建築基準法またはこれに基づく命令・条例の規定に準ずるものとして国土交通大臣が定める基準に適合していないと認められるとき

(ウ) 当該申請に係るマンションが外壁・外装材その他これらに類する建物の部分（外壁等）が剥離し、落下することにより周辺に危害を生ずるおそれがあるものとして国土交通大臣が定める基準に該当すると認められるとき

(エ) 当該申請に係るマンションが給水・排水その他の配管設備（その改修に関する工事を行うことが著しく困難なものとして国土交通省令で定めるものに限る）の損傷・腐食その他の劣化により著しく衛生上有害となるおそれがあるものとして国土交通大臣が定める基準に該当すると認められるとき

(オ)　当該申請に係るマンションが高齢者、障害者等の移動等の円滑化の促進に関する法律14条5項に規定する建築物移動等円滑化基準に準ずるものとして国土交通大臣が定める基準に適合していないと認められるとき

③　①の認定をした特定行政庁は、速やかに、知事等（当該特定行政庁である知事等を除く）にその旨を通知しなければならない（同3項)。

(2) 容積率の特例（105条）

その**敷地面積が政令で定める規模以上**であるマンションのうち、**要除却認定マンションに係るマンションの建替え**により**新たに建築されるマンション**で、特定行政庁が交通上、安全上、防火上及び衛生上支障がなく、かつ、その建蔽率、容積率および各部分の高さについて総合的な配慮がなされていることにより**市街地の環境の整備改善に資すると認めて許可したもの**の容積率は、その許可の範囲内において、**建築基準法の規定による限度**を**超えることができる。**

(3) 独立行政法人都市再生機構（「都市再生機構」という）の行う調査等業務（105条の2）

都市再生機構は、都市再生機構法に規定する業務のほか、前述（1）の認定を申請しようとする者または要除却認定マンションの管理者等からの委託に基づき、マンションの**建替え**、マンション**敷地売却**または**敷地分割**を行うために必要な調査・調整・技術の提供の業務を行うことができる。

(4) 区分所有者集会の特例（106条）

(1) ①の認定〔②（ア)～(ウ)のいずれかに係るものに限る。以下「**特定要除却認定**」という〕を受けた場合には、特定要除却認定を受けたマンション（以下「**特定要除却認定マンション**」という）の**区分所有者**は、この法律および区分所有法の定めるところにより、**区分所有者集会を開く**ことができる。

第3節 マンション敷地売却事業

重要度 マ 特A 主 B

❖ Introduction ❖

特定行政庁から、耐震性が不足しているという認定を受けたマンションの敷地は売却できるが、これはマンション敷地売却決議によって実施する。この実施主体として、マンション敷地売却組合を設立することになる。この組合の業務は、マンション敷地の権利を取得し、買受人にその権利を売却することや、マンション敷地売却決議の不同意者からの敷地の買収、「分配金取得計画」に基づく区分所有者等に対する分配金の支払いなどをすることである。

マンション敷地売却事業は、権利変換によるマンション建替え事業とは異なり、建物除却後の土地利用は自由である。

❶ 敷地売却決議（108条）

(1) マンションの耐震性が不足して除却する必要がある旨の特定要除却認定を受けた場合、特定要除却認定マンションの区分所有者は、建替え等円滑化法および区分所有法の定めるところにより、区分所有者集会を開くことができ、特定要除却認定マンションに係る敷地利用権が、数人で有する所有権または借地権であるときは、この区分所有者集会において、**区分所有者、議決権および当該敷地利用権の持分の価格の各4/5以上の多数**で、当該特定要除却認定マンションおよびその敷地（当該敷地利用権が借地権であるときは、その借地権）を売却する旨の決議（**マンション敷地売却決議**）ができる（同1項）。

(2) マンション敷地売却決議では、次の事項を定めなければならない（同2項）。

① 買受人（120条1項の規定により組合が設立された場合には、組合から特定要除却認定マンションを買い受ける者）となるべき者の氏名・名称 ② 売却による**代金の見込額** ③ 売却によって各区分所有者が取得できる金銭（分配金）の額の算定方法に関する事項

(3)（1）の決議事項を会議の目的とする区分所有者集会を招集するときは、区分所有法35条1項の**通知**は、当該区分所有者集会の会日より少なくとも**2ヵ月前**に発しなければならない（同5項）。

(4)（3）の場合、区分所有法35条1項の通知をするときは、**議案の要領**のほか、次の事項をも**通知**しなければならない（同6項）。

① 売却を必要とする理由

② 次の区分に応じ、それぞれ次に定める事項

（ア） 特定要除却認定マンションが102条2項1号に該当する場合には、次の事項

・耐震改修法2条2項に規定する耐震改修またはマンションの建替えをしない理由

・耐震改修に要する費用の概算額

（イ） 特定要除却認定マンションが102条2項2号に該当する場合には、次の事項

・火災に対する安全性の向上を目的とした改修またはマンションの建替えをしない理由

・上記の改修に要する費用の概算額

（ウ） 特定要除却認定マンションが102条2項3号に該当する場合には、次の事項

・外壁等の剥離および落下の防止を目的とした改修またはマンションの建替えをしない理由

・上記の改修に要する費用の概算額

(5) 区分所有者集会を招集した者は、当該区分所有者集会の会日より少なくとも**1ヵ月前**までに、当該招集の際に通知すべき事項について区分所有者に対し説明を行うための**説明会を開催**しなければならない（同7項）。

(6) マンション敷地売却決議をした区分所有者集会の**議事録**には、その決議についての各区分所有者の**賛否**をも記載し、または記録しなければならない（同9項）。

❷ マンション敷地売却組合

1．マンション敷地売却組合設立の認可（120条）

マンション敷地売却決議の内容により、マンション敷地売却を行う旨の合意をしたものとみなされた者（以下「**マンション敷地売却合意者**」という）は、**5人以上**共同して、定款および資金計画を定め、知事等の**認可を受けて**マンション敷地売却組合（以下「**組合**」という）**を設立**でき（120条1項）、組合はこの認可によって成立する（122条）。そして、知事等は、この認可をしたときは、遅滞なく、組合の名称・売却マンションの名称・その所在地その他一定事項を公告しなければならない（123条1項）。

なお、この認可を申請しようとするマンション敷地売却合意者は、組合の設立について、**マンション敷地売却合意者の3/4以上**の一定の**同意**を得なければならない（120条2項）。

設立された組合は、マンション敷地売却事業を実施できる。なお、組合は、その名称中に「**マンション敷地売却組合**」という文字を用いなければならない（119条1項）。

2．組合員（125条）

売却マンションの**マンション敷地売却合意者**〔その承継人（組合を除く）を含む〕は、**すべて組合の組合員**となる（同1項）。

マンションの1つの専有部分が**数人の共有**に属するときは、その数人は**1人の組合員**とみなされる（同2項）。

3．役員の設置（126条1項・2項）

組合には、次の数の役員を置く。

(1) **理事を**3人以上設置

(2) **監事を**2人以上設置

(3) **理事長**を**1人**設置➡理事の互選による。

4．総会・総代会・総代

(1) **総会の組織**（127条）

組合の総会は、総組合員で組織する。

(2) 総代会（131条１項）

組合員の数が**50人を超える**組合は、総会に代わってその権限を行わせるために**総代会を設ける**ことができる。

(3) 総代（132条）

① 総代は、定款で定めるところにより、組合員が組合員（法人にあってはその役員）のうちから選挙する（同１項）。

② 総代の任期は、**１年**を超えない範囲内において定款で定める。補欠の総代の任期は、前任者の残任期間とする（同２項）。

(4) 議決権および選挙権（133条）

① 組合員および総代は、定款に特別の定めがある場合を除き、**各１個**の議決権および選挙権を有する（１項）。

② 「組合員」は**書面**または**代理人**をもって、「総代」は**書面**をもって、議決権および選挙権を行使できる（２項）。

③ 組合員および総代は、定款で定めるところにより、②の書面をもってする議決権および選挙権の行使に代えて、**電磁的方法により**議決権および選挙権を**行使**できる（３項）。

④ 組合と特定の組合員との関係について議決をする場合には、その組合員は、議決権を有しない（４項）。

5．組合の解散（137条１項）

組合は、次の事由により解散する。

① **設立についての認可の取消し**
② **総会の議決**
　※ 権利消滅期日前に限る（同２項）。
③ **事業の完了またはその完了の不能**

❸ 分配金取得手続

1．分配金取得手続開始の登記（140条）

(1) **組合**は、知事等から**認可の公告**があったときは、**遅滞なく**、登記所に、売却マンションの区分所有権および敷地利用権（既登記のものに限る）について、**分配金取得手続開始の登記**を申請しなければならない（同1項）。

(2) **分配金取得手続開始の登記後**は、**組合員**は、当該登記に係る売却マンションの区分所有権または敷地利用権を**処分**するときは、**組合の承認**を得なければならない（同2項）。なお、組合は、事業の遂行に重大な支障が生ずることその他正当な理由がなければ、この承認を拒むことができない（同3項）。そして、この承認を得ないでした処分は、組合に対抗できない（同4項）。

(3) 権利消滅期日前に、次の理由による知事等の公告があったときは、組合の**清算人**は、遅滞なく、登記所に、**分配金取得手続開始の登記の抹消**を申請しなければならない（140条5項、137条5項・4項・1項2号・3号）。

① 組合の設立についての認可を取り消したとき

② 「総会の議決」「事業の完了・その完了の不能」により解散に至ったとき

2．分配金取得計画の決定・認可（141条）

(1) **組合**は、知事等からの**認可の公告後**、**遅滞なく**、**分配金取得計画**を定めなければならない。この場合、知事等の**認可**を受けなければならない（同1項）。

組合は、分配金取得計画・その変更の**認可**を受けたとき、または分配金取得計画について一定の軽微な変更をしたときは、**遅滞なく**、その旨を**公告**し、および関係権利者に関係事項を**書面で通知**しなければならない（147条1項）。

(2) **組合**は、分配金取得計画を定める場合の知事等の**認可**を申請しようとするときは、分配金取得計画について、あらかじめ、**総会の議決**を経るとともに、売却マンションの**敷地利用権が賃借権**であるときは、売却マンションの**敷地の所有権を有する者の同意**を得なければならない。ただし、その所有権をもって組合に対抗できない者については、この必要はない（141条2項）。

3．分配金取得計画の内容（142条）

(1) 分配金取得計画においては、次の事項を定めなければならない（同1項）。

①　組合員の氏名・名称および住所
②　組合員が売却マンションについて有する区分所有権または敷地利用権
③　組合員が取得することとなる**分配金**[①]**の価額**
④　売却マンションまたはその敷地に関する権利（組合員の有する区分所有権および敷地利用権を除く）を有する者で、この法律の規定により、**権利消滅期日**において当該**権利を失う**ものの氏名・名称および住所、**失われる**売却マンションまたはその敷地について有する**権利**ならびにその**価額**
⑤　売却マンションまたはその敷地の**明渡し**により、上記④の者（売却マンションまたはその敷地を占有している者に限る）が受ける**損失の額**
⑥　補償金の支払に係る利子・その決定方法
⑦　権利消滅期日　等

(2) 売却マンションに関する権利またはその敷地利用権に関して**争い**がある場合、その権利の存否または帰属が**確定しない**ときは、当該**権利が存する**ものとして、または当該権利が**現在の名義人**（当該名義人に対して一定の請求があった場合の当該請求者）**に属する**ものとして分配金取得計画を定めなければならない（同2項）。

先生からのコメント

①組合は、組合員に対し、権利消滅期日までに、この分配金を支払わなければならない（151条）。

④ 売却マンション・敷地の登記（150条）

組合は、権利消滅期日後遅滞なく、売却マンション・その敷地に関する権利について必要な**登記を申請**しなければならない（同1項）。そして、権利消滅期日以後は、売却マンション・その敷地に関しては、この登記がされるまでの間は、他の登記ができない（同2項）。

第4節 敷地分割事業

重要度 マ B 主 C

Introduction

除却の必要性に係る認定対象の拡充をはかるため、耐震性が不足しているものに加え、外壁の剥落等により危害を生ずるおそれがあるマンション等もこの対象になっている。また、団地型マンションの再生の円滑化のため、要除却認定を受けた老朽化マンションを含む団地においても、敷地共有者の4/5以上の同意により、マンション敷地の分割ができることになっている。

❶ 敷地分割事業

1．団地建物所有者集会の特例（115条の2）

特定要除却認定を受けた場合には、団地内建物を構成する特定要除却認定マンションの敷地（当該特定要除却認定マンションの敷地利用権が借地権であるときはその借地権）の共有者である当該団地内建物の団地建物所有者（以下「**特定団地建物所有者**」という）は、この法律および区分所有法の定めるところにより、**団地建物所有者集会を開く**ことができる。

2．敷地分割決議（115条の4）

(1) **特定要除却認定**を受けた場合には、**団地建物所有者集会**において、**特定団地建物所有者および議決権の各4／5以上**の多数で、当該特定団地建物所有者の共有に属する団地内建物の敷地またはその借地権を分割する旨の決議（**敷地分割決議**）ができる（同1項）。

(2) 団地建物所有者集会における**各特定団地建物所有者の議決権**は、区分所有法38条の規定にかかわらず、また区分所有法30条1項の規約に別段の定めがある場合でも、当該団地内建物の敷地またはその借地権の**共有持分の割合**による（同2項）。

(3) **敷地分割決議**においては、次の事項を定めなければならない（同3項）。

① 除却マンション敷地〔敷地分割後の特定要除却認定マンション（敷地分割決議に係るものに限る）の存する敷地をいう〕となるべき土地の区域および非除却マンション敷地（敷地分割後の除却マンション敷地以外の敷地をいう）となるべき土地の区域
② 敷地分割後の土地またはその借地権の帰属に関する事項
③ 敷地分割後の団地共用部分の共有持分の帰属に関する事項
④ 敷地分割に要する費用の概算額
⑤ ④の費用の分担に関する事項
⑥ 団地内の駐車場、集会所その他の生活に必要な共同利用施設の敷地分割後の管理および使用に関する事項

(4)（1）の決議事項を会議の目的とする**団地建物所有者集会を招集**するときは、区分所有法35条1項の通知は、この規定にかかわらず、当該団地建物所有者集会の会日より少なくとも**2ヵ月前**に発しなければならない（同5項）。

(5)（4）の場合、区分所有法35条1項の通知をするときは、**議案の要領**のほか、次の事項をも**通知**しなければならない（同6項）。
① 特定要除却認定マンションの除却の実施のために敷地分割を必要とする理由
② 敷地分割後の当該特定要除却認定マンションの除却の実施方法
③ マンションの建替え等その他の団地内建物における良好な居住環境を確保するための措置に関する中長期的な計画が定められているときは、当該計画の概要

(6)（4）の団地建物所有者集会を**招集した者**は、当該団地建物所有者集会の会日より少なくとも**1ヵ月前**までに、当該招集の際に通知すべき事項について特定団地建物所有者に対し説明を行うための**説明会を開催**しなければならない（同7項）。

(7) 敷地分割決議をした団地建物所有者集会の**議事録**には、その決議についての各特定団地建物所有者の**賛否**をも記載し、または記録しなければならない（同9項）。

(8) 敷地分割決議に賛成した各特定団地建物所有者（その承継人を含む）は、敷地分割決議の内容により敷地分割を行う旨の合意をしたものとみなされる（同10項）。

❷ 敷地分割組合

1．通　則

(1) 敷地分割事業の実施（164条）

敷地分割組合（以下「組合」という）は、敷地分割事業を実施できる。

(2) 法人格（165条）

組合は、**法人**とする。

2．設立等

(1) 設立の認可（168条）

① 敷地分割決議の内容により敷地分割を行う旨の合意をしたものとみなされた者（特定団地建物所有者であってその後に当該敷地分割決議の内容により当該敷地分割を行う旨の同意をしたものを含む。以下「**敷地分割合意者**」という）は、**5人以上**共同して、定款および事業計画を定め、知事等の認可を受けて**組合を設立**できる（同1項）。

② 認可を申請しようとする敷地分割合意者は、組合の設立について、敷地分割合意者の**3／4以上の同意**（同意した者の議決権の合計が敷地分割合意者の議決権の合計の3／4以上となる場合に限る）を得なければならない（同2項）。

③ 団地内建物の敷地に現に存する1の建物（専有部分のある建物では、1の専有部分）が**数人の共有**に属するときは、その数人を**1人の敷地分割合意者**とみなされる（同3項）。

(2) 事業計画（169条）

① 事業計画においては、団地内建物の状況、分割実施敷地の区域、敷地分割の概要、除却マンション敷地および非除却マンション敷地の区域、事業実施期間、資金計画その他一定事項を記載しなければならない（同1項）。

② 事業計画は、敷地分割決議の内容に適合したものでなければならない（同2項）。

(3) 組合の成立（172条）

組合は、**認可**により成立する。

(4) 認可の公告等（173条）

① 知事等は、認可をしたときは、遅滞なく、組合の名称、分割実施敷地に係る団地の名称、分割実施敷地の区域、事業実施期間その他一定事項を**公告**し、かつ、関係市町村長に分割実施敷地に係る団地の名称、分割実施敷地の区域その他一定事項を表示する図書を送付しなければならない（同１項）。

② 組合は、公告があるまでは、組合の成立または定款もしくは事業計画をもって、組合員その他の第三者に対抗できない（同２項）。

3．組合員（174条）

① 分割実施敷地に現に存する団地内建物の特定団地建物所有者〔その承継人（組合を除く）を含む〕は、**すべて組合の組合員**となる（同１項）。

② 分割実施敷地に現に存する１の建物（専有部分のある建物では、１の専有部分）が**数人の共有**に属するときは、その数人を**１人の組合員**とみなされる（同２項）。

4．役員の設置（175条）

組合には、次の数の役員を置く（同１項・２項）。

(1) **理事を** 3 人以上設置

(2) **監事を** 2 人以上設置

(3) **理事長を１人**設置　⇒　理事の互選による。

5．総会の決議事項（177条）

次の事項は、**総会の議決**を経なければならない。

① **定款の変更**
② **事業計画の変更**
③ 借入金の借入れおよびその方法ならびに借入金の利率・償還方法
④ 経費の収支予算
⑤ 予算をもって定めるものを除くほか、組合の負担となるべき契約
⑥ 賦課金の額および賦課徴収の方法
⑦ 敷地権利変換計画およびその変更
⑧ **組合の解散**
⑨ その他定款で定める事項

6．特別の議決（179条）

5．①②の事項のうち政令で定める重要な事項や⑧の事項は、**組合員の議決権および分割実施敷地持分**〔分割実施敷地に存する建物（専有部分のある建物では専有部分）を所有するための当該分割実施敷地の所有権・借地権の共有持分をいう〕**の割合の各3／4以上**で決する。

7．総会・総代会・総代

(1) 総会の組織（176条）

組合の総会は、総組合員で組織する。

(2) 総代会（180条）

組合員の数が**50人を超える**組合は、総会に代わってその権限を行わせるために**総代会**を設けることができる（同1項）。

(3) 総代（181条）

① 総代は、定款で定めるところにより、組合員が組合員（法人にあってはその役員）のうちから選挙する（同1項）。
② 総代の任期は、**3年を超えない**範囲内において定款で定める。補欠の総代の任期は、前任者の残任期間とする（同2項）。

(4) **議決権・選挙権（182 条）**

① 組合員および総代は、定款に特別の定めがある場合を除き、**各１個**の議決権および選挙権を有する（同１項）。

② 「組合員」は**書面**または**代理人**をもって、「総代」は**書面**をもって、議決権および選挙権を行使できる（同２項）。

③ 組合と特定の組合員との関係について議決をする場合には、その組合員は、議決権を有しない（同３項）。

④ 代理人は、同時に**５人以上**の組合員を代理できない（同５項）。

⑤ 代理人は、**代理権を証する書面を組合に提出**しなければならない（同６項）。

８．組合の解散（186 条）

組合は、次の理由により解散する（同１項）。

① 設立についての認可の取消し
② 総会の議決
③ 事業の完了またはその完了の不能

❸ 敷地権利変換手続等

１．敷地権利変換手続（189 条）

(1) **組合**は、知事等から**認可の公告**があったときは、**遅滞なく**、登記所に、分割実施敷地に現に存する団地内建物の所有権（専有部分のある建物では区分所有権）および分割実施敷地持分（既登記のものに限る）について、**敷地権利変換手続開始の登記**を申請しなければならない（同１項）。

(2) この**登記後**は、**組合員**は、当該登記に係る団地内建物の所有権および分割実施敷地持分を**処分**するときは、**組合の承認**を得なければならない（同２項）。

(3) 組合は、事業の遂行に重大な支障が生ずることその他正当な理由がなければ、承認を拒むことができない（同３項）。

(4) 承認を得ないでした処分は、組合に対抗できない（同４項）。

2．敷地権利変換計画の決定・認可（190条）

(1) **組合**は、知事等から**認可の公告後、遅滞なく、敷地権利変換計画**を定めなければならない。この場合、知事等の**認可**を受けなければならない（同1項）。

(2) **組合**は、知事等の**認可**を申請しようとするときは、敷地権利変換計画について、あらかじめ、**総会の議決**を経るとともに、組合員以外に分割実施敷地について所有権を有する者があるときは、その者の**同意**を得なければならない。ただし、その所有権をもって組合に対抗できない者については、この必要はない（同2項）。

3．敷地権利変換計画の内容（191条）

(1) 敷地権利変換計画においては、次の事項を定めなければならない（同1項）。

① 除却マンション敷地および非除却マンション敷地の区域

② 分割実施敷地持分を有する者で、当該分割実施敷地持分に対応して、除却敷地持分（除却マンション敷地に存する建物（専有部分のある建物では専有部分）を所有するための当該除却マンション敷地の所有権または借地権の共有持分をいう）を与えられることとなるものの氏名・名称および住所

③ ②の者が有する**分割実施敷地持分**およびその**価額**

④ ②の者に③の分割実施敷地持分に対応して与えられることとなる**除却敷地持分の明細**およびその**価額**

⑤ 分割実施敷地持分を有する者で、当該分割実施敷地持分に対応して、次のいずれかの権利（以下「非除却敷地持分等」という）を与えられることとなるものの氏名・名称および住所

(ア) 非除却マンション敷地に存する建物(専有部分のある建物では専有部分)を所有するための当該非除却マンション敷地の所有権または借地権の共有持分

(イ) 非除却マンション敷地に存する建物（専有部分のある建物を除く）の敷地またはその借地権

⑥ ⑤の者が有する**分割実施敷地持分**およびその**価額**

⑦ ⑤の者に⑥の分割実施敷地持分に対応して与えられることとなる**非除却敷地持分等の明細**およびその**価額**

⑧　②⑤の者で、その有する団地共用部分の共有持分に対応して、敷地分割後の団地共用部分の共有持分が与えられることとなるものの氏名・名称および住所、与えられることとなる**団地共用部分の共有持分**ならびにその**価額**

⑨　②⑤の者で、この法律の規定により、敷地権利変換期日においてその有する団地共用部分の共有持分を失い、かつ、当該共有持分に対応して、敷地分割後の団地共用部分の共有持分を与えられないものの氏名・名称および住所、失われる**団地共用部分の共有持分**ならびにその**価額**

⑩　③⑥の分割実施敷地持分について担保権等の登記に係る権利を有する者の氏名・名称および住所ならびにその権利

⑪　⑩の者が除却敷地持分または非除却敷地持分等の上に有することとなる権利

⑫　清算金の徴収に係る利子またはその決定方法

⑬　敷地権利変換期日　等

(2) 分割実施敷地持分に関して**争い**がある場合、当該分割実施敷地持分の存否または帰属が**確定しない**ときは、当該**分割実施敷地持分が存する**ものとして、または当該分割実施敷地持分が**現在の名義人に属する**ものとして敷地権利変換計画を定めなければならない（同２項）。

４．除却マンション敷地及び非除却マンション敷地（193条）

(1) 敷地権利変換計画においては、**除却**マンション敷地となるべき土地に現に存する団地内建物の特定団地建物所有者に対しては、**除却**敷地持分が与えられるように定めなければならない（同１項）。

(2) 敷地権利変換計画においては、**非除却**マンション敷地となるべき土地に現に存する団地内建物の特定団地建物所有者に対しては、**非除却**敷地持分等が与えられるように定めなければならない（同２項）。

5．敷地権利変換

(1) 敷地権利変換の処分（199条）

① 組合は、敷地権利変換計画もしくはその変更の認可を受けたとき、または敷地権利変換計画について一定の軽微な変更をしたときは、遅滞なく、その旨を公告し、および関係権利者に関係事項を書面で通知しなければならない（同1項）。

② 敷地権利変換に関する処分は、この通知をすることによって行う（同2項）。

(2) 敷地権利変換期日等の通知（200条）

組合は、敷地権利変換計画もしくはその変更（敷地権利変換期日に係るものに限る）の認可を受けたとき、または一定の軽微な変更をしたときは、遅滞なく、分割実施敷地の所在地の登記所に、敷地権利変換期日その他一定事項を通知しなければならない。

(3) 敷地に関する権利変換（201条）

① 敷地権利変換期日において、敷地権利変換計画の定めるところに従い、分割実施敷地持分は失われ、除却敷地持分または非除却敷地持分等は新たにこれらの権利を与えられるべき者が取得する（同1項）。

② 分割実施敷地に関する権利で、権利が変換されることのないものは、敷地権利変換期日以後においても、なお従前の土地に存する。この場合、敷地権利変換期日前において、当該権利のうち地役権・地上権の登記に係る権利が存していた分割実施敷地持分が担保権等の登記に係る権利の目的となっていたときは、敷地権利変換期日以後においても、当該地役権・地上権の登記に係る権利と当該担保権等の登記に係る権利との順位は、変わらないものとする（同2項）。

③ 敷地権利変換期日において、敷地権利変換計画の定めるところに従い、団地共用部分の共有持分は失われ、敷地分割後の団地共用部分の共有持分は新たに当該共有持分を与えられるべき者が取得する（同3項）。

(4) 敷地権利変換の登記（204条）

① 組合は、敷地権利変換期日後遅滞なく、分割実施敷地につき、敷地権利変換後の土地およびその権利について必要な登記を申請しなければならない（同1項）。

② 敷地権利変換期日以後においては、分割実施敷地に関しては、①の登記がされるまでの間は、他の登記をすることができない（同2項）。

❹ 審査委員

(1) 審査委員の設置

① マンション建替事業

(ア) 個人施行者（53条1項）

個人施行者は、知事等の承認を受けて、土地および建物の権利関係または評価について特別の知識経験を有し、かつ、公正な判断をすることができる者のうちから、この法律および規準または規約で定める権限を行う**審査委員3人以上**を選任しなければならない。

(イ) マンション建替組合（37条1項・2項）

土地・建物の権利関係または評価について特別の知識経験を有し、かつ、公正な判断ができる者（**審査委員3人以上**）を総会で選任し、この法律および定款で定める権限を行わせる。

② マンション敷地売却組合（136条1項・2項）、敷地分割組合（185条1項・2項）

土地・建物の権利関係または評価について特別の知識経験を有し、かつ、公正な判断ができる者（**審査委員3人以上**）を総会で選任し、この法律および定款で定める権限を行わせる。

(2) 審査委員の権限

① マンション建替事業

(ア) 権利変換計画の決定・変更（67条）

施行者は、**権利変換計画の決定・変更**をしようとするとき（国土交通省令で定める軽微な変更をしようとする場合を除く）は、**審査委員の過半数の同意**を得なければならない。

(イ) 借家条件の協議・裁定（83条）

建築工事の完了公告日までに、家賃その他の借家条件について協議が成立しないときは、施行者は、当事者の一方または双方の申立てにより、**審査委員の過半数の同意**を得て、次の事項について裁定できる。

① 賃借の目的
② 賃の額、支払期日および支払方法
③ 敷金または賃借権の設定の対価を支払うべきときは、その額

② **マンション敷地売却組合（146条）**

組合は、**分配金取得計画の決定・変更**をしようとするとき（国土交通省令で定める軽微な変更をしようとする場合を除く）は、**審査委員の過半数の同意**を得なければならない。

③ **敷地分割組合（198条）**

組合は、**敷地権利変換計画の決定・変更**をしようとするとき（国土交通省令で定める軽微な変更をしようとする場合を除く）は、**審査委員の過半数の同意**を得なければならない。

❺ 技術的援助の請求（101条、163条、216条）

(1) **技術的援助の請求**

① **マンション建替事業（101条1項）**

組合または組合を設立しようとする者、個人施行者または個人施行者になろうとする者は、国土交通大臣、知事および市町村長（知事等）に対し、マンション建替事業の施行の準備・施行のために、マンション建替事業に関し専門的知識を有する職員の技術的援助を求めることができる。

② **マンション敷地売却事業（163条1項）**

組合または組合を設立しようとする者は、国土交通大臣、知事等に対し、マンション敷地売却事業の実施の準備・実施のために、マンション敷地売却事業に関し専門的知識を有する職員の技術的援助を求めることができる。

③ **敷地分割事業（216条1項）**

組合または組合を設立しようとする者は、国土交通大臣、知事等に対し、敷地分割事業の実施の準備・実施のために、敷地分割事業に関し専門的知識を有する職員の技術的援助を求めることができる。

(2) 知事等は、(1)の技術的援助を行うために必要があると認めるときは、センターに必要な協力を要請できる（各2項）。

❻ 代位による分筆又は合筆の登記の申請

①　マンション建替事業（92 条）

施行者は、マンション建替事業の施行のために必要があるときは、**所有者に代わって分筆**または**合筆の登記**を申請できる。

②　敷地分割事業（209 条）

組合は、敷地分割事業の実施のために必要があるときは、**所有者に代わって分筆**または**合筆の登記**を申請できる。

Index

第1編 民法

い

遺言……144,149
遺言の効力……151
遺言の撤回……151
遺産分割……151,163
意思の不存在……26
意思表示……21
一括競売……64
一般の先取特権……68
委任……5,131
委任契約解除の効果……135
委任契約の終了事由……134
違約手付……86
遺留分……148
遺留分侵害額請求権……149
遺留分侵害額請求権の時効期間……149
遺留分の放棄……149

う

請負……5,140
請負契約……140
請負契約解除権……141
請負人の担保責任……141

か

解除権の行使……90
解除権の消滅……85
解除後の第三者……160
解除前の第三者……160
解約手付……86
改良行為……28
確定期限……39
確定日付のある証書……96
果実……61
可分債権……116
可分債務……116
仮差押え……40
仮処分……40
簡易の引渡……54
管理不全土地・建物管理制度……51

き

危険負担……92
寄託……5,137
供託……98,113
共同不法行為……128
共同保証……122
強迫……24
共有……45
金銭債務の特則……80

く

組合……5

け

軽微変更……187
契約……4
契約の解除……83
契約不適合責任……88
欠格……146
権限外の行為の表見代理……36
検索の抗弁権……121
現実の引渡……54
原状回復義務……84
限定承認……147
現物分割……49
顕名……27,31
権利金……173

こ

合意解除……83
更改……98,112

交換契約……5
後見開始の審判……11,29,135
工作物の責任……127
公序良俗違反……6
公正証書遺言……152
個人根保証契約……120,123
国庫……144,152
雇用……5
混同……99,112

● さ ●

債権者代位権……106
債権の譲渡……94
債権の消滅……98
催告……16,37
催告の抗弁権……120
債務引受……97
債務不履行……75
詐害行為取消権……107
詐欺……24
先取特権……57,68,70
錯誤……23
指図による引渡……54
詐術……17

● し ●

敷金等……171
敷金返還請求権……172
時効……38
時効の援用……42
時効の完成猶予……40
時効の更新……40
自己契約……30
質権……56,71
失火責任法……126
自働債権……103
自筆証書遺言……152
事務管理……130
重大な過失……24
従たる権利……61
従物……61
主たる債務の履行状況に
　関する情報の提供義務……123
受働債権……103
取得時効……38
受任者……131
使用者責任……126
使用貸借（契約）……5,174,176
承諾……8
承諾適格……7
承認……41,110
消費貸借（契約）……5
消滅時効……39
証約手付……86
所有権……43
所有者不明土地・建物管理制度……50
心裡留保……22

● す ●

随伴性……57,120

● せ ●

制限行為能力者……9,19
成年後見人……11
成年被後見人……11
善意・無過失……38,100
善意・有過失……22,38
善管注意義務……132
占有回収の訴え……55
占有改定……54
占有権……54
占有訴権……55
占有保持の訴え……55
占有保全の訴え……55

● そ ●

相殺……99,103,111
相殺適状……103
相続……144
相続財産……151

双方代理 ……………………30
双務契約 ……………………6
贈与 ……………………155
贈与契約 ……………………5,155
相隣関係 ……………………43
遡及効 ……………………15,135
即時取得 ……………………55
損害賠償額の予定 …………80
損害賠償請求 ……………90,91
損害賠償の範囲 ……………79

● た ●

代価弁済 ……………………65
代金減額請求 …………89,90,91
代襲相続 ……………………144
代物弁済 ……………………98,111
代理 ……………………27
代理権 ……………………27
代理権授与の表示による表見代理 ·36
代理権消滅後の表見代理 ……36
代理行為 ……………………27,31
諾成契約 ……………………5
建物明渡し猶予制度 ………67
単純承認 ……………………147
担保物権 ……………………56

● ち ●

注文者の責任 ………………129
直系尊属 ……………………144,145
賃借権の譲渡 ………………169
賃貸借契約 …………………5,165

● つ ●

追完請求 …………89,90,91,141
追認 ……………………25,34
追認権 ……………10,12,14,34
通謀虚偽表示 ………………23

● て ●

抵当権 ……………………56,59
抵当権消滅請求 ……………65
手付 ……………………86
転貸 ……………………169
転得者 ……………………25
天然果実 ……………………61

● と ●

登記 ……………………157,160
動機の錯誤 …………………23
動産の先取特権 ……………69
同時死亡の推定 ……………145
同時履行の抗弁権 …………75
動物の占有者等の責任 ……128
特殊の不法行為 ……………126
特定承継人 …………………48,55
取消し ……………………6
取消権 ……………10,12,14,17,35
取消権の消滅時効 …………25
取消しとその効力 …………15
取下げ ……………………41

● に ●

任意代位 ……………………100
任意代理 ……………………28,33

● は ●

配偶者 ……………………144
廃除 ……………………147
背信的悪意者 ………………159
売買契約 ……………………5
破産手続開始の決定 ……29,135

● ひ ●

被担保債権 …………………61
必要費 ……………………165
被保佐人 ……………………12
被補助人 ……………………14
秘密証書遺言 ………………153
表見代理 ……………………34,36
表示錯誤 ……………………23

費用償還請求権 ……………134
費用前払請求権 ……………134

● ふ ●

付加一体物 ……………60
不確定期限 ……………39
不可分債権 ……………114
不可分債務 ……………116
不可分性 ……………57
不完全履行 ……………79
復代理 ……………32
付従性 ……………57,120
物権変動 ……………157,160
物上代位性 ……………58
不動産工事の先取特権 ……………62
不動産質 ……………73
不動産の先取特権 ……………69
不動産売買の先取特権 ……………70
不動産保存の先取特権 ……………62
不当利得 ……………130
不分割特約 ……………50
不法行為 ……………125
不法行為者 ……………159
不法占拠者 ……………159
分割債権 ……………114
分割債務 ……………114
分別の利益 ……………123

● へ ●

併存的債務引受 ……………97
弁済 ……………98,99,111,115,117
弁済の充当 ……………102
弁済の提供 ……………101
弁済の費用 ……………101
片務契約 ……………6

● ほ ●

放棄 ……………147
法定解除 ……………83
法定果実 ……………61
法定相続人 ……………144
法定相続分 ……………144
法定代位 ……………100
法定代理 ……………28,32
法定代理人 ……………9,10,11
法定担保物権 ……………57
法定地上権 ……………62
法定追認 ……………17
法定利率 ……………81
保護者 ……………12
保佐開始の審判 ……………12
保佐人 ……………12,14
保証 ……………118
保証債務の範囲 ……………119
保証人 ……………118
保証人の求償権 ……………123
補助開始の審判 ……………14
補助人 ……………15
保存行為 ……………28,47

● み ●

未成年後見人 ……………9
未成年者 ……………9

● む ●

無権代理 ……………34,37
無権利者 ……………158
無効 ……………6
無償契約 ……………6
無断譲渡・無断転貸の禁止 ……………171

● め ●

免除 ……………98,113
免責的債務引受 ……………97

● も ●

申込み ……………7
持分 ……………46
持分の帰属 ……………48
問題ある意思表示 ……………26

● や ●
約定解除 ……………………83
約定担保物権 ………………56

● ゆ ●
有益費 ……………………166
有償契約 ……………………6

● よ ●
要物契約 ……………………5
預貯金についての遺産分割 …152

● り ●
履行遅滞 ……………………76
履行不能 ……………………77
留置権 ………………57,73
利用行為 ……………………28
隣地の使用 …………………44

● れ ●
連帯債務 …………………109
連帯保証 …………………122

● わ ●
和解 …………………………5

Index

第2編　区分所有法等

● あ ●
明渡しの期限の許与 ………246

● い ●
一部が滅失 ………273,274,278
一部共用部分 ……183,184,227
一括建替え決議 ……………261
委任の規定の準用 …………204

● う ●
内側線 ……………………184
売渡し請求 …………245,289

● か ●
買受指定者 ………………245
買取指定者 ………………240
買取請求 …………………239
仮理事の選任 ……………209
監事 ………………208,292
管理組合 …………………204
管理組合法人 ……205,206,210
管理組合法人の解散事由 ……211
管理行為 …………………187
管理者 ……………………199
管理所有 …………………202
管理所有者 …………189,202

● き ●
議決権 ……………218,221
議事 ………………………217
技術的援助の請求 …………322
議事録 ……………………218
議長 ………………………218
義務違反者 …………230,236
規約 ………………222,225
規約共用部分 ………………183

規約敷地 ……………………193
規約の設定・変更・廃止 ……226
規約の保管・閲覧 …………228
強行規定 ……………………223
共同の利益に反する行為 ……230
共用部分 …………182,188,238
共用部分の管理 ……………186

● く ●

区分所有権 …………………180
区分所有権売渡請求権 ………192
区分所有者 ……180,210,223,283
区分所有者集会 ……………274
区分所有者名簿 ……………207
区分所有建物 ………………180
組合員 ………………291,308

● け ●

形状 …………………………187
競売請求 ……………232,234
契約解除・引渡し請求 …233,234
権利変換期日 ………………299
権利変換計画 ………………297
権利変換手続開始の登記 ……296
権利変換の登記 ……………302

● こ ●

行為の停止等の請求 ……233,234
公正証書による規約設定の特例 ‥227
公正証書による団地規約の設定 ‥255
構造上の独立性 ……………180
効用 …………………187,221
個人施行者 …………………284

● さ ●

再売渡し請求 …………247,290
再建決議 ……………269,271
再建建物 ……………244,270
再建団地内建物 ……………262
再建マンション ……………282
財産目録 ……………………207
先取特権 ……………………190
参加組合員 …………291,297

● し ●

敷地 …………………………193
敷地共有者等 ………………267
敷地共有者等集会 …267,268,270
敷地共有持分等 ………267,272
敷地権 ………………………197
敷地権利変換 ………………320
敷地権利変換手続 …………317
敷地権利変換の登記 ………320
敷地売却決議 ………272,306
敷地分割 ……………………283
敷地分割組合 ………314,322
敷地分割決議 ………………312
敷地分割合意者 ……………314
敷地分割事業 ………283,312
敷地利用権 …………194,283
事業計画 ……………………287
施行再建マンション ………282
施行マンション ……282,300,302
事務の執行 …………………210
事務の報告 …………………218
集会 …………………………213
集会招集の通知 ……………215
集会の招集 …………………214
重大変更 ……………………187
小規模滅失 …………………238
使用禁止請求 ………231,234
招集通知 ……………………244
除却の必要性に係る認定 ……304
除却マンション敷地 ………319
書面・電磁的方法による決議 ‥219
審査委員 ……………298,321

● せ ●

政令指定災害 ………………267
絶対的規約事項 ……………225

全部が滅失 ……………267,273
占有者 ………………219,232
専有部分 ………………181,238

● そ ●

総会 ………………292,308,316
総代 ………………309,316
総代会 ………………294,309,316
相対的規約事項 ……………225
相隣関係 ………………230
訴訟追行権 ………………201

● た ●

大規模滅失 ………………238
代表 ………………208
建替え ………………241,282
建替え決議 ……………215,241
建替え合意者 ……………287,291
建替え承認決議 ……………259
建物敷地売却決議 …………275
建物取壊し敷地売却決議 …276
建物の設置または保存の瑕疵 ‥191
建物の保存に有害な行為 …230
団地 ………………249
団地規約 ………………256
団地規約の設定・変更・廃止 ‥256
団地共用部分 ……………255
団地建物所有者 ……………252
団地の形態 ………………250

● て ●

定款 ………………287,290

● と ●

特定承継人 ……191,203,211,229
特定建物 ………………259
特定要除却認定 ……………305
特定要除却認定マンション …305
特別の影響 ………………226
取壊し決議 ………………277

● は ●

売却マンション ……………283
売却マンション・敷地の登記 ‥311
罰則 ………………263,279

● ひ ●

被災マンション法 …………266
非除却マンション敷地 ……319

● ふ ●

復旧 ………………237
分割実施敷地 ……………283
分配金取得手続 ……………310
分離処分の禁止 ………186,195

● へ ●

変更行為 ………………187
弁明の機会 ………………235

● ほ ●

包括承継人 ………………229
法定共用部分 ……………182
法定敷地 ………………193
補償金 ………………299
保存行為 ………………187
保留敷地 ………………297

● ま ●

マンション ………………282
マンション敷地売却 ……282,306
マンション敷地売却組合 ‥308,322
マンション敷地売却事業 ……306
マンション建替組合 ……286,321
マンション建替組合の解散 …295
マンション建替事業 ……284,321

● み ●

みなし規約敷地 ……………193
民法 255 条の適用除外 ……196

り

理事 ……………………208,292
理事長 ……………………292
利用上の独立性 ……………180
隣接施行敷地 ………………300

執筆

吉田佳史（ＴＡＣ主任講師）
川村龍太郎（ＴＡＣ専任講師）

2024年度版
マンション管理士・管理業務主任者 総合テキスト㊤　民法／区分所有法等

（旧書籍名：マンション管理士 基本テキスト㊤ 平成15年度版　2003年４月30日　初版 第１刷発行）
2024年２月15日　初版　第１刷発行

編 著 者　ＴＡＣ株式会社
（マンション管理士・管理業務主任者講座）
発 行 者　多田敏男
発 行 所　ＴＡＣ株式会社　出版事業部
（ＴＡＣ出版）
〒101-8383
東京都千代田区神田三崎町3-2-18
電話　03(5276)9492（営業）
FAX　03(5276)9674
https://shuppan.tac-school.co.jp
印　　刷　日新印刷株式会社
製　　本　株式会社常川製本

ISBN 978-4-300-10944-1
N.D.C. 673

マンション管理士・管理業務主任者

2月・3月・4月・5月開講　初学者・再受験者対象

マン管・管理業両試験対応 **W合格本科生S**（全42回：講義ペース週1～2回）／ マン管試験対応 **マンション管理士本科生S**（全36回：講義ペース週1～2回）／ 管理業試験対応 **管理業務主任者本科生S**（全35回：講義ペース週1～2回）

合格するには、「皆が正解できる基本的な問題をいかに得点するか」、つまり基礎をしっかりおさえ、その基礎をどうやって本試験レベルの実力へと繋げるかが鍵となります。
各コースには「過去問攻略講義」をカリキュラムに組み込み、
基礎から応用までを完全マスターできるように工夫を凝らしています。
じっくりと徹底的に学習をし、本試験に立ち向かいましょう。

5月・6月・7月開講　初学者・再受験者対象

マン管・管理業両試験対応 **W合格本科生**（全36回：講義ペース週1～2回）／ マン管試験対応 **マンション管理士本科生**（全33回：講義ペース週1～2回）／ 管理業試験対応 **管理業務主任者本科生**（全32回：講義ペース週1～2回）

毎年多くの受験生から支持されるスタンダードコースです。
基本講義、基礎答練で本試験に必要な基本知識を徹底的にマスターしていきます。
また、過去20年間の本試験傾向にあわせた項目分類により、
個別的・横断的な知識を問う問題への対策も行っていきます。
基本を徹底的に学習して、本試験に立ち向かいましょう。

8月・9月開講　初学者・再受験者対象

管理業務主任者速修本科生
（全21回：講義ペース週1～3回）

管理業務主任者試験の短期合格を目指すコースです。
講義では難問・奇問には深入りせず、基本論点の確実な定着に主眼をおいていきます。
週2回のペースで無理なく無駄のない受講が可能です。

9月・10月開講　初学者・再受験者・宅建士試験受験者対象

管理業務主任者速修本科生（宅建士受験生用）
（全14回：講義ペース週1～3回）

宅建士試験後から約2ヵ月弱で管理業務主任者試験の合格を目指すコースです。
宅建士と管理業務主任者の試験科目は重複する部分が多くあります。
その宅建士試験のために学習した知識に加えて、
管理業務主任者試験特有の科目を短期間でマスターすることにより、
宅建士試験とのW合格を狙えます。

TACの学習メディア

教室講座 Web講義フォロー標準装備

- 学習のペースがつかみやすい、日程表に従った通学受講スタイル。
- 疑問点は直接講師へ即質問、即解決で学習時間の節約になる。
- Web講義フォローが標準装備されており、忙しい人にも安心の充実したフォロー制度がある。
- 受講生同士のネットワーク形成ができるだけでなく、受講生同士で切磋琢磨しながら、学習のモチベーションを持続できる。

ビデオブース講座 Web講義フォロー標準装備

- 都合に合わせて好きな日程・好きな校舎で受講できる。
- 不明点のリプレイなど、教室講座にはない融通性がある。
- 講義録（板書）の活用でノートをとる手間が省け、講義に集中できる。
- 静かな専用の個別ブースで、ひとりで集中して学習できる。
- 全国公開模試は、ご登録地区の教室受験（水道橋校クラス登録の方は渋谷校）となります。

Web通信講座

- いつでも好きな時間に何度でも繰り返し受講できる。
- パソコンだけではなく、スマートフォンやタブレット、その他端末を利用して外出先でも受講できる。
- Windows®PCだけでなくMac®でも受講できる。
- 講義録をダウンロードできるので、ノートに写す手間が省け講義に集中できる。

DVD通信講座 Web講義フォロー標準装備

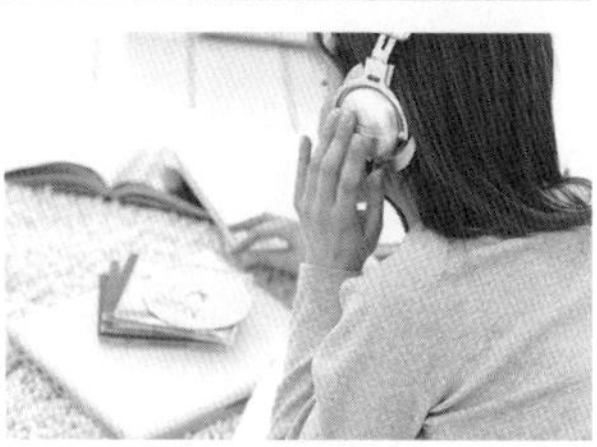

- いつでも好きな時間に何度でも繰り返し受講することができる。
- ポータブルDVDプレーヤーがあれば外出先での映像学習も可能。
- 教材送付日程が決められているので独学ではつかみにくい学習のペースメーカーに最適。
- スリムでコンパクトなDVDなら、場所をとらずに収納できる。

●DVD通信講座は、DVD-Rメディア対応のDVDプレーヤーでのみ受講が可能です。パソコン、ゲーム機等での動作保証はしておりませんので予めご了承ください。

マンション管理士・管理業務主任者

2024年合格目標　初学者・再受験者対象　2月 3月 4月 5月開講（W合格本科生S・2月開講のみ）

注目
「過去問攻略講義」で、過去問対策も万全！

マン管・管理業 両試験に対応 **W合格本科生S**

マン管試験に対応 **マンション管理士本科生S**

管理業試験に対応 **管理業務主任者本科生S**

ムリなく両試験の合格を目指せるコース

学習期間 6～11ヶ月　講義ペース 週1～2回

合格するには、「皆が正解できる基本的な問題をいかに得点するか」、つまり基礎をしっかりおさえ、その基礎をどうやって本試験レベルの実力へと繋げるかが鍵となります。
各コースには**「過去問攻略講義」**をカリキュラムに組み込み、基礎から応用までを完全マスターできるように工夫を凝らしています。じっくりと徹底的に学習をし、本試験に立ち向かいましょう。

カリキュラム〈W合格本科生S（全42回）・マンション管理士本科生S（全36回）・管理業務主任者本科生S（全35回）〉

INPUT［講義］

基本講義　全22回　各回2.5時間

マンション管理士・管理業務主任者本試験合格に必要な基本知識を、じっくり学習していきます。試験傾向を毎年分析し、その最新情報を反映させたTACオリジナルテキストは、合格の必須アイテムです。

民法／区分所有法等	9回
規約／契約書／会計等	6回
維持・保全等／マンション管理適正化法等	7回

▼

マン管過去問攻略講義　全3回（※1）各回2.5時間
管理業過去問攻略講義　全3回（※2）各回2.5時間

過去の問題を題材に本試験レベルに対応できる実力を身につけていきます。マンション管理士試験・管理業務主任者試験の過去問題を使って、テーマ別に解説を行っていきます。

▼

総まとめ講義　全4回　各回2.5時間

本試験直前に行う最後の総整理講義です。各科目の重要論点をもう一度復習するとともに、横断的に知識を総整理していきます。

OUTPUT［答練］

基礎答練　全3回　70～80分解説

基本事項を各科目別に本試験同様の四肢択一形式で問題演習を行います。早い時期から本試験の形式に慣れること、基本講義で学習した各科目の全体像がつかめているかをこの基礎答練でチェックします。

民法／区分所有法等	1回（70分答練）
規約／契約書／会計等	1回（60分答練）
維持・保全等	1回（60分答練）

▼

マン管直前答練（※1）　全3回　各回2時間答練・50分解説

管理業直前答練（※2）　全2回　各回2時間答練・50分解説

マンション管理士・管理業務主任者の本試験問題を徹底的に分析。その出題傾向を反映させ、さらに今年出題が予想される論点などを盛り込んだ予想問題で問題演習を行います。

▼

マンション管理士全国公開模試（※1）　全1回

管理業務主任者全国公開模試（※2）　全1回

▼

マンション管理士本試験

管理業務主任者本試験

※5問免除科目であるマンション管理適正化法の基礎答練は、自宅学習用の配付のみとなります（解説講義はありません）。
（※1）W合格本科生S・マンション管理士本科生Sのカリキュラムに含まれます。
（※2）W合格本科生S・管理業主任者本科生Sのカリキュラムに含まれます。

無料公開イベント&個別相談会のご案内

参加無料

無料公開セミナーはテーマに沿って、TACマンション管理士・管理業務主任者講座の講師が担当いたします。

※無料公開セミナーのテーマは都合により変更となる場合がございます。予めご了承ください。
※TAC動画チャンネルでも各セミナーを配信いたします。視聴無料ですのでぜひご利用ください。

無料公開イベント出席者特典
¥10,000入会金免除券プレゼント!!

無料公開イベント&講座説明会
参加者全員にプレゼント!!
◆マンション管理士・管理業務主任者講座案内一式
◆月刊TACNEWS 他

無料イベント日程

1～7は、マンション管理士・管理業務主任者を目指される方対象の無料公開セミナーです。
(セミナー40～50分+講座説明会20～30分)
★は、開講前無料講座説明会です。

個別受講相談も実施しております!!

	新宿校	池袋校	渋谷校	八重洲校
2024年 1月	19(金)19:00～ 1	—	27(土)10:00～ 1	24(水)19:00～ 1
2月	9(金)19:00～ 2	—	17(土)10:00～ 2	14(水)19:00～ 2
3月	5(火)19:00～ 3 31(日)10:30～ 4	—	2(土)10:00～ 3 16(土)10:00～ 4	27(水)19:00～ 3
4月	28(日)10:30～ 1	—	20(土)10:00～ 3	10(水)19:00～ 4
5月	12(日)10:30～ 3	—	18(土)10:00～ 4	—
6月	—	—	1(土)12:30～ ★	5(水)18:00～ ★
7月	—	—	—	—
8月	—	15(木)19:00～ 5	—	17(土)13:00～ 6 31(土)13:00～ ★
9月	8(日)10:30～ 5	5(木)18:30～ ★ 16(祝)11:00～ 7	—	22(日)11:00～ 5 29(日)10:30～ 7

無料公開セミナー&講座説明会 テーマ一覧

マンション管理士・管理業務主任者を目指される方《セミナー40分～50分+講座説明会20分》 ●初学者向け ●学習経験者向け

	テーマ	内容
1	● 早期学習でW合格を掴む! ●「マン管・管理業 W合格のすすめ!」	マンション管理士試験と管理業務主任者試験は試験範囲が似通っており、また試験日程も近いため、効率的に2つの資格を勉強できます。当セミナーではW合格にスポットを当てて、W受験のメリットや合格の秘訣についてお伝えいたします。
2	● 2023年度の本試験を徹底解説! 「マン管・管理業 本試験解答解説セミナー」	2023年マンション管理士試験・管理業務主任者試験を徹底分析し、合否の分かれ目・難易度・出題傾向など最新の情報をお伝えします。第1回本試験から培ってきたTACの合格ノウハウ・分析力を体感してください!
3	● 合格の秘訣を伝授! ●「マン管・管理業 本試験合格に向けた正しい学習法」	マンション管理士試験・管理業務主任者試験で合格を掴み取るには、どのような学習方法が効果的なのでしょうか。誰もが悩むその疑問をTACの講師陣がズバリ解決!2024年度の両本試験合格のための正しい学習法をお伝えします。
4	● 過去の本試験から出題傾向を知る! ●「マン管・管理業 2024年本試験の傾向と対策」	当セミナーでは、近年の本試験の出題傾向を丸裸にし、今年の試験に合格するための対策をお伝えいたします。これから合格を目指される方はもちろん、学習経験者にも必見のセミナーです。
5	● 直前期の過ごし方が合否を左右する! ●「マン管・管理業 直前期の正しい過ごし方」	直前期から本試験までに取り組むべきことや押さえておきたいポイントなど、残された時間で最大の学習効果を得るために「今すべきこと」についてお伝えいたします。当セミナーでライバルに差をつけましょう!

管理業務主任者を目指される方《セミナー40分～50分+講座説明会20分》 ●初学者向け ●学習経験者向け

	テーマ	内容
6	● 効率よく短期合格へ ●「管理業務主任者試験の分野別学習法」	分野ごとの特徴を押さえ、対策を立てることは短期合格を目指す法うえで重要です。当セミナーでは管理業務主任者試験の分野別学習法をお伝えします。
7	● 宅建士試験の学習が活きる 「宅建士×管理業 W合格のすすめ!」	宅建士試験と管理業務主任者試験は出題内容が重なる部分があり、宅建士の学習経験が非常に役立ちます。当セミナーでは宅建士学習経験者を対象に、管理業務主任者試験合格に向けた効果的な学習法をお伝えします。

書籍の正誤に関するご確認とお問合せについて

書籍の記載内容に誤りではないかと思われる箇所がございましたら、以下の手順にてご確認とお問合せをしてくださいますよう、お願い申し上げます。

なお、正誤のお問合せ以外の**書籍内容に関する解説および受験指導などは、一切行っておりません。**

そのようなお問合せにつきましては、お答えいたしかねますので、あらかじめご了承ください。

1 「Cyber Book Store」にて正誤表を確認する

TAC出版書籍販売サイト「Cyber Book Store」の
トップページ内「正誤表」コーナーにて、正誤表をご確認ください。

CYBER BOOK STORE TAC出版書籍販売サイト

URL:https://bookstore.tac-school.co.jp/

2 1の正誤表がない、あるいは正誤表に該当箇所の記載がない ⇒ 下記①、②のどちらかの方法で文書にて問合せをする

★ご注意ください★

お電話でのお問合せは、お受けいたしません。

①、②のどちらの方法でも、お問合せの際には、「お名前」とともに、
「対象の書籍名(○級・第○回対策も含む)およびその版数(第○版・○○年度版など)」
「お問合せ該当箇所の頁数と行数」
「誤りと思われる記載」
「正しいとお考えになる記載とその根拠」
を明記してください。

なお、回答までに１週間前後を要する場合もございます。あらかじめご了承ください。

① ウェブページ「Cyber Book Store」内の「お問合せフォーム」より問合せをする

【お問合せフォームアドレス】

https://bookstore.tac-school.co.jp/inquiry/

② メールにより問合せをする

【メール宛先　TAC出版】

syuppan-h@tac-school.co.jp

※土日祝日はお問合せ対応をおこなっておりません。
※正誤のお問合せ対応は、該当書籍の改訂版刊行月末日までといたします。

乱丁・落丁による交換は、該当書籍の改訂版刊行月末日までといたします。なお、書籍の在庫状況等により、お受けできない場合もございます。

また、各種本試験の実施の延期、中止を理由とした本書の返品はお受けいたしません。返金もいたしかねますので、あらかじめご了承くださいますようお願い申し上げます。

TACにおける個人情報の取り扱いについて

■お預かりした個人情報は、TAC(株)で管理させていただき、お問合せへの対応、当社の記録保管にのみ利用いたします。お客様の同意なしに業務委託先以外の第三者に開示、提供することはございません(法令等により開示を求められた場合を除く)。その他、個人情報保護管理者、お預かりした個人情報の開示等及びTAC(株)への個人情報の提供の任意性については、当社ホームページ(https://www.tac-school.co.jp)をご覧いただくか、個人情報に関するお問い合わせ窓口(E-mail:privacy@tac-school.co.jp)までお問合せください。

(2022年7月現在)